Kurt Wolf unter Mitarbeit von Sabrina Wolf

GASTGEWERBLICHE BETRIEBSLEHRE

DAS LEHR- UND NACHSCHLAGEWERK

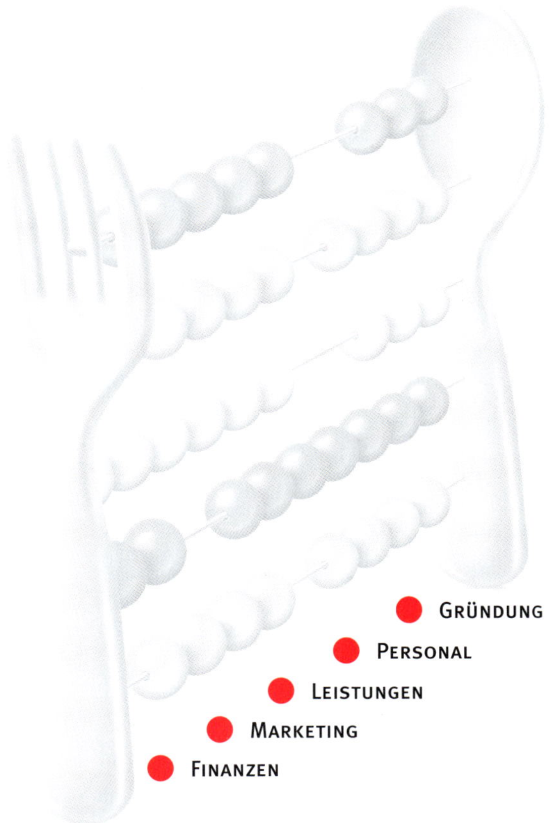

MATTHAES VERLAG GMBH

ISBN 3-87515-003-1

Lektorat: Jürgen Bolz, Friedberg
Satz und Gestaltung: Anne Leibbrand, Leonberg
Umschlaggestaltung: Atelier Krohmer, Dettingen/Erms

Printed in Germany

Kurt Wolf

GASTGEWERBLICHE BETRIEBSLEHRE

INHALT

DIE GRÜNDUNG EINES UNTERNEHMENS

Der Standort: Faktoren-Analyse, Optimierung

Übernahme eines bestehenden Betriebs

Im Bereich des Gastgewerbes ist die Übernahme eines Hotels oder Restaurants durch Kauf der Vermögensgegenstände oder durch Verrentung eine gängige Vorgehensweise. Der Vorteil liegt auf der Hand: Statt eine neue Gästezielgruppe mühsam aufbauen zu müssen, übernimmt der Gastronom und/oder Hotelier einen bereits bestehenden Betrieb – in der Regel werden dabei auch die Einrichtungsgegenstände und Geräte zum Buch- oder Marktwert sowie die Mitarbeiter übernommen, weil deren Arbeitsverträge in diesem Fall ihre Gültigkeit behalten. Wird das Gebäude oder Grundstück durch den Existenzgründer übernommen, muss der Kaufpreis finanziert werden. Doch häufig fehlt das hierfür notwendige Kapital, so dass einer Kreditfinanzierung mit einem dreißig- bis vierzigprozentigen Eigenkapitalanteil Grenzen gesetzt sind. Eine Alternative ist der Nießbrauch, das heißt, der Kaufpreis wird mit Wohnrecht und Rentenzahlung beglichen.

Der neue Nachfolger ist in seinem Dispositions- und Entscheidungsspielraum jedoch freier, wenn er den Betrieb mietet oder pachtet. Da in jedem Fall Finanzmittel benötigt werden, ist der Existenzgründer bei einem Pachtbetrieb in seiner Verschuldungsfähigkeit eingeschränkt.

Risiko bei Neugründung

Eine Neugründung statt einer Übernahme stellt sich aus finanzieller Sicht ungleich schwieriger dar und ist besonders in der Anlaufphase mit einem unwägbaren Risiko und einer finanziellen Durststrecke verbunden. Denn zu Beginn müssen viele Rechnungen bezahlt werden, bevor die Leistungserstellung im Restaurant oder Hotel Geld in die Kasse bringt.
Wichtige Bedingungen für die Existenzgründung sind:

- die Zielgruppe
- der Standort
- die Konzeption, insbesondere das Leistungsprogramm (Sortiment)

Zielgruppe bestimmen

Zunächst muss der Gastwirt seine Zielgruppe bestimmen. Dabei sind nicht nur sozioökonomische Faktoren wie Alter, Beruf, Familienstand usw. zu berücksichtigen, sondern auch psychographische Kriterien. Hier geht es um Einstellungen, Erwartungen und Motive der potenziellen Gäste: gut essen und trinken, im Freien sitzen, Begrüßung und Verabschiedung, Sauberkeit und Hygiene, Geltungsbedürfnis des Gastes u. Ä. Daneben spielen Kriterien des Kaufverhaltens und der Gewohnheiten eine bedeutende Rolle. Reisegewohnheiten, Preisverhalten, Markenverhalten, Auswahl des Hotels und Restaurants und Gästebindung sind in diesem Zusammenhang zu nennen. Die Zielgruppe muss genügend Kaufkraft und eine entsprechende Größe haben, gut erreichbar sein und über einen längeren Zeitraum stabil sein.

Standortwahl und Standortfaktoren

Der Standort für den gastgewerblichen Betrieb muss mit Bedacht gewählt werden. Dabei sind folgende Faktoren zu beachten:

1 Absatzmöglichkeiten
Ist ein grundsätzlicher Bedarf an der angebotenen Leistung vorhanden?
2 Marktverhältnisse
Ist eine Zielgruppe vorhanden? Ist die Zielgruppe groß genug?
3 Einzugsbereich
Aus welchem Umkreis sollen die Gäste in das Hotel/Restaurant kommen?
4 Verkehrslage
Ist der Betrieb für die Zielgruppe gut zu erreichen?
5 Marktattraktivität
Biete ich eine Leistung, die genug Anziehungskraft ausübt?
6 Konkurrenzsituation
Wie viele direkte Konkurrenten sind vorhanden?
7 Strategie der Wettbewerber
Wie reagieren die Mitbewerber auf den neuen Betrieb?
8 Markthemmnisse
Beeinträchtigt zum Beispiel der bisherige Ruf des Hotels/Restaurants den Erfolg der Neueröffnung?

Die Standortfaktoren sind hier nur kurz aufgezählt, sie entscheiden aber über den Erfolg oder Misserfolg einer Existenzgründung. Eine genaue Analyse des in Augenschein genommenen Objekts unter diesem Blickwinkel ist daher unverzichtbar.

Unternehmenskonzeption

Hat der Existenzgründer sich für ein Objekt entschieden, dann ist die Unternehmenskonzeption samt Leistungsprogramm zu erstellen. Die Unternehmenskonzeption ist die Grundlage für die wirtschaftliche Entwicklung des gastgewerblichen Betriebs. Sie dient nicht nur der eigenen Sicherheit, sondern ist auch für die Förderungspraxis und die Kreditgewährung von erheblicher Bedeutung und entscheidet nicht selten über den Erfolg einer Existenzgründung. Es kann auch dann nicht darauf verzichtet werden, wenn der Existenzgründer bereits Erfahrung mit einer Unternehmensgründung hat.
Im Einzelnen beinhaltet die Unternehmenskonzeption folgende Aspekte:

- Konkretes gastgewerbliches Unternehmen
  Gründungsvorhaben, Existenzgründer/Schlüsselpersonen, Unternehmensphilosophie und -ziele, Bestimmung der strategischen und funk-

tionalen Ziele und Strategien, Organisation und Management, vorhandene Ressourcen, Stand der Technik, technische Basisinformationen, Entwicklungsziele, Produktinnovation, Imitationsschutz, Entwicklungsvorhaben, Entwicklungsrisiko, langfristige Perspektiven

Leistungsprogramme

- Definition des Geschäftsfeldes/der Geschäftsfelder
  Informationen zum örtlichen Markt und zum Gesamtmarkt, Struktur der möglichen Zielgruppen/Marktsegmente, Wettbewerbersituation, Absatzkonzeption, einsetzbare Marketinginstrumente, alternative strategische Zielmärkte, evtl. Vertriebskanäle
- Leistungserstellung
  Festlegung des Leistungsprogramms und der Programmtiefe, Leistungserstellungsplanung, Zeitplanung, Ressourcenplanung, Weiterentwicklung der Produkte/Leistungen
- Budgetierung
  Betriebswirtschaftliche Analyse und Finanzplanung, Liquiditätsplanung

Kaufmann nach HGB

Definition „Kaufmann“

Im normalen Sprachgebrauch ist jeder, der eine kaufmännische Tätigkeit ausführt, ein Kaufmann. Manchmal wird der Begriff „Kaufmann“ auch mit dem Begriff „Händler“ gleichgesetzt. Ein Kaufmann im wirtschaftlichen Sinne ist jedoch nicht zu verwechseln mit einem Kaufmann im rechtlichen Sinne. „Kaufmann“ im rechtlichen Sinne ist nur, wer zu dem im Handelsgesetzbuch (HGB) aufgeführten Personenkreis gehört.

Die §§ 1,1 und 105,1 HGB leiten die Eigenschaften eines Kaufmanns aus dem Betreiben eines Handelsgewerbes ab. Ein Gewerbe ist eine selbstständige Tätigkeit, die auf längere Sicht angelegt ist, planmäßig betrieben wird, auf dem Markt erkennbar auftritt, nicht gesetzes- oder sittenwidrig ist und Gewinnerzielung beabsichtigt. § 1,2 HGB erklärt jeden Gewerbebetrieb, der nach Art und Umfang in kaufmännischer Weise eingerichtet ist, zum Handelsgewerbe. Das HGB vermutet, dass jedes Handelsgewerbe die Kaufmannseigenschaften besitzt. Es wird deshalb von einem Ist-Kaufmann gesprochen. Die Eintragung ins Handelsregister ist deklaratorisch (rechtsbezeugend), das heißt, der Unternehmer legt seine Kaufmanneigenschaften offen.

Eintragung ins Handelsregister

Wer sich den handelsrechtlichen Vorschriften entziehen will, unterliegt der Beweispflicht. Um diese Rechtsunsicherheit für sich zu beseitigen, muss der Unternehmer nach § 29 HGB sein Handelsgewerbe in das Handelsregister eintragen lassen, wenn er die Voraussetzungen (Art und Umfang) erfüllt.

Die Art und der Umfang eines in kaufmännischer Weise eingerichteten Unternehmens wird festgemacht am Kapital, am Umsatz, an der doppelten Buchführung, der Zahl der Beschäftigten, der Art der Finanzierung, der Trennung von ausführender und verwaltender Tätigkeit und der Anzahl der Betriebsstätten. Die Industrie- und Handelskammern (IHK) bieten hierzu ein Formular an, das eine genaue Einschätzung ermöglicht.

Nicht-Kaufmann

Kleingewerbetreibende, die nach Art und Umfang keinen kaufmännischen Geschäftsbetrieb erfordern, sind somit auch keine Kaufleute (Nicht-Kaufmann). Damit aber der Nicht-Kaufmann die Möglichkeit hat, sich Kaufmannseigenschaften zu erwerben, sieht das HGB im § 2 ein Eintragungswahlrecht ins Handelsregister vor. Durch die Eintragung wird aus dem Nicht-Kaufmann ein Kann-Kaufmann. Die Eintragung ins Handelsregister ist rechtsbegründend (konstitutiv).

Kann-Kaufmann

Diese Regelung gilt auch für Zusammenschlüsse von Kleingewerbetreibenden in der Form einer Gesellschaft des bürgerlichen Rechts (GbR). Das gleiche Recht wird auch den Betrieben der Land- und Forstwirtschaft eingeräumt (§ 3 HGB).

Formkaufmann

Die Gesellschaft mit beschränkter Haftung (GmbH) und die Aktiengesellschaft (AG) sind, wie alle übrigen Kapitalgesellschaften, ohne Rücksicht auf den Unternehmensgegenstand und die Unternehmensgröße immer Vollkaufleute (§ 6,1 HGB). Da diese Unternehmensformen und damit die Kaufmannseigenschaften erst durch die Eintragung ins Handelsregister (konstitutiv) entstehen, werden sie als Formkaufleute bezeichnet. Sie sind Kaufleute aufgrund ihrer Rechts- und Gesellschaftsform.

Scheinkaufmann

§ 5 HGB weist auf den so genannten Scheinkaufmann hin. Wer den Anschein erweckt, dass er im Handelsregister eingetragen ist, der muss sich wie ein Kaufmann behandeln lassen.

Die Anmeldepflichten

Hilfestellung bei Unternehmensgründung

Mit den Vorbereitungen für die Eröffnung eines Hotels oder Restaurants sind einige Formalitäten verbunden. Es muss eine Hausbank ausgewählt werden und daneben, zum Beispiel bei der Beantragung öffentlicher Kredite, ein Unternehmensberater zur Begutachtung herangezogen werden. Die Hotel- und Gaststättenverbände bieten hierbei Hilfestellung. Eine sinnvoll konzipierte Versicherung insbesondere für die Haftung eines Beherbergungswirtes ist unbedingt zu empfehlen.

Folgende Behördengänge sind zu erledigen:

- Gewerbeamt
- Finanzamt
- Handelsregister
- Industrie- und Handelskammer
- Berufsgenossenschaft
- Krankenkasse/Knappschaft

Gewerbeanmeldung

Die Gewerbeanmeldung erfolgt bei den Ordnungsbehörde (Gewerbemeldebehörde) der Gemeinden/Landratsämtern und Städten unter Verwendung eines Vordrucks. Inländer müssen sich ausweisen, während Ausländer aus Nicht-EU-Staaten eine Aufenthaltsgenehmigung benötigen. Da alle Schank- und Speisewirtschaften sowie Beherbergungsbetriebe konzessionspflichtig sind, müssen weitere Unterlagen (siehe auch Seite 15: Konzession) vorgelegt werden. Mit dieser Anmeldung sind in der Regel auch andere Meldepflichten erledigt: Das Gewerbeamt benachrichtigt die Industrie- und Handelskammer (IHK), das Finanzamt und die zuständige Berufsgenossenschaft. Falls dies nicht geschieht, muss der Wirt diese Anmeldungen selbst durchführen.

Anmeldung beim Finanzamt

Der Steuerpflichtige muss als Erstes einen Betriebsfragebogen ausfüllen. Durch diese Anmeldung beim Finanzamt wird dem Unternehmer eine Steuernummer zugewiesen. Spätestens nach drei Monaten bekommt der Gastwirt einen Steuerbescheid, in dem die Steuervorauszahlungen aufgeführt sind. Damit kommen neue Pflichten auf den Unternehmer zu. Er muss seine Geschäftsfälle sorgfältig aufzeichnen und die Unterlagen aufbewahren. Die Steuervorauszahlungen müssen rechtzeitig überwiesen und die Steuererklärungen pünktlich abgegeben werden.

Eintragung ins Handelsregister

Gastronomen und Hoteliers müssen sich, wenn sie nach Art und Umfang einen kaufmännischen Geschäftsbetrieb betreiben, ins Handelsregister eintragen lassen. Das Handelsregister wird beim örtlich zuständigen Amtsgericht geführt. Die Anmeldung zur Eintragung muss öffentlich beglaubigt werden. Abhängig von der Gesellschaftsform wird Folgendes ins Handelsregister eingetragen: Firma, Name des Inhabers oder persönlich haftender Gesellschafter, Sitz der Firma oder Ort der Hauptniederlassung und Zweigniederlassung, Unternehmensgegenstand, Haftungskapital, bestimmte Vollmachten einschließlich Prokura.

Für alle gastgewerblichen Betriebe ist eine Pflichtmitgliedschaft bei der Industrie- und Handelskammer (IHK, Körperschaft des öffentlichen Rechts) vorgeschrieben. Die Industrie- und Handelskammern sind regional organisierte Selbstverwaltungsorganisationen, die der Förderung der gewerblichen Wirtschaft dienen, die kaufmännische und gewerbliche Berufsausbildung organisieren und die entsprechenden Prüfungen abnehmen.

Mitgliedschaft in Berufs- und Unternehmerverbänden

Hat das Unternehmen Beschäftigte, dann ist der Selbstständige verpflichtet, der Berufsgenossenschaft Nahrungsmittel und Gaststätten (BG NG) beizutreten. Die BG NG ist Träger der Unfallversicherung. Sie ist damit für die Unfallverhütung und die Regelung der Folgen von Arbeitsunfällen zuständig. Die Beiträge richten sich nach der Lohnsumme und der Gefahrenklasse.

Geringfügig Beschäftigte müssen bei der Bundesknappschaft und alle anderen Arbeitnehmer bei ihrer jeweiligen Krankenkasse gemeldet werden. Von der Krankenkasse erhält das Unternehmen eine Betriebsnummer. Der Gastwirt muss dann die gesamten Sozialversicherungsbeiträge an die jeweilige Kasse abführen - einschließlich der Arbeitgeberbeiträge!

Die Konzession

Eine Konzession ist die Erlaubnis, ein Gaststättengewerbe zu führen. Die Konzession wird personenbezogen und für eine bestimmte Betriebsart erteilt, das heißt: Die Erlaubnis wird an eine bestimmte Person (Gastwirt persönlich) vergeben und bezieht sich auf ein konkretes Gewerbe (zum Beispiel eine Schank- und Speisewirtschaft). Bei Personengesellschaften muss im Zweifel jeder haftende und geschäftsführende Gesellschafter eine Konzession haben. Die Erlaubnis kann auch juristischen Personen und nicht rechtsfähigen Vereinen erteilt werden.
Der Geltungsbereich einer Konzession erstreckt sich nach § 1, 1 GastG auf folgende Leistungsmerkmale:

Geltungsbereich der Konzession

1 Schankwirtschaften
  Betriebe, die Getränke zum Verzehr an Ort und Stelle ausschenken;
2 Speisewirtschaften
  Betriebe, die Speisen zubereiten und an Ort und Stelle servieren;
3 Beherbergungsbetriebe
  Betriebe, die Gäste beherbergen.

Konzessionsfrei sind
- Partyservice-Unternehmen
- Metzgereien mit Verzehr an Ort und Stelle
- Straußen- und Besenwirtschaften (siehe spezielle Regelungen in § 14 GastG)

- Lebensmittel- und Markthallenkonzepte
- Verkäufe über die Straße (Imbiss, Kiosk)
- Messebetriebe
- Milchbars
- Betriebskantinen
- Probierstände für unentgeltliche Kostproben
- Automaten, die alkoholfreie Getränke abgeben
- Beherbergungsbetriebe mit bis zu 8 Betten

Erlangung der Konzession

Zur Erlangung der Konzession sind folgende Voraussetzungen zu erfüllen:

1 Der Antragsteller muss Angaben zu seiner Person machen und seine persönliche Zuverlässigkeit belegen. Dazu werden in der Regel ein Auszug aus dem Gewerbezentralregister und ein polizeiliches Führungszeugnis vorgelegt.

2 Mindestanforderungen an die Gasträume, Produktions- und Lagerräume sowie Sozialräume sind zu beachten. Die Landesbauordnung und die Arbeitsstättenverordnung bieten hierfür den rechtlichen Rahmen.

3 Unterrichtungsnachweis, das heißt, der zukünftige Konzessionsträger muss nachweisen, dass er über die entsprechenden lebensmittelrechtlichen Kenntnisse verfügt. Dazu gehören z. B. Hygienevorschriften, Maßnahmen zur Vermeidung von Salmonellenvermehrungen, Schutz des Gastes vor Gesundheitsgefahren, Täuschung und Irreführungen, Umgang mit Schankanlagen, Herstellung und Behandlung von Fleisch, Fleischerzeugnissen, Milch und Milchprodukten und Speiseeis.

Personalkonzession

Der Regelfall sind Personalkonzessionen, das heißt, die Erlaubnis wird an eine oder mehrere Personen vergeben. Dabei unterscheiden wir:

Dauerkonzession	**Vorläufige Erlaubnis**	**Stellvertretererlaubnis**	**Gestattung**
Dauer: auf Lebenszeit	Dauer: 3 Monate	Dauer: kann befristet werden	Dauer: auf beantragte Zeit oder auf Widerruf
Inhalt: bestimmte Räume und bestimmte Betriebsart, Beschränkungen und Zubehör/Nebenleistungen	Inhalt: bestimmte Räume und bestimmte Betriebsart auf Zeit	Inhalt: Konzessionsträger bekommt Erlaubnis für bestimmten Stellvertreter	Inhalt: erleichterte Voraussetzungen für Festwirte, Auflagen können erteilt werden

Realkonzession

Die Realkonzession ist an ein Grundstück und Gebäude gebunden. Sie wird hauptsächlich bei historischen Gebäuden erteilt. Die Realgewerbeberechtigung wird heute nur noch in Ausnahmefällen vergeben.

Erlöschen der Konzession

Die Konzession erlischt, wenn
- die Dauerkonzession ein Jahr lang nicht ausgeübt wird,
- die Realkonzession drei Jahre lang nicht ausgeübt wird,
- die Konzession zurückgegeben wird (Verzicht),
- der Konzessionsträger (Inhaber) stirbt; allerdings kann dann durch die Erben der Betrieb bis zu zehn Jahre weitergeführt werden (eine Anzeige hat zu erfolgen),
- dem Inhaber die Konzession entzogen wird.

Unternehmensformen: BGB-Gesellschaft, Einzelunternehmen, oHG, KG, GmbH, AG

Wahl der Unternehmensform

Existenzgründer und Unternehmensnachfolger stehen vor der Frage: Welches ist die für mich zweckmäßige Unternehmensform? Diese Frage kann nicht allgemein beantwortet werden, ausschlaggebend sind die individuellen Bedürfnisse und Voraussetzungen.
Im Einzelnen sind folgende Punkte von Bedeutung:

1 Aus wie vielen Personen soll das Unternehmen bestehen?
2 Wer soll das Kapital aufbringen?
3 Wie soll die Unternehmensleitung gestaltet werden?
4 Sollen Experten ins Unternehmen eingebunden werden?
5 In welchem Umfang ist das Unternehmensrisiko zu tragen?
6 Sprechen persönliche Gründe (Prestige, Macht) für eine bestimmte Unternehmensform?
7 Gibt es steuerrechtliche Gründe für eine Unternehmensform?
8 Wie kann die Unternehmensnachfolge geregelt werden?

Ausgehend von der ersten Frage unterscheidet man folgende Unternehmensformen:

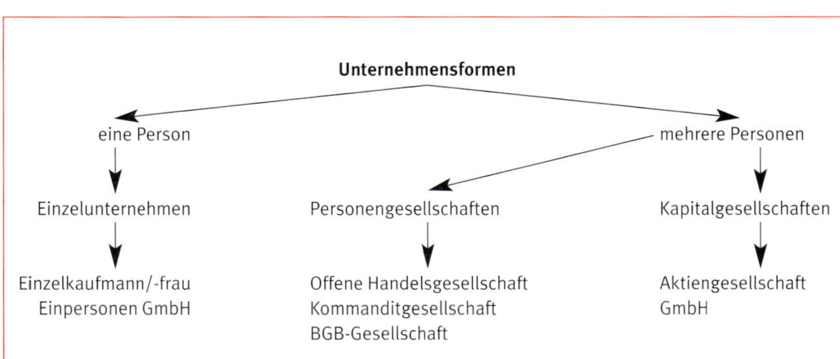

Einpersonengesellschaft

Die Gründung einer Gesellschaft mit einer Person ist nur bei Kapitalgesellschaften (z. B. Einmann-GmbH) möglich. Dabei müssen besondere gesetzliche Vorschriften beachtet werden. Die Existenz einer Einpersonengesellschaft kann sich im Zeitverlauf dadurch ergeben, dass sich die Stammeinlagen oder Aktien durch Kauf oder Erbschaft in einer Hand befinden.

Unternehmensformen:

Merkmale von Personengesellschaften und Einzelunternehmen

	Einzelunternehmen	**BGB-Gesellschaft**	**Offene Handelsgesellschaft (OHG)**
gesetzliche Grundlage	HGB insbes. §§ 18, 19	§§ 705-740 BGB	§§ 105-160 HGB
Begriff	Ein Einzelunternehmen ist ein Gewerbebetrieb, dessen Eigenkapital (EK) von einer Person aufgebracht wird, die das Unternehmen verantwortlich leitet und das Risiko allein trägt.	Es besteht die gegenseitige Verpflichtung der Gesellschafter, einen gemeinsamen Zweck zu fördern und hierfür vereinbarte Beiträge zu leisten.	Zweck der Gesellschaft ist der Betrieb eines Handelsgewerbes unter gemeinschaftlicher Führung.
Vertrag und Formvorschriften	keine Vorschriften	Gesellschaftsvertrag in jeglicher Form, keine Vorschriften	Gesellschaftsvertrag, der notariell beurkundet werden muss, wenn ein Grundstück eingebracht wird
Firma/Rechtspersönlichkeit	Personen-, Sach- oder Phantasiefirma mit Zusatz „eingetragener Kaufmann" (e.K. oder e.Kfr.)	keine Firma, Gesamthandgemeinschaft	Personen-, Sach- oder Phantasiefirma mit Zusatz „oHG", Gesamthandgemeinschaft
Eintragung ins Handelsregister	als Handelsgewerbe zum Ist-Kaufmann, wenn der Betrieb kaufmännisch eingerichtet ist, sonst Nicht-Kaufmann	als Nicht-Kaufmann, kein Eintrag	als Ist-Kaufmann, wenn ein Handelsgewerbe vorliegt (Eintragung deklaratorisch), sonst als Kann-Kaufmann (Eintragung konstitutiv)
Mindestpersonenzahl bei der Gründung	eine Person	zwei oder mehrere natürliche Personen	zwei oder mehrere natürliche Personen (auch juristische Personen und eine andere oHG/KG)
Mindestkapital	keine Vorschriften	keine Vorschriften	keine Vorschriften
Geschäftseinlagen	keine Vorschriften	nach Vereinbarung, ansonsten gleiche Beiträge	nach Vereinbarung, ansonsten gleiche Beiträge, jedoch mit Verzinsungspflicht
Gesellschaftsvermögen	keine Vorschriften	gemeinschaftliches Vermögen der Gesellschafter zur gesamten Hand, über das nur gemeinschaftlich verfügt werden kann	gemeinschaftliches Vermögen der Gesellschafter zur gesamten Hand, über das nur gemeinschaftlich verfügt werden kann

	Einzelunternehmen	BGB-Gesellschaft	Offene Handelsgesellschaft (OHG)
Organe	keine	Geschäftsführung und evtl. Gesellschafterversammlung	Geschäftsführung und evtl. Gesellschafterversammlung
Geschäftsführung	Inhaber	grundsätzlich gemeinschaftlich mit Einstimmigkeits- oder Mehrheitsprinzip; Übertragung auf einzelne Gesellschafter möglich	bei gewöhnlichen Geschäften: Einzelgeschäftsführungsbefugnis, bei außergewöhnlichen Geschäften: Gesamtgeschäftsführungsbefugnis
Vertretung	Inhaber	gesetzliche Vermutung, dass Vertretungsmacht der Geschäftsführungsbefugnis entspricht	grundsätzlich: Einzelvertretungsbefugnis; Ausnahme: durch Eintragung ins Handelsregister: Gesamtvertretungsbefugnis
Kontrollrechte	Inhaber	alle Gesellschafter auch bei Ausschluss von der Geschäftsführung	alle Gesellschafter auch bei Ausschluss von der Geschäftsführung
Haftung	Inhaber haftet allein und unbeschränkt mit seinem Vermögen	unmittelbar, unbeschränkt und gesamtschuldnerisch	unmittelbar, unbeschränkt und gesamtschuldnerisch
Gewinn- und Verlustbeteiligung	Inhaber allein	zu gleichen Teilen oder nach Vereinbarung	Gewinn: 4% auf Kapitalanteil, der Rest nach Köpfen; Verlust: nach Köpfen oder nach Vereinbarung
Auflösungsgründe	Liquidation, Insolvenz, Tod des Inhabers, Umwandlung	Erreichung des Gesellschaftszwecks, Tod eines Gesellschafters, Insolvenz der Gesellschaft oder eines Gesellschafters	Auflösungsbeschluss, Ablauf der vereinbarten Zeit, Tod eines Gesellschafters, Insolvenz der Gesellschaft oder eines Gesellschafters
Steuern	Gewinn wird beim Unternehmer der Einkommenssteuer unterworfen.	Gewinn wird bei Gesellschaftern der Einkommenssteuer unterworfen.	Gewinn wird bei Gesellschaftern der Einkommenssteuer unterworfen.

Merkmale von Personengesellschaften und Einzelunternehmen

Die Haftung ist

1 unbeschränkt, wenn mit dem Geschäfts- und Privatvermögen gehaftet werden muss;
2 unmittelbar, wenn jeder Gläubiger jeden Gesellschafter in Anspruch nehmen kann;
3 gesamtschuldnerisch oder solidarisch, wenn jeder Gesellschafter für die gesamten Schulden der Gesellschaft haftet.

Haftung der Gesellschafter

Die Vertretung ist die Vollmacht, gerichtlich und außergerichtlich zu handeln, zum Beispiel gegenüber Gästen, Lieferern, Behörden. Die Geschäftsführung ist die Vollmacht, innerhalb und außerhalb des Betriebes gegenüber seinen Mitgesellschaftern handeln zu können

Vertretungsvollmacht

Merkmale von KG, GmbH und AG

	Kommanditgesellschaft (KG)	**Gesellschaft mit beschränkter Haftung (GmbH)**	**Aktiengesellschaft (AG)**
gesetzliche Grundlage	§§ 161-177a HGB	GmbHG	AktG
Begriff	Zweck der Gesellschaft ist der Betrieb eines Handelsgewerbes unter gemeinschaftlicher Führung, neben Vollhaftern gibt es auch Teilhafter (= Kommanditisten)	Gesellschaften zu jedem gesetzlich zulässigen Zweck mit eigener Rechtspersönlichkeit unter Ausschluss der persönlichen Haftung der Gesellschafter, Zerlegung des Eigen-(Stamm)kapitals in Stammeinlagen ist möglich (einfache Form der AG)	Handelsgesellschaft mit eigener Rechtspersönlichkeit (juristische Person) unter Ausschluss der persönlichen Haftung der Gesellschafter (Aktionäre), Zerlegung des Eigen-(Grund)kapitals in standardisierte Anteile (Aktien) mit leichter Übertragbarkeit
Vertrag/Form	Gesellschaftsvertrag muss notariell beurkundet werden, wenn ein Grundstück eingebracht wird	Gesellschaftsvertrag muss notariell beurkundet werden und hat einen Mindestinhalt (Firma, Sitz, Gegenstand, Stammkapital, Stammeinlage)	Satzung muss notariell beurkundet werden und hat einen Mindestinhalt
Firma/Rechtspersönlichkeit	Personen-, Sach- oder Phantasiefirma mit Zusatz „KG“, Gesamthandgemeinschaft	Personen-, Sach- oder Phantasiefirma mit Zusatz „GmbH“, juristische Person	Personen-, Sach- oder Phantasiefirma mit Zusatz „AG“, juristische Person
Eintragung im Handelsregister	als Ist-Kaufmann, wenn ein Handelsgewerbe vorliegt (Eintragung deklaratorisch), sonst als Kann-Kaufmann (Eintragung konstitutiv), für Haftungsbegrenzung der Kommanditisten ist die Eintragung im Handelsregister Voraussetzung	als Formkaufmann unabhängig von der Unternehmensgröße, die Eintragung hat konstitutive Wirkung, für Haftungsbegrenzung der Gesellschafter ist die Eintragung im Handelsregister Voraussetzung	als Formkaufmann unabhängig von der Unternehmensgröße, die Eintragung hat konstitutive Wirkung, für eine Haftungsbegrenzung der Gesellschafter ist die Eintragung im Handelsregister Voraussetzung, bei einer Einpersonen-AG muss der Aktionär dem Handelsregister benannt werden
Mindestpersonenzahl bei der Gründung	zwei oder mehrere natürliche Personen (auch juristische Personen oder eine andere OHG/KG oder GbR), mindestens einer der beide als Komplementär und der andere als Kommanditist	eine oder mehrere natürliche oder juristische Personen	eine oder mehrere natürliche oder juristische Personen
Mindestkapital	keine Vorschriften, die vereinbarte Haftsumme des oder der Kommanditisten wird im Handelsregister eingetragen	€ 25 000.-	€ 50 000.-
Organe	Geschäftsführung und Gesellschafterversammlung	Geschäftsführer, Gesellschafterversammlung, evtl. Aufsichtsrat	Vorstand, Aufsichtsrat, Hauptversammlung

Merkmale von KG, GmbH und AG

	Kommanditgesellschaft (KG)	Gesellschaft mit beschränkter Haftung (GmbH)	Aktiengesellschaft (AG)
Geschäfts-einlagen	nach Vereinbarung, ansonsten gleiche Beiträge, jedoch mit Verzinsungspflicht	Stammeinlage mindestens € 100.-, ein höherer Betrag muss durch 50 teilbar sein	Stück- oder Nennbetragsaktien, Anteil oder Nennbetrag mindestens € 1,-
Gesellschafts-vermögen	gemeinschaftliches Vermögen der Gesellschafter zur gesamten Hand, über das nur gemeinschaftlich verfügt werden kann	eigenes Rechts- und Haftungs subjekt (juristische Person) mit eigenem Vermögen	eigenes Rechts- und Haftungssubjekt (juristische Person) mit eigenem Vermögen
Geschäfts-führung	bei gewöhnlichen Geschäften: Einzelgeschäftsführungsbefugnis der Komplementäre, Kommanditisten sind davon ausgeschlossen, bei außergewöhnlichen Geschäften: Gesamtgeschäftsführungsbefugnis der Komplementäre und Widerspruchsrecht der Kommanditisten	Beschlüsse der Gesellschafterversammlung sind für den oder die Geschäftsführer bindend, sonst Gesamtgeschäftsführungsbefugnis	Vorstand aus einer oder mehreren Personen mit Gesamtgeschäftsführungsbefugnis, Vorstand handelt eigenverantwortlich und weisungsgebunden und wird vom Aufsichtsrat bestellt
Vertretung	grundsätzlich: Einzelvertretungsbefugnis der Komplementäre, Kommanditisten sind davon ausgeschlossen, Ausnahme: Kommanditisten kann Prokura erteilt werden	für gerichtliche und außergerichtliche Angelegenheiten ist Gesamtvertretungsbefugnis notwendig, Geschäftsführer sollen Beschränkungen durch Gesellschaftervertrag oder Gesellschafterversammlung beachten, die jedoch keine rechtlichen Auswirkungen auf Außenstehende haben	Vorstand aus einer oder mehreren Personen hat Gesamtvertretungsbefugnis
Kontrollrecht	alle Gesellschafter, auch bei Ausschluss von der Geschäftsführung	Auskunftspflicht der Geschäftsführung und Einsichtsrecht in die Bücher durch Gesellschafter	Aufsichtsrat gegenüber dem Vorstand und Rechenschaftslegung gegenüber der Hauptversammlung
Haftung	unmittelbar, unbeschränkt und gesamtschuldnerisch nur für Komplementäre, für Kommanditisten nur in Höhe der Einlage unmittelbar; Haftung ist ausgeschlossen, wenn Einlage erbracht wurde	nur das Gesellschaftsvermögen, bei Verletzung der Sorgfaltspflichten durch Geschäftsführer haften diese solidarisch für den entstandenen Schaden	nur das Gesellschaftsvermögen
Auflösungs-gründe	Auflösungsbeschluss, Ablauf der vereinbarten Zeit, Tod eines Komplementärs (nicht bei Kommanditisten), Insolvenz der Gesellschaft oder eines Gesellschafters	§ 60 GmbHG: Zeitablauf, Beschluss der Gesellschafter mit Dreiviertel-Mehrheit, Gerichtsbeschluss, Insolvenz	§ 262 AktG: Zeitablauf, Beschluss der Hauptversammlung mit Dreiviertel-Mehrheit, Insolvenz

Merkmale von KG, GmbH und AG

	Kommanditgesellschaft (KG)	Gesellschaft mit beschränkter Haftung (GmbH)	Aktiengesellschaft (AG)
Gewinn- und Verlustbeteiligung	Gewinn: 4% auf Kapitalanteil, der Rest im angemessenen Verhältnis; Verlust: Rest im angemessenen Verhältnis oder nach Vereinbarung	Anspruch der Gesellschafter auf einen anteiligen Jahresüberschuss plus Gewinnvortrag und minus Verlustvortrag, weitere Einstellung in die Rücklagen sind durch Satzung oder Gesellschafterbeschluss möglich, Verlust wird aus Eigenkapital gedeckt	Gewinn muss zunächst nach gesetzlichen und satzungsmäßigen Vorschriften und dann nach den Beschlüssen des Vorstandes und der Hauptversammlung verteilt werden, entweder in die Rücklagen eingestellt oder anteilig auf die Aktien ausgeschüttet werden, Verlust muss aus dem Gewinn, den Rücklagen oder dem Grundkapital getragen werden
Steuern	Gewinn muss bei Gesellschaftern der Einkommensteuer unterworfen werden	Körperschaftsteuer, Geschäftsführergehälter sind Kosten der GmbH	Körperschaftsteuer, Vorstandsgehälter sind Kosten der AG

Die Haftungsgesellschaft ist haftungsrechtlich der Übergang zur Kapitalgesellschaft, weil der Kommanditist nur mit seiner Einlage haftet. Im Gegensatz zur Personengesellschaft beruht das Rechtsverhältnis bei Kapitalgesellschaften nicht auf einem persönlichen, schuldrechtlichen Vertrag, sondern auf einer Verfassung oder Satzung.

Unternehmenszusammenschlüsse und Wettbewerbsrecht

Horizontale, vertikale und laterale Zusammenarbeit

Ein Unternehmenszusammenschluss ist die lockere oder feste Zusammenarbeit von mehreren rechtlich selbstständigen Unternehmen, um in den Märkten (zum Beispiel Absatz- und Beschaffungsmarkt) besser aufgestellt zu sein sowie Rationalisierungs- und Synergieeffekte (zum Beispiel gemeinsame Verwaltung und Datenverarbeitung) besser nutzen zu können. Dabei wird zwischen horizontaler, vertikaler und lateraler Zusammenarbeit unterschieden. Während bei der horizontalen Form Unternehmen mit gleicher oder ähnlicher Aktivität (zum Beispiel zwei Hotelkonzerne) zusammenarbeiten, ist bei vertikalen Zusammenschlüssen eine Zusammenarbeit von Unternehmen auf unterschiedlichen Produktions- und Handelsstufen (zum Beispiel Hotel und Zulieferer) gegeben. Die laterale Zusammenarbeit erfolgt zwischen Unternehmen, die zum Beispiel einer anderen Branche angehören (etwa Hotel und Unternehmensberatung), um ein weiteres geschäftliches Standbein zu haben. Der Zusammenschluss kann unter Beibehaltung oder Aufgabe der rechtlichen Selbstständigkeit erfolgen.

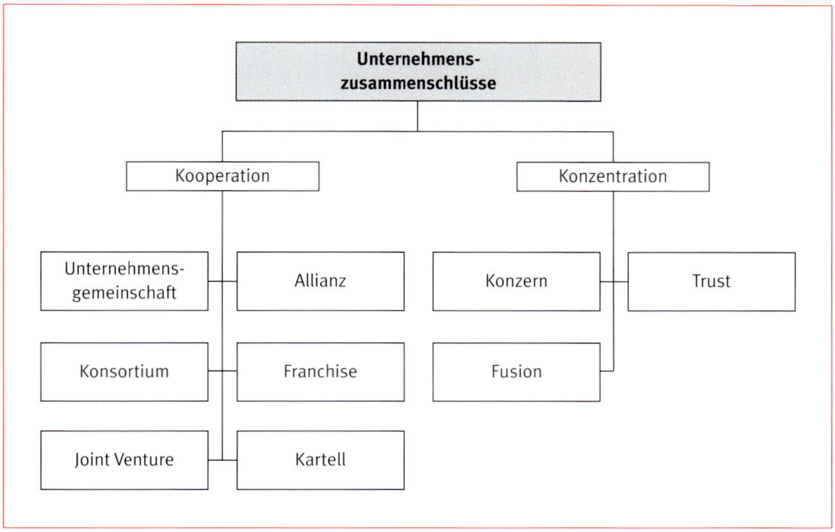

Kooperationen in Form von Unternehmensgemeinschaften sind als Interessengemeinschaft und als Arbeitsgemeinschaft möglich. Interessengemeinschaften sind in der Hotellerie durchaus üblich. Hotelkooperationen wie Relais & Chateaux wurden geschaffen, um gemeinsame wirtschaftliche Zwecke zu verfolgen. Vor allem ein zentrales Reservierungssystem und ein gemeinschaftlicher Werbeauftritt sind Inhalte derartiger Kooperationen. Dagegen sind Arbeitsgemeinschaften zeitlich beschränkte Kooperationen, um eine bestimmtes gemeinsames Ziel zu erreichen (zum Beispiel in der Bauwirtschaft, um Großprojekte wie Flughäfen, Autobahnen usw. zu realisieren).

Interessengemeinschaft und Arbeitsgemeinschaft

Der Begriff Allianz ist vor allem im Zusammenhang mit der Globalisierung in den Vordergrund getreten. Er bezeichnet eine strategische oder konkrete Zusammenarbeit, um gemeinsame Standards (zum Beispiel Fluggesellschaften) oder technische Verbesserungen (zum Beispiel Automobilbau) zu entwickeln.

Allianz

Ein Konsortium hat das Ziel, Risiken zu verteilen, Kosten zu senken und Größenvorteile zu nutzen, wie dies beispielsweise bei der Neuemission von Aktien durch den Zusammenschluss von Banken geschieht.

Konsortium

Das Franchise-System ist in der Systemgastronomie sehr verbreitet. Der Unternehmer bleibt zwar rechtlich selbstständig, verpflichtet sich jedoch durch die Übernahme des Knowhows, vorgegebene Standards einzuhalten. Bei McDonalds umfasst es die Einrichtung des Betriebes, Abnahmeverpflichtungen, eine umsatzabhängige Franchise-Gebühr und regelmäßige Kontrollen.

Franchise-System

Bei einem Joint Venture schließen sich zwei oder mehr Unternehmen zusammen, um in einem Land mit Hilfe eines Unternehmens aus einem anderen

Joint Venture

Land eine bestimmte Aufgabe zu erfüllen. Dabei wird meist versucht, einen neuen Markt mit dem Knowhow eines Unternehmens aus einem anderen Markt aufzubauen. Die rechtliche und wirtschaftliche Selbstständigkeit der Unternehmen bleibt erhalten. Es kommt allerdings häufig zur Gründung eines Partnerschaftsunternehmens (joint ownership ventures). Die Zusammenarbeit kann in jeglicher Form erfolgen und ist zeitlich begrenzt.

Kartell

Kartelle sind Preis- oder Mengenabsprachen, um den Wettbewerb einzuschränken oder auszuschließen. Kartelle funktionieren nur, wenn die gleichberechtigten Unternehmen in der Lage sind, den Markt zu beinflussen oder zu beherrschen, und durch Absprachen den Wettbewerb ausschalten wollen. Aus diesem Grund sind Kartelle in der Bundesrepublik Deutschland verboten. Das Kartellgesetz lässt allerdings Konditionen-, Strukturkrisen- und Normungs- bzw. Typisierungskartelle zu.

Trust

Konzern

Fusion

Der Trust ist einem Kartell ähnlich, nur übernimmt hier ein Unternehmen die Führung. Heute wird in diesem Zusammenhang von „Merger“ gesprochen. Dieser gesellschaftsrechtliche Zusammenschluss wird auch als „Group“ bezeichnet. Die am weitesten gehenden Unternehmenszusammenschlüsse sind der Konzern und die Fusion. Bei einem Konzern stehen mehrere abhängige Unternehmen unter der einheitlichen Führung eines beherrschenden Unternehmens. Die beherrschende Stellung eines Unternehmens kann durch Beteiligungen oder durch Beherrschungsverträge begründet sein (Unterordnungskonzern). Dies gilt übrigens auch, wenn die Unternehmen, ohne abhängig zu sein, unter einheitlicher Leitung stehen (Gleichordnungskonzern). Bei der Fusion verlieren die Ausgangsunternehmen ihre wirtschaftliche und rechtliche Selbstständigkeit. Dabei kann die Fusion in Form einer Verschmelzung oder Übertragung erfolgen.

Wettbewerbsrecht

Wie bereits angedeutet, spielt bei Unternehmenszusammenschlüssen das Wettbewerbsrecht eine große Rolle. Im Grundsatz hat das Wettbewerbs- und Kartellrecht zwei Aufgaben. Zum einen geht es um die Bekämpfung von unlauteren Wettbewerbshandlungen, zum andren um die Sicherung des Wettbewerbs. Wenn durch einen Zusammenschluss eine marktbeherrschende Stellung eines Unternehmens entsteht oder verstärkt wird, dann verbietet das Wettbewerbsrecht die Kooperation oder Konzentration. Weiterhin ist ein Vorgang anmeldepflichtig, wenn der gemeinsame Umsatz weltweit größer als 500 Mio. Euro ist und ein Unternehmen im Inland einen Umsatz von mehr als 25 Mio. Euro erzielt. Erlaubt sind dagegen Unternehmenszusammenschlüsse, wenn der Umsatz im Inland kleiner als 10 Mio. Euro ist oder der gesamte Markt ein Umsatzvolumen von weniger 15 Mio. Euro hat.

Grundlagen des Steuerrechts

Der richtige Umgang mit dem Finanzamt erspart Ärger und hilft, den eigenen Rechten Geltung zu verschaffen. Die Spielregeln hierfür stehen in einem speziellen Gesetz, der so genannten Abgabenordnung (AO).

Entgeltliche Steuerberatung

Die meisten Menschen erledigen ihre Steuererklärung nicht mehr selbst, weil die Sachverhalte zu komplex sind. Deshalb wird seit langem eine radikale Vereinfachung unseres Steuersystems gefordert. Bis das jedoch eintritt, ist der Steuerpflichtige auf fachmännischen Rat angewiesen: Er kann einen Steuerberater oder einen Fachanwalt für Steuerrecht zu Rate ziehen. Eine private Hilfe gegen Entgelt ist allerdings nicht erlaubt und wird als Ordnungswidrigkeit streng geahndet (mit einer Geldstrafe bis zu 5 000 Euro gemäß § 160 Absatz 1 Steuerberatungsgesetz). Nur die unentgeltliche Hilfestellung durch Angehörige ist erlaubt.

Form von Belegen

Grundlage einer ordnungsgemäßen Buchführung und Steuererklärung sind Belege wie Rechnungen, Quittungen, Verträge, Spendenbescheinigungen, Fahrkarten, Eigenbelege usw. Mit diesen Belegen werden Aufwendungen nachgewiesen. Die Belege sollten dabei folgende Angaben enthalten:

- Die Art und die Höhe der Aufwendung müssen eindeutig ersichtlich sein.
- Der Zahlungsempfänger muss genannt sein.
- Das Datum muss gut lesbar sein.
- Der Leistungsempfänger muss genannt werden.

Eigenbelege

Belege sind beispielsweise auch die Tagungsprogramme von besuchten Veranstaltungen, Reiseunterlagen oder ärztliche Atteste, zum Beispiel für Kuranwendungen. Sind keine Belege vorhanden, dann können auch Eigenbelege ausgestellt werden, die allerdings glaubhaft gemacht werden müssen. Falls das Finanzamt die Angaben anzweifelt, kann der Steuerpflichtige eine Erklärung an Eides statt oder eine Vorortbesichtigung anbieten. In der Regel erkennt das Finanzamt kleine Beträge als Eigenbelege an (Porto, Taxi)
Vorteilhaft ist in diesem Zusammenhang, dass der Steuerpflichtige Aufstellungen von Belegarten anlegt, die dann vom Finanzamt nur stichprobenartig geprüft werden, beispielsweise Aufstellungen zu den Telefonkosten, den Büroaufwendungen und den Reisekosten. Das Ausstellen falscher Belege bzw. das Manipulieren von Belegen ist eine Ordnungswidrigkeit und wird nach § 379 AO mit einer Geldstrafe von bis zu 5 000 Euro bestraft. Das Finanzamt setzt die Steuer in einem Steuerbescheid fest. Dieser Anspruch wird dann zu einem bestimmten Termin fällig. Die Fälligkeiten richten sich nach den Vorschriften der Steuergesetze (§ 220,1 AO). Wird keine Zahlungsfrist eingeräumt, muss die Steuerschuld umgehend beglichen werden.

Steuerbescheid

Für die wichtigsten Steuern sind die Entstehung und die Fälligkeit exakt festgelegt:

Fälligkeit von Steuerzahlungen

Steuerarten	Entstehung	Fälligkeit
Lohnsteuer	mit dem Zufluss des Arbeitslohns	10. Tag nach Ablauf des Lohnsteuer-Anmeldezeitraums
Einkommen- u. Körperschaftsteuer	Vorauszahlung: zum Beginn des Kalendervierteljahres Abschlusszahlung: mit Ablauf des Veranlagungszeitraums	Vorauszahlung: 10.03.; 10.06.; 10.09.; 10.12. Abschlusszahlung: einen Monat nach Zustellung des Steuerbescheids
Gewerbesteuer	Vorauszahlung: zum Beginn des Kalendervierteljahres Abschlusszahlung: mit Ablauf des Veranlagungszeitraums	Vorauszahlung: 15.02.; 15.05.; 15.08.; 15.11. Abschlusszahlung: einen Monat nach Zustellung des Gewerbe-Steuerbescheids
Umsatzsteuer	abhängig vom Steuergegenstand, für Lieferung und sonstige Leistungen: a. für vereinbarte Entgelte: mit Ablauf des Voranmeldezeitraums, in dem die Leistung ausgeführt wurde (Soll-Besteuerung) b. für vereinnahmte Entgelte: mit Ablauf des Voranmeldezeitraums, in dem das Entgelt vereinnahmt wurde (Ist-Besteuerung)	Vorauszahlung: am 10. Tag nach Ablauf des Voranmeldezeitraums von jedem Monat oder Quartal Abschlusszahlung: einen Monat nach Eingang der Jahressteuererklärung

Säumniszuschlag

Da die Steuerschuld eine Bringschuld ist, ist sie erst dann erfüllt, wenn die Zahlung auch tatsächlich beim Finanzamt auf dem Konto eingegangen ist. Wird die Steuer zum Ablauf des Fälligkeitstermins nicht entrichtet, so ist für jeden angefangenen Monat ein Säumniszuschlag von einem Prozent zu entrichten. Der Zuschlag fällt allerdings erst nach drei Tagen (Schonfrist) an.

Stundung

Wird die Lohn- oder Umsatzsteuer zu spät angemeldet, dann wird ein Verspätungszuschlag fällig. Dieser darf nicht mehr als 10 Prozent von der festgesetzten Steuer, aber höchstens 25 000 Euro betragen.
Bei der Festsetzung des Zuschlages sind die Dauer der Fristüberschreitung, die Höhe der Steuerschuld, das Verschulden und die wirtschaftliche Leistungsfähigkeit des Steuerpflichtigen zu berücksichtigen. Von dem Verspätungszuschlag kann abgesehen werden, wenn das Versäumnis entschuldbar erscheint.

In Härtefällen kann aus sachlichen oder persönlichen Gründen die Steuerzahlung vom Finanzamt auch gestundet werden. Der Steuerpflichtige muss die Stundung der Steuerschuld beantragen. Das Finanzamt wird in der Regel Sicherheitsleistungen verlangen.

Der Steuerpflichtige kann sich gegen einen Steuerbescheid innerhalb eines Monats wehren, indem er Einspruch einlegt. Einsprüche können aus den unterschiedlichsten Gründen eingelegt werden, zum Beispiel wegen Fehlern des Finanzamts oder des Steuerpflichtigen, wegen der Nichtanerkennung von Aufwendungen, wegen einer ungeklärten Rechtssituation, zum Beispiel einem ausstehenden Urteil des Finanzgerichtshofes.

Einspruch

Als Steuerpflichtiger dürfen Sie alle Möglichkeiten in Anspruch nehmen, um Steuervorteile geltend zu machen und Gestaltungsspielräume zu nutzen. Sie dürfen dem Finanzamt allerdings keine erheblichen Tatsachen verschweigen oder unrichtige oder unvollständige Angaben machen. Steuerhinterziehung oder der Versuch zur Steuerhinterziehung kann mit einer Freiheitsstrafe von bis zu fünf Jahren oder mit einer Geldstrafe geahndet werden (§ 370 AO).

Steuervorteile nutzen

Handelt ein Steuerpflichtiger fahrlässig, dann spricht das Finanzamt von leichtfertiger Steuerverkürzung (§ 378 AO). Von der Steuerverkürzung erlangt das Finanzamt Kenntnis durch Kontrollmitteilungen, durch Anzeigen oder einfach durch Zufall. In jedem Fall liegt eine Ordnungswidrigkeit vor, die mit einer Geldbuße von bis zu 50 000 Euro bestraft werden kann. Darüber hinaus müssen natürlich die Steuern nachgezahlt werden und für den entsprechenden Zeitraum Hinterziehungszinsen bzw. Nachzahlungszinsen entrichtet werden.

Steuerverkürzung

Die Verjährung bewirkt, dass der Anspruch auf Steuerzahlung gerichtlich nicht mehr durchgesetzt werden kann.
Dabei unterscheidet die Abgabenordnung zwischen einer Festsetzungsverjährung und einer Zahlungsverjährung. Eine Steuerfestsetzung, -aufhebung oder -änderung ist nicht mehr zulässig, wenn die Festsetzungsfrist von einem Jahr für Verbrauchssteuern und von vier Jahren für andere Steuern abgelaufen ist.
Wurde der Steuerbescheid vom Finanzamt erlassen, dann unterliegt die Steuerzahlung einer Verjährungsfrist von fünf Jahren. Die Frist beginnt in beiden Fällen mit Ablauf des Kalenderjahres, in dem die Steuern erstmals fällig geworden sind.

Verjährungsfristen

Die Verjährungsfristen können gehemmt oder unterbrochen werden. Im ersten Fall verlängert sich der Zeitraum der Verjährung um die Hemmungsfrist, während im zweiten Fall die Verjährungsfrist neu zu laufen beginnt.

Ablaufschemata für die Einkommensteuer und die Körperschaftsteuer (siehe Seite 29) geben einen Überblick über die wichtigsten direkten Steuerarten:

Einkommensteuer

	Einkunftsarten:
	Land- und Forstwirtschaft
	Gewerbebetrieb
	Selbstständige Arbeit
	Nichtselbstständige Arbeit
	Kapitalvermögen
	Vermietung und Verpachtung
	Sonstige Einkünfte
=	Summe der Einkünfte
–	Freibetrag für Land- und Forstwirte
–	Altersentlastungsbetrag
=	Gesamtbetrag der Einkünfte
–	Verlustabzug
–	Sonderausgaben
–	außergewöhnliche Belastungen
=	Einkommen
–	Haushaltsfreibetrag
–	Kinderfreibetrag
=	zu versteuerndes Einkommen

Einkommensteuer

Dieses Schema wird auf alle Einkommensteuerpflichtigen angewendet. Dabei sind die ersten drei Einkunftsarten die so genannten Gewinneinkünfte, das heißt, die Einkünfte werden ermittelt, indem ein Betriebsvermögensvergleich durchgeführt wird. Die restlichen vier Einkunftsarten sind Überschusseinkünfte (Überschuss der Einnahmen über die Werbungskosten). Zu den Sonderausgaben gehören Unterhaltsleistungen, hauswirtschaftliche Beschäftigungsverhältnisse, Ausbildungskosten, Kirchensteuer, Steuerberatungskosten, Schulgeld, Vorsorgeaufwendungen und Spenden. Außergewöhnliche Belastungen sind Krankheitskosten, Unterstützungszahlungen an Verwandte, Ausbildungsfreibeträge, Pflegekosten, Kosten aufgrund einer Behinderung, Haushaltshilfen und Kinderbetreuungskosten. Innerhalb der Einkunftsarten ist teilweise ein Verlustausgleich möglich.

Einkünfte und Ausgaben

Körperschaftsteuer

Die Körperschaftsteuer ist die Einkommensteuer der juristischen Person. Das Körperschaftsteuergesetz ist damit an das Einkommensteuergesetz angelehnt, damit natürliche Personen den Körperschaften (z.B. GmbH oder AG) gleichgestellt sind. Der aktuelle Körperschaftsteuersatz in Deutschland beträgt (seit dem Jahr 2004) 25 Prozent. Hier gilt folgendes Schema:

Körperschaftsteuer

	Gewinn aus Gewerbebetrieb
+	verdeckte Gewinnausschüttung
+	Zinsen auf verdeckte Einlagen
–	Steuerbefreiungen (best. Dividenden)
+	abziehbare Aufwendungen
–	nicht abziehbare Aufwendungen
=	Summe der Einkünfte
–	abziehbare Spenden § 9,1 Nr. 2 KStG
=	Gesamtbetrag der Einkünfte
–	Verlustabzug
=	Einkommen
x	Körperschaftsteuersatz von 25%
=	Körperschaftsteuer
–	Steuerermäßigungen (Ausland)
=	zu zahlende Körperschaftsteuer

Halbeinkünfteverfahren

Seit dem Jahr 2001 wurde das Körperschaftsteuersystem vom Anrechnungsverfahren auf das Halbeinkünfteverfahren umgestellt. Die ausschüttende Gesellschaft behält 25 Prozent Körperschaftsteuer von der Dividende ein. Bei dem Anteilseigner (Steuerpflichtigen) entfällt die Anrechnung auf die persönliche Einkommensteuerschuld. Als Ausgleich wird die Dividende nur noch zur Hälfte (= Halbeinkünfteverfahren) bei der Veranlagung des Steuerpflichtigen angesetzt. Da 50 Prozent der Gewinnausschüttung steuerfrei gestellt werden, verbessert sich die Rendite der Aktienanlage entsprechend.

Volkswirtschaftliche Rahmenbedingungen

Wirtschaftsordnung

Während sich die Betriebswirtschaftslehre mit der effizienten Führung eines Unternehmens beschäftigt, geht es in der Volkswirtschaftslehre um alle ökonomischen Erscheinungen und Vorgänge eines Wirtschaftsraumes, die in wechselseitigen Beziehungen und Abhängigkeiten stehen. Dem volkswirtschaftlichen Geschehen sind durch die Wirtschaftsordnung der Bundesrepublik Deutschland Grenzen gesetzt. Innerhalb dieses Rahmens kann mit politischen und fiskal-politischen Instrumenten das Wirtschaftsgeschehen beeinflusst werden.

Soziale Marktwirtschaft

Die Wirtschaftsordnung der Bundesrepublik Deutschland ist die soziale Marktwirtschaft. Die Marktwirtschaft beruht im Gegensatz zur Planwirtschaft in erster Linie auf der wirtschaftlichen Freiheit des Einzelnen. Dies kommt zum Ausdruck in der Konsum- und Produktionsfreiheit, der Vertragsfreiheit und dem freien Geld- und Kapitalverkehr. Die soziale Komponente dieser Wirtschaftsordnung wird im Rahmen der sozialen Sicherung und der Verbesserung der Lebensqualität des einzelnen Bürgers verwirklicht. Hierfür müssen von der Politik Finanzmittel aufgebracht und neu verteilt werden. Dieser verteilungspolitische Konflikt soll durch Wirtschaftswachstum gelöst werden.

Aufgaben der Wirtschaftspolitik

Die Wirtschaftspolitik ist bemüht, die volkswirtschaftlichen Ziele mit geeigneten Mittel zu erreichen. Diese volkswirtschaftlichen Ziele sind jedoch nicht nur ökonomische Größen, sondern auch gesellschaftliche Werte. Die wichtigsten volkswirtschaftlichen Ziele sind:

Volkswirtschaftliche Ziele ›

Ziele	**Messgrößen**
Vollbeschäftigung	Arbeitslosenzahlen
Geldwertstabilität	Preissteigerungsrate
wirtschaftliches Wachstum	Bruttosozialprodukt
außenwirtschaftliches Gleichgewicht	Zahlungbilanz

Diese Ziele werden ergänzt durch weitere Ziele ergänzt:

- rationeller Einsatz der vorhandenen Produktionsfaktoren
- Befriedigung von Kollektivbedürfnissen (Sozialpolitik)
- Einfluss auf die Einkommens- und Vermögensverteilung
- Förderung bestimmter Wirtschaftsgebiete
- Sicherstellung der Versorgung der Bevölkerung
- Veränderung der Bevölkerungsgröße und -struktur

Diese Ziele können in unterschiedlicher Weise zueinander in Beziehung stehen. Sie sind unabhängig voneinander, wenn die Verfolgung des einen Zieles keine Auswirkung auf die Erreichung des andern hat, zum Beispiel das Ziel

„Sicherstellung der Versorgung der Bevölkerung mit lebensnotwendigen Gütern" und das Ziel „außenwirtschaftliches Gleichgewicht". Andere Ziele ergänzen sich, sind also komplementär, zum Beispiel „Wirtschaftswachstum" und „Vollbeschäftigung". Wieder andere Ziele schließen sich gegenseitig aus, zum Beispiel „Geldwertstabilität" und „Wirtschaftswachstum".

Konjunkturzyklen

Die volkswirtschaftliche Entwicklung ist durch zyklische Bewegungen (Konjunktur) gekennzeichnet. Damit sind aber nicht kurzfristige Schwankungen aus saisonalen Gründen gemeint, sondern mittelfristig wiederkehrende Veränderungen der wirtschaftlichen Daten einer Volkswirtschaft. Diese Veränderungen werden durch so genannte Frühindikatoren angezeigt. Solche Konjunkturindikatoren sind beispielsweise die Entwicklung der Arbeitslosenzahlen, die Veränderung der Konsum- und Investitionsgüternachfrage, die Entwicklung der Staatseinnahmen und die Erwartungen von Unternehmern. Das Wirtschaftssystem der Bundesrepublik ist auf ein stetiges Wachstum der Wirtschaft ausgerichtet und betrachtet Konjunkturzyklen als Abweichung vom diesem Trend, der in der Entwicklung des Sozialproduktes sichtbar wird.

4 Phasen des Konjunkturverlaufs

Das Schaubild auf Seite 32 macht die vier Phasen des Konjunkturverlaufs deutlich:

- In der Aufschwungphase (Expansion) werden die Produktionskapazitäten zunehmend besser ausgenutzt. Dies führt zu Kostenersparnissen. Durch die positiven Erwartungen der Unternehmer wird mehr investiert. Die Zinsen sind noch niedrig, die Preise steigen mäßig.
- In der Phase der Hochkonjunktur (Boom) steigen die Preise und Löhne stark. Die Unternehmen arbeiten an der Kapazitätsgrenze, so dass eine weitere Steigerung der Produktion nicht möglich ist. Es herrscht ein hoher Beschäftigungsstand. Die Zinsen sind hoch, so dass Investitionen teuer sind. Insgesamt verzeichnen die Unternehmen steigende Kosten, die nicht mehr durch Produktionssteigerung ausgeglichen werden können. Deshalb versuchen sie die Preise weiter zu erhöhen, um die Nachfrage zu dämpfen. Damit ist der Wendepunkt erreicht.
- Die Hochkonjunktur geht in den Abschwung (Rezession) über. Es kommt zu ersten Insolvenzen. Die Arbeitslosigkeit steigt, und die realen Arbeitseinkommen fallen. Die Konsumgüternachfrage geht aufgrund der wirtschaftlichen Unsicherheit zurück, die Ersparnisse der Haushalte steigen. Die Nachfrage nach Investitionsgütern geht zurück.
- Kommt der Abschwung zum Stillstand, befindet sich die Volkswirtschaft auf dem Tiefstand (Depression), der gekennzeichnet ist durch niedrige Löhne und Gewinne, Preiseinbrüche, hohe Arbeitslosigkeit und Absatzstockungen.

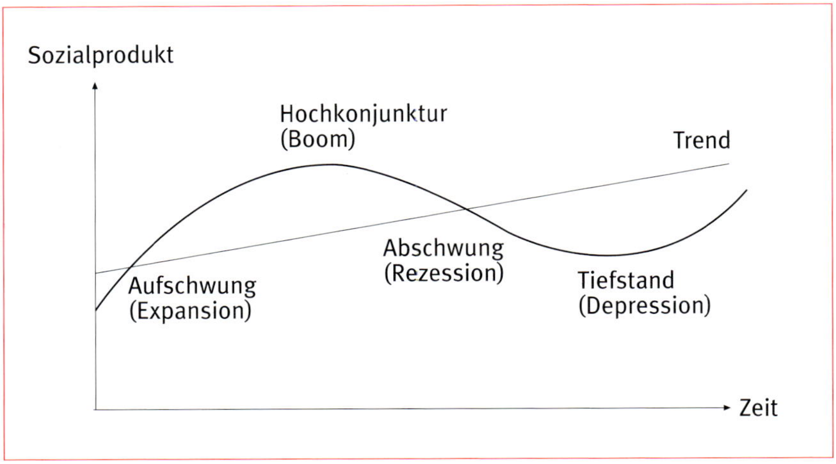

Konjunkturphasen ›

Aufgaben der Konjunkturpolitik

Aufgabe der Konjunkturpolitik ist es, die Schwankungen auszugleichen und die Ziele Vollbeschäftigung, Geldwertstabilität, wirtschaftliches Wachstum und außenwirtschaftliches Gleichgewicht zu erreichen. Die Konjunktur wird vom Staat und den Zentralbanken (Deutsche Bundesbank und Europäische Zentralbank) in dieser Hinsicht beeinflusst. Die wichtigsten Bedingungen sind allerdings die private Konsumgüter- und die Investitionsgüternachfrage. Hier können die oben genannten Institutionen durch rechtliche, fiskalpolitische und monetäre Rahmenbedingungen wirtschaftliches Handeln indirekt steuern. Staatliche Investitionen und staatlicher Konsum können private Aktivitäten jedoch nicht ersetzen. Der Staat kann allerdings durch Lohnzuschüsse bei der Einstellung von Arbeitslosen, durch die Förderung oder Drosselung von Investitionen durch Abschreibungsmöglichkeiten, die Senkung von Steuern und Sozialversicherungsbeiträgen und andere Maßnahmen aktiv in die Wirtschaftspolitik eingreifen. Je nach Maßnahme wird der Unternehmer auf den Einsatz solcher Instrumente reagieren. Dabei spielt das Vertrauen in die Zukunft und die Handlungsfähigkeit der Regierung eine entscheidende Rolle.

Wirkung von Investitionen

Wie bereits erwähnt, ist unsere Volkswirtschaft auf Wachstum angelegt. Das Wachstum des Sozialprodukts kann entweder durch einen erhöhten Einsatz von Produktionsfaktoren (Boden, Arbeit, Kapital) oder durch die Steigerung der Produktivität (technische Entwicklung) erreicht werden. Die entscheidende Größe für Wachstum in einer Volkswirtschaft sind damit die Investitionen. Investitionen lassen neue Beschäftigung entstehen und schaffen dadurch privates Einkommen. Dieser Einkommenseffekt der Investitionen wird noch ergänzt durch den so genannten Kapazitätseffekt, da eine Neuinvestition die Produktions- und Auslastungsmöglichkeiten von Unternehmen verbessert.

Zur Analyse des Wachstums wird der Kapitalkoeffizient verwendet, der das Verhältnis von Brutto-Anlageinvestitionen zum Nettosozialprodukt zum Ausdruck bringt.
Der umgekehrte Wert (Produktionskoeffizient) gibt den Wirkungsgrad der Investition auf die produzierten Güter an. In jedem Fall muss die Ausweitung der Produktion durch eine gleichzeitige Steigerung der Gesamtnachfrage aufgefangen werden, damit die Volkswirtschaft im Gleichgewicht bleibt. Der Einkommenseffekt allein reicht jedoch nicht aus, sondern es müssen weitere Investitionen hinzukommen, damit die Volkswirtschaft auf dem Wachstumspfad bleibt. Ebenso darf das Sparverhalten der Konsumenten die Nachfrage-Entwicklung nicht blockieren. Wird auf der anderen Seite viel mehr ausgegeben als gespart, dann führt dies zu Preissteigerungen, weil die Konsumausgaben steigen.

Bedingungen für Wirtschaftswachstum

Preisbildung in der Marktwirtschaft

Es gibt zwar keine allgemein gültigen Kriterien, wie es zu einer marktwirtschaftlichen Preisbildung kommt, sondern es muss von Fall zu Fall entschieden werden, weil der Preis von der konkreten Situation auf dem Teilmarkt abhängt. Trotzdem ist es sinnvoll, für unsere Überlegungen von einem homogenen Markt und Produkt auszugehen. Präferenzen der Gäste für einen bestimmten Betrieb und Kundenbindungen können an dieser Stelle nicht berücksichtigt werden.
Die gebräuchlichste Marktform ist die vollkommene Konkurrenz, bei der eine negativ geneigte Nachfragekurve vorliegt, das heißt, steigende Preise führen zum Rückgang der Nachfrage und umgekehrt. Jeder Punkt auf der

Modelle der Preisbildung

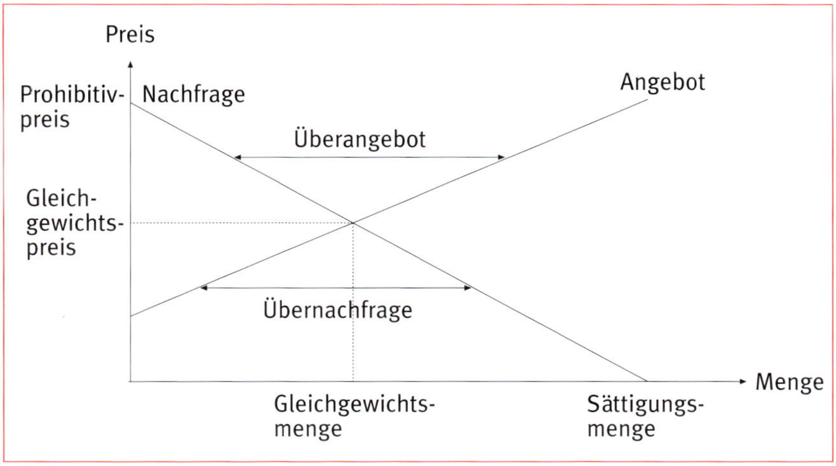

‹ Preisbildung in der Marktwirtschaft

Nachfragekurve gibt an, wie viele Nachfrager bei einem bestimmten Preis bereit sind, zu kaufen. Die Extrempunkte sind einmal der Prohibitivpreis und zum anderen die Sättigungsmenge, das heißt, jener extrem hohe Preis, bei dem es keine Nachfrage gibt, und andererseits jene extrem große Menge, die nicht überschritten wird, selbst wenn der Kunde das Produkt geschenkt bekommt.

Die Angebotsseite verhält sich entgegengesetzt, das heißt, bei steigenden Preisen werden mehr Güter angeboten, da sich die Produktion lohnt und umgekehrt.

Gleichgewichtspreis

Der Schnittpunkt der beiden Geraden, die in der Realität natürlich auch gekrümmt sein könnten, bringt das Gleichgewicht auf dem Markt zum Ausdruck. Im Marktgleichgewicht ist der Preis gerade so hoch, dass die gesamte produzierte Menge abgesetzt werden kann. Liegt der Preis über dem Gleichgewichtspreis wird mehr angeboten als nachgefragt. Es liegt also ein Überangebot vor. Ist der Preis niedriger als der Gleichgewichtspreis, wird mehr nachgefragt als angeboten. Es liegt also eine Übernachfrage vor. Da der Markt zum Gleichgewicht hin tendiert, wird im Falle des Überangebots der Preis fallen, und im Fall einer Übernachfrage wird der Preis steigen. Dies ist die übliche Verhaltensweise von Unternehmen und wird als Preismechanismus bezeichnet. Der Wettbewerb wird in unseren Annahmen auf den Preiswettbewerb begrenzt. Dies trifft nur teilweise die Realität. Der Wettbewerb zwischen den Unternehmen wird auf allen Ebenen ausgetragen. Dies hat sich durch die Globalisierung tendenziell verstärkt.

Auswirkung von Globalisierung

Der Begriff „Globalisierung“ spielt seit den achtziger Jahren eine große Rolle in der politischen und volkswirtschaftlichen Diskussion. Globalisierung bezeichnet eine Entwicklung, die die nationalstaatlichen Grenzen in den Hintergrund treten lässt und grenzüberschreitende Verkehrs-, Kommunikations- und Austauschbeziehungen an Intensität zunehmen. Diese grenzüberschreitenden Wirkungen von wirtschaftlichen, sozialen und politischen Aktivitäten führen zu Anpassungsproblemen in den beteiligten Volkswirtschaften. Immer mehr Veränderungen werden weltweit gleichzeitig wahrgenommen und wirken sich mit zunehmend kürzeren Verzögerungen an unterschiedlichsten Orten der Welt aus. Damit verändern sich auch die Anforderungen an das Verständnis von Politik und Wirtschaft.

Merkmale der Globalisierung

Die Globalisierung zeigt sich in folgenden Bereichen:
- Integration der nationalen Volkswirtschaften in die Weltwirtschaft
- Integration der weltweiten Finanzmärkte

- Vernetzung der weltweiten Kommunikation durch das Internet
- Schnellere Überwindung von Entfernungen
- Internationaler Austausch von wissenschaftlichen und technologischen Erkenntnissen
- Internationale Zusammenarbeit in ordnungspolitischen Fragen (Weltpolizei)
- Nationale Kulturen nähern sich einer Weltkultur an

Internationale Hotellerie

Ziel der Globalisierung aus volkswirtschaftlicher Sicht ist die Liberalisierung des Welthandels und die Ökonomisierung der ganzen Welt. Die Hauptbeteiligten sind internationale Unternehmen und Finanzinstitutionen (Banken, Versicherung). Bei dieser Entwicklung spielt die internationale Hotellerie schon lange eine große Rolle. Hotelkonzerne wie Hilton und Accor sind schon viele Jahre auf den zusammenwachsenden Märkten tätig.

VERTRÄGE MIT LIEFERANTEN

Einkauf von Betriebsmitteln, Roh-, Hilfs- und Betriebsstoffen

Begriff und Formen der Willenserklärung

Willenserklärung

Die Willenserklärung im Sinne des Bürgerlichen Gesetzbuches (BGB) ist die Äußerung eines privaten Motivs, die eine bestimmte Rechtsfolge (zum Beispiel Vertragsangebot oder -annahme, Kündigung) herbeiführen soll. Um rechtsgültig zu werden, setzt die Willenserklärung bei Empfänger und Sender Rechts- und Geschäftsfähigkeit voraus:

- Rechtsfähigkeit
  Nur natürliche oder juristische Personen können Träger von Rechten und Pflichten sein. Natürliche Personen erlangen dieses Recht mit der Geburt und juristische Personen mit der Eintragung in das jeweilige Register (zum Beispiel Handelsregister, Vereinsregister).
- Geschäftsfähigkeit
  Unbeschränkt geschäftsfähige Personen (Volljährige, also Personen, die das 18. Lebensjahr vollendet haben) können ohne Einschränkungen Willenserklärungen abgeben.

Geschäftsunfähigkeit

Geschäftsunfähig sind nach § 104 BGB alle Kinder unter sieben Jahren sowie Personen, die sich in einem die freie Willensentscheidung ausschließenden dauernden Zustand krankhafter Störung der Geistestätigkeit befinden. Die Willenserklärung eines Geschäftsunfähigen ist nichtig, das heißt, die Willenserklärung ist rechtlich vollständig wirkungslos. Für diesen Personenkreis muss der gesetzliche Vertreter (Vormund, Eltern) rechtsgeschäftlich handeln. Ebenfalls nichtig sind Willenserklärungen, die im Zustand der Bewusstlosigkeit (zum Beispiel die Willenserklärung eines Volltrunkenen) oder einer vorübergehenden Störung der Geistestätigkeit abgegeben werden (§ 105, 2 BGB).

Beschränkte Geschäftsfähigkeit

Beschränkt geschäftsfähig sind nach § 106-113 BGB Personen zwischen sieben und achtzehn Jahren. Der Minderjährige bedarf in diesen Fällen zur Abgabe einer Willenserklärung der Einwilligung oder nachträglichen Genehmigung des gesetzlichen Vertreters, es sei denn, dass der beschränkt Geschäftfähige durch seine Willenserklärung nur einen rechtlichen Vorteil erlangt. Ein rechtlicher Vorteil liegt nur dann vor, wenn keine persönlichen Pflichten entstehen bzw. vorhandene Rechte beeinträchtigt werden. Ein typisches Beispiel für den rechtlichen Vorteil ist die Schenkung, während selbst ein Schnäppchen auf dem Flohmarkt auch mit rechtlichen Nachteilen verbunden ist. Ein beschränkt Geschäftsfähiger kann weiterhin ohne Zustimmung des gesetzlichen Vertreters nur Rechtsgeschäfte tätigen, die er mit seinem Taschengeld bestreiten kann oder die er im Rahmen eines selbstständigen Betriebs eines Erwerbsgeschäfts eingeht oder die im Zusammenhang mit der Eingehung oder Aufhebung von Arbeitsverhältnissen stehen, die vom gesetzlichen Vertreter generell erlaubt wurden.

Rechtsgeschäfte Minderjähriger

- Beispiel Taschengeld
  Zu seinem fünfzehnten Geburtstag bekommt David, der Sohn von Hotelier Holzer, von seiner Oma 25 Euro geschenkt. Er geht gleich los und kauft sich eine CD von Max. Wenn die Eltern mit der freien Verwendung der Schenkung einverstanden sind, ist das Rechtsgeschäft gültig.
- Beispiel selbstständige Tätigkeit
  Der siebzehnjährige Johannes übernimmt nach dem Tod seines Vaters das Restaurant Goldener Hirsch in Schriesheim. Wenn die Mutter, als gesetzliche Vertreterin, mit Zustimmung des Vormundschaftsgerichts dies genehmigt, dann kann Johannes alle Geschäfte tätigen, die der Restaurantbetrieb mit sich bringt.
- Beispiel Arbeitsverhältnis
  Die siebzehnjährige Köchin Franzi kündigt ihren mit Einwilligung des gesetzlichen Vertreters geschlossenen Arbeitsvertrag zum 31.03.2004. Der Vater teilt dem Hotel mit, dass er gemäß § 111 BGB die Kündigung rückgängig macht. Dies ist nicht möglich, da die Minderjährige berechtigt war, alle Rechtshandlungen eigenmächtig vorzunehmen, also auch das Arbeitsverhältnis zu kündigen.

Schließt der beschränkt Geschäftsfähige einen Vertrag ohne die Einwilligung des gesetzlichen Vertreters, dann ist die Willenserklärung schwebend unwirksam. Der gesetzliche Vertreter kann dann zur Genehmigung der Willenserklärung aufgefordert werden, die er nachträglich erteilen kann. Schweigt er auf die Aufforderung, dann gilt sie als verweigert. Willenserklärungen können aber nichtig sein, wenn der Erklärende bewusst etwas anderes erklärt, als er will, oder die Form nicht beachtet.
Die rechtsgeschäftlichen Mängel sollen jeweils an einem Beispiel dargestellt werden:

Rechtsgeschäftliche Mängel

Rechtsgeschäftlicher Willen

- Scheingeschäft
  Gastronomin Ulrike Neumann will einen Kredit bei der Bank aufnehmen. Um ihre Kreditwürdigkeit zu unterstreichen, lässt sie sich von ihrem Freund Richard ein schriftliches Schuldanerkenntnis (Schuldschein) über 30 000 Euro geben, obwohl dieser ihr nichts schuldet.

Nichtige Willenserklärungen

- Scherzgeschäft
  Stammgast Karl Pommer erzählt in einer geselligen Stammtischrunde über die schlechten Erfahrungen, die sein letzter Arbeitgeber mit ihm gemacht hat. Daraufhin bemerkt sein Freund Achim laut lachend: „So einer wie du fehlt mir noch in meinem Betrieb!“ Pommer nimmt das Angebot an. Die Bemerkung von Achim war jedoch nicht ernsthaft gemeint.

Inhalte des Rechtsgeschäftes

Inhaltliche Mängel

- Gesetzliches Verbot
  Hotelier Holzer schließt mit Achmed, der keine Arbeitserlaubnis hat, einen Arbeitsvertrag als Hausbursche ab. Damit das Arbeitsamt davon nichts erfährt, wird Achmed weder beim Finanzamt noch bei der Sozialversicherung angemeldet. Der Arbeitsvertrag verstößt gegen das Ausländerrecht und das Sozialversicherungsrecht und ist damit ungültig.
- Verstoß gegen die guten Sitten
  Hotelier Holzer hat in seinen Arbeitsverträgen mit seinen Restaurantkellnern folgende Klausel stehen: „3. Mankovereinbarungen: Fehlbeträge sind von allen Restaurantfachleuten anteilig zu tragen, und zwar unabhängig davon, ob die Fehlbeträge von ihnen verursacht oder verschuldet sind.“ Eine kollektive Bestrafung ist sittenwidrig.
- Wucher
  Hotelier Holzer befindet sich in einer finanziellen Notsituation. In seiner ausweglosen Lage sucht er einen der zahlreichen „Hinterhof-Finanziers“ auf. Dieser räumt ihm einen Kredit über 15 000 Euro zu 0,20 Prozent Zinsen pro Tag ein. Hotelier Holzer, der in seiner Not gar nicht lange rechnet, nimmt das Angebot an und schließt den Darlehensvertrag ab.

Nichtigkeit wegen der Form

Formmängel

- Gesetzliche Schriftform
  Hotelier Fuhrmann kündigt seinem Küchenchef in einem Streitgespräch mündlich. Das BGB sieht für die Kündigung eines Arbeitsverhältnisses jedoch Schriftform vor.
- Öffentliche Beglaubigung
  Die Anmeldung einer Firma zur Eintragung beim Handelsregister muss schriftlich abgefasst und von einem Notar oder je nach Landesrecht auch von einer anderen Behörde bestätigt werden.
- Notarielle Beurkundung
  Egon bietet seinem Freund Helmut eines Abends am Stammtisch ein Grundstück zum Kauf an. Helmut nimmt das Angebot an. Beide werden sich in allen Punkten einig. Für Grundstücksverträge reicht das nicht aus, hier ist eine notarielle Beurkundung zwingend vorgeschrieben.

Für die Gültigkeit einer Willenserklärung ist, ist wie wir bereits gesehen haben, der rechtsgeschäftliche Wille (Geschäftswille) von Bedeutung. Kommt ein Rechtsgeschäft zustande, obwohl der Geschäftswille fehlt, dann kann es durch Anfechtung wieder „aus der Welt geschafft" werden. Als Anfechtungsgründe können aufgeführt werden:

Anfechtung einer Willenserklärung

Irrtum bei der Abgabe einer Willenserklärung

- Inhaltsirrtum
  Der Erklärende weiß was er sagt, er weiß aber nicht, was das Gesagte bedeutet. Zum Beispiel: Ulrike Neumann will zwölf neue Radiowecker kaufen und bestellt „ein Schock" Radiowecker bei der Elektrogroßhandlung Zündel, ohne sich über die Bedeutung des Wortes Schock im Klaren zu sein. Zündel liefert gemäß der Bestellung sechzig Radiowecker.

Anfechtung wegen Irrtum

- Erklärungsirrtum
  Der Erklärende wollte das, was er sagt oder tut, gar nicht sagen oder tun (versprechen, vergreifen, verschreiben). Zum Beispiel: Ulrike Neumann bestellt im Hotel Lamm schriftlich ein Zimmer zum 15. Januar, in der Annahme, dass an diesem Tag die Gastronomie-Ausstellung stattfindet. Die Ausstellung findet aber erst zehn Tage später statt, was sie kurze Zeit darauf bemerkt. Als sie am 25. Januar im Hotel eintrifft, legt ihr das Hotel die Noshow-Rechnung (Schadensersatz) vom 15. Januar vor. Ein freies Zimmer gibt es jedoch nicht mehr.
- Eigenschaftsirrtum
  Der Erklärende weiß, was er sagt, er hat aber falsche Vorstellungen von der Sache oder der Person. Zum Beispiel: Ulrike Neumann nimmt ein Bankett für 200 Personen der Firma Kraft & Söhne an. Als sie erfährt, dass die Firma vor dem Konkurs steht, will sie den Vertrag lösen.
- Übermittlungsirrtum
  Die Fehlerhaftigkeit der Willenserklärung wird auf die falsche Übermittlung durch eine dritte Person zurückgeführt. Zum Beispiel: Ulrike Neumann bestellt im Hotel Schönblick telegrafisch ein Zimmer zum 18.12.2004. Infolge eines Übermittlungsfehlers bei der Post lautet das Datum im Ankunftstelegramm jedoch 28.12.2004.

Täuschung und Drohung zur Abgabe einer Willenerklärung

- Arglistige Täuschung
  Dies ist ein vorsätzliches Verhalten bei der Abgabe der Willenserklärung, das bei dem Getäuschten falsche Vorstellung hervorrufen oder bestärken soll. Dieses Verhalten kann aus Tun oder Unterlassen bestehen. Beispiel: Nebel verkauft seine Gastwirtschaft „Grüner Baum" an den Köckeis. Er macht den Köckeis mit Hilfe gefälschter Unterlagen glauben, dass das

Anfechtung wegen Täuschung

Geschäft jährlich einen Umsatz von 245 000 Euro mache. Köckeis ist begeistert und schließt den Vertrag ab. Bald stellt sich die wahre Umsatzhöhe heraus.

- Widerrechtliche Drohung
  Dies ist ein angedrohtes Verhalten bei der Abgabe der Willenserklärung, das dem Bedrohten Nachteile in Aussicht stellt, wenn er die gewünschte Willenserklärung nicht abgibt. Beispiel: Der Eigentümer Meier des Hotels Seeblick ist an dem Nachbargrundstück des Retsch interessiert. Da Retsch nicht verkaufen will, droht Meier ihm mit einer Anzeige wegen Steuerhinterziehung. Daraufhin stimmt Retsch voller Angst dem Vertrag zu.

Anfechtungsfristen

Im Falle des Irrtums muss die Anfechtung unverzüglich erfolgen, während bei Täuschung oder Drohung nach dem Erkennen oder dem Ende der Zwangslage ein Jahr Frist eingeräumt wird. Die Anfechtungserklärung ist eine einseitig empfangsbedürftige Willenserklärung, die die Nichtigkeit des Rechtsgeschäftes von Anfang an zur Folge hat. Die Anfechtung unterliegt einer Verjährungsfrist von zehn Jahren. Bei Irrtum muss der Anfechtende eventuell Schadensersatz leisten, weil der andere auf die Willenserklärung vertraut hat (Vertrauensschaden).

Rechtsgeschäfte

Durch die oben beschriebene Willenserklärung soll eine Rechtsfolge, also ein Rechtsgeschäft herbeigeführt werden. Rechtsgeschäfte werden in einseitige und zweiseitige und nach dem Abstraktionsprinzip in Verpflichtungs- und Erfüllungsgeschäfte unterschieden.

Einseitige und mehrseitige Rechtsgeschäfte

Für ein einseitiges Rechtsgeschäft ist eine, für ein mehrseitiges Rechtsgeschäft sind zwei oder mehr Willenserklärungen notwendig. Bei einem einseitigen Rechtsgeschäft kann die Wirksamkeit der Willenserklärung vom Zugang abhängen, so wird zum Beispiel eine Kündigung erst wirksam, wenn der Gekündigte sie empfangen hat bzw. wenn sie in seinen Herrschaftsbereich gelangt ist. So ist eine Willenserklärung, die in den Briefkasten eingeworften wurde, zugegangen, weil für den Empfänger die Kenntnisnahme möglich ist und nach der Verkehrsauffassung auch damit zu rechnen ist. Einem Anwesenden gegenüber wird eine Willenserklärung wirksam, wenn er sie verstanden hat, dabei ist nicht die wörtliche Formulierung ausschlaggebend, sondern der wirkliche Sinn.
Nicht empfangsbedürftige Willenserklärungen bedürfen dieser Anforderung nicht; so ist ein Testament mit der schriftlichen Ausstellung rechtswirksam.

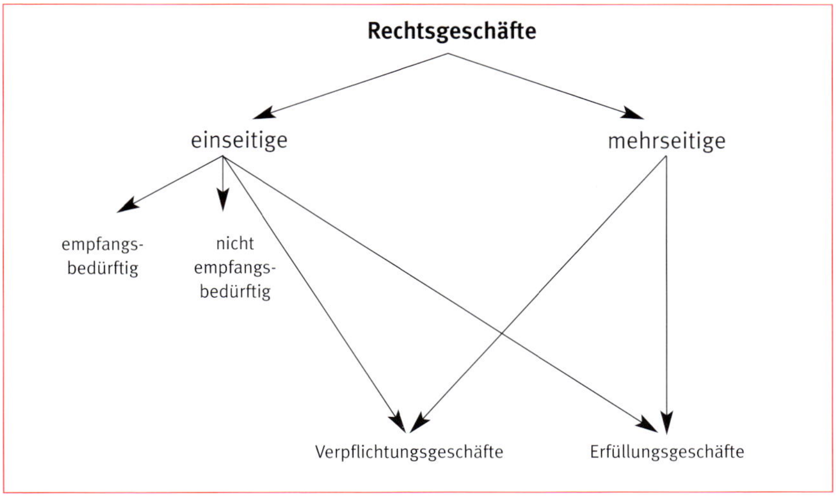

Verpflichtungs- und Erfüllungsgeschäft

Bei ein- und mehrseitigen Rechtsgeschäften unterscheidet man zwischen dem schuldrechtlichen Teil (Verpflichtungsgeschäft) und der tatsächlichen Übertragung eines Rechtes (Erfüllungsgeschäft). Wenn zum Beispiel ein Gastronom einen Kombidämpfer kaufen will, dann schließt er zunächst einen Kaufvertrag mit dem Händler, in dem sich der Händler verpflichtet, das Gerät zu liefern, und der Gastronom verspricht, den vereinbarten Kaufpreis dafür zu zahlen. Dieses schuldrechtliche Versprechen bezeichnen wir als Verpflichtungsgeschäft. Beim Erfüllungsgeschäft wird die Ware geliefert und das Eigentum übertragen. Im Gegenzug wird das Geld übereignet.

Anfrage, Antrag und Annahme

Ein Kaufvertrag, zum Beispiel über eine Lieferung Wein, kommt wie jeder Vertrag durch mindestens zwei übereinstimmende Willenserklärungen (Antrag und Annahme) zustande. Beide Willenserklärungen sind empfangsbedürftig, das heißt, sie werden erst mit ihrem Zugang beim Empfänger rechtswirksam. Kein Antrag, sondern eine Aufforderung zum Angebot (Anfrage) liegt in folgenden Situationen vor: Warenauslage im Regal, Zeitungsangebote, Zusendung von Preislisten oder Katalogen.

Rechtswirksamer Antrag

Der Antrag als erste Willenserklärung muss bestimmte inhaltliche Voraussetzungen erfüllen. Unentbehrliche Bestandteile sind die Art, Güte und Beschaffenheit der Ware sowie die Menge und der Preis. Ohne diese Inhalte ist ein Antrag/Angebot nicht rechtswirksam. Lieferbedingungen, Zahlungsbedingungen, Gerichtsstand und Erfüllungsort ergeben sich im Zweifel aus dem Gesetz. Mit dem Zugang des Antrages in Form des Angebotes oder der

Bestellung ist der Verkäufer grundsätzlich an seine Willenserklärung gebunden, sie ist unwiderruflich.

Widerruf der Willenserklärung

Aus dieser Bindung wird der Verkäufer in folgenden Fällen entlassen:
1 bei Ablehnung des Antrages durch den Käufer (§ 146 BGB)
2 bei Ausschluss der Gebundenheit (§ 145 BGB), zum Beispiel „solange der Vorrat reicht“ oder mit der Klausel „ohne Obligo“, d. h. unverbindlich.
3 bei rechtzeitigem Widerruf (§ 130,1 BGB) wenn der Widerruf vorher oder gleichzeitig zugeht
4 bei verspäteter Annahme durch den Käufer (§ 146 BGB)
5 bei abgeänderter Annahme durch den Käufer (§ 150 BGB)

Der Antrag ist an eine bestimmte Person gerichtet. Ein Antrag ist dann rechtswirksam, wenn der Käufer mit einem einfachen „Ja“ antworten kann. Die Annahme muss unter anwesenden Personen sofort abgegeben werden, während sie bei abwesenden Personen in der verkehrsüblichen Zeit anzunehmen ist. Verkehrsüblich ist bei einem Telefonat sofort, während bei einem Brief mit einer Frist von fünf bis sieben Tagen zu rechnen ist. Für die Annahmeerklärung kann natürlich auch eine Frist gesetzt werden.

Annahmeerklärung

Die Annahmeerklärung braucht nicht zu erfolgen, wenn entweder auf sie verzichtet wird oder sie nach der Verkehrssitte nicht zu erwarten ist. Der Gastwirt bestellt jeden Abend beim Fischhändler seine Ware für den nächsten Tag. Diese Bestellung (Antrag) braucht nicht mehr angenommen zu werden. Der Wirt verzichtet nicht auf die Annahme, sondern nur auf ihre Erklärung.

Ein Sonderfall beschreibt § 149 BGB: Wird eine Annahmeerklärung rechtzeitig abgesandt, trifft jedoch für den Empfänger erkennbar verspätet ein, dann hängt die Wirksamkeit des Vertrages vom Verkäufer ab, das heißt, wenn er die Verspätung anzeigt, kommt es nicht zu einem Vertrag.

Vertragsinhalte

Schuldverhältnisse

Verträge sind Rechtsverhältnisse, die eine Person (Gläubiger) berechtigen, von einer andern Person (Schuldner) eine Leistung zu fordern (Anspruch). Rechtsverhältnisse begründen nur persönliche Schuldverhältnisse zwischen den Beteiligten und können deshalb auch nicht gegen Dritte durchgesetzt werden. Das BGB sieht vor, dass Schuldverhältnisse die unterschiedlichsten Leistungen zum Gegenstand haben können. Sie entstehen entweder durch Rechtsgeschäfte (z.B. Vertrag) oder kraft Gesetzes, z.B. durch ungerechtfertigte Bereicherung und dem daraus entstehenden Herausgabeanspruch.

Die wichtigsten Verträge im Zusammenhang mit Lieferanten sind:

Vertragsarten	Vertragspartner	Vertragsinhalte
Kaufvertrag §§ 433 ff BGB	Käufer und Verkäufer	Entgeltliche Veräußerung von Sachen und Rechten mit Eigentumsübertragung und frei von Sach- und Rechtsmängeln; Beispiel: der Kauf von Lebensmitteln oder Getränken
Mietvertrag §§ 535 ff BGB	Mieter und Vermieter	Entgeltlich Überlassung einer Sache zum Gebrauch; Pflicht des Vermieters zur Instandhaltung; Beispiel: das Mieten von Hotelwäsche oder Geschäftswagen
Pacht §§ 581 ff BGB	Pächter und Verpächter	Entgeltliche Überlassung einer Sache oder eines Rechts zur gewerblichen Nutzung (Erträge); Beispiel: Eine Gaststätte wird zur Nutzung mit Fruchtziehung gepachtet
Leihvertrag §§ 598 ff BGB	Entleiher und Verleiher	Unentgeltliche Überlassung von Sachen zum Gebrauch, Rückgabe derselben Sachen; Beispiel: Ein Gastwirt leiht sich von einer Brauerei die Bestuhlung für sein Gartenfest
Werkvertrag §§ 631 ff BGB	Unternehmer und Besteller	Erfolgreiche Herstellung oder erfolgreiche Veränderung eines versprochenen Werkes gegen Entgelt; Beispiel: Reparatur eines Kombidämpfers
Darlehensvertrag	Darlehensgeber und Darlehensnehmer	Entgeltliche oder unentgeltliche Überlassung von vertretbaren Sachen zum Verbrauch, spätere Rückgabe gleichartiger Dinge; Beispiele: Kredit bei der Bank, Gastwirt „leiht“ sich bei Kollegen ein Fass Bier
Arbeitsvertrag	Arbeitgeber und Arbeitnehmer	Leistung der versprochenen Dienste gegen Entgelt; Beispiel: Arbeitsverhältnis mit einem Koch

Vertragsarten

Merkmale des Kaufvertrages

Der am häufigsten vorkommende Vertrag ist sicherlich der Kaufvertrag.
Ein Kaufvertrag kommt durch zwei übereinstimmende Willenserklärungen zustande. Gegenstand des Kaufvertrages sind Sachen wie Betriebsmittel (Restauranteinrichtung), Rohstoffe (Fisch oder Fleisch), Hilfsstoffe (Öle, Essig) und Betriebsstoffe (Frittierfett) sowie Rechte (Lizenz eines Franchise-Unternehmens). Der zu entrichtende Kaufpreis muss in der gültigen Landeswährung erfolgen. Besteht die Gegenleistung in einer Sache oder in einem Recht, liegt ein Tausch vor.
Aus dem Kaufvertrag erwächst dem Verkäufer die Pflicht, die Sache zu übergeben und dem Käufer das Eigentum an der Sache zu verschaffen. Weiterhin muss der Gegenstand frei von Rechten anderer sein und darf keine Sachmängel aufweisen. Der Käufer ist seinerseits verpflichtet, den Kaufpreis zu zahlen und das Geld zu übereignen. Durch Verletzung dieser Verpflichtungen können sich Vertragsstörungen ergeben.

Man unterscheidet folgende Vertragsstörungen:

Vertragsstörungen

- Die Leistung kann nicht oder nicht mehr erbracht werden. Es wird unterschieden zwischen:
  > echter Unmöglichkeit (der Gegenstand ist untergegangen)
  > faktischer Unmöglichkeit (die Lieferung ist nicht zumutbar)
- Die Leistung wird von Seiten des Warenschuldners zu spät erbracht (Lieferverzug).
- Der Käufer zahlt den Kaufpreis zu spät oder überhaupt nicht (Zahlungsverzug).
- Die Leistung ist nicht frei von Sach- und Rechtsmängeln (Schlechtleistung). Hierbei wird unterschieden zwischen:
  > Sachmangel in Form eines Fehlers
  > Falschlieferung
- Der Käufer verweigert die Annahme (Gläubigerverzug, auch Annahmeverzug).

Die Konsequenzen der Vertragsstörungen werden später im Kapitel „Vertragsstörungen" (siehe Seite 80) analog zu einer anderen Vertragsart ausgeführt.

Eigentumsvorbehalte

Bei einem Eigentumsvorbehalt nach § 449 BGB wird der Kaufvertrag so abgeschlossen, dass der Käufer erst nach vollständiger Bezahlung Eigentümer der Kaufsache wird. Den Eigentumsvorbehalt gibt es nur bei Kaufverträgen über bewegliche Sachen. Der Verkäufer kann allerdings nur dann die Sache herausverlangen, wenn er vom Vertrag zurückgetreten ist.
Wir unterscheiden drei Arten des Eigentumsvorbehalts:

- Einfacher Eigentumsvorbehalt

Einfacher Eigentumsvorbehalt

Beim einfachen Eigentumsvorbehalt wird der Kaufvertrag unter der aufschiebenden Bedingung der Kaufpreiszahlung abgeschlossen. Wenn beispielsweise ein Gastwirt die eingekauften Lebensmittel verarbeitet und verkauft, dann geht das Eigentumsrecht des Lieferanten unter. Der Käufer (Gastronom) wird zwar zunächst Besitzer, aber noch nicht Eigentümer. Besitz ist die tatsächliche Herrschaft über eine Sache, und Eigentum ist die rechtliche Herrschaft über eine Sache. Wird das Eigentum des Gastwirtes versteigert oder verkauft (zum Beispiel bei einer Insolvenz), so zählt die übergebene, aber noch nicht vollständig bezahlte Ware nicht zum versteigerbaren Eigentum. Der Verkäufer kann sie als Eigentümer sofort zurückverlangen (Aussonderungsrecht). Eine solche Klausel kann lauten: „Die Ware bleibt bis zur vollständigen Bezahlung unser Eigentum."

- Verlängerter Eigentumsvorbehalt
  In diesem Fall wird der Eigentumsvorbehalt so gestaltet, dass Forderungen des Gastwirtes (Käufers) aus der Ware gegenüber seinen Gästen an den Lieferanten (Verkäufer) abgetreten werden (Forderungsabtretung oder Zession). Da im Fall des Gastwirtes das Hauptverkaufsgeschäft durch Barzahlung beglichen wird, ist auch dieser Eigentumsvorbehalt nur begrenzt einsetzbar.

Verlängerter Eigentumsvorbehalt

- Erweiterter Eigentumsvorbehalt
  Beim erweiterten Eigentumsvorbehalt bezieht sich das Vorbehaltsrecht des Lieferers auf alle seine Lieferungen an den Käufer, also zum Beispiel auf alle Weinlieferungen der Genossenschaft gegenüber einem Gastwirt. Eine solche Klausel kann lauten: „Das Eigentum geht auf den Besteller erst dann über, wenn er seine Verbindlichkeiten aus sämtlichen Warenlieferungen getilgt hat. Das gilt auch, wenn der Kaufpreis für bestimmte, vom Auftraggeber bezeichnete Warenlieferungen bezahlt wurde. Bei laufender Rechnung gilt das vorbehaltene Eigentum als Sicherung unserer Saldoforderung."

Erweiterter Eigentumsvorbehalt

Einfacher Eigentumsvorbehalt:

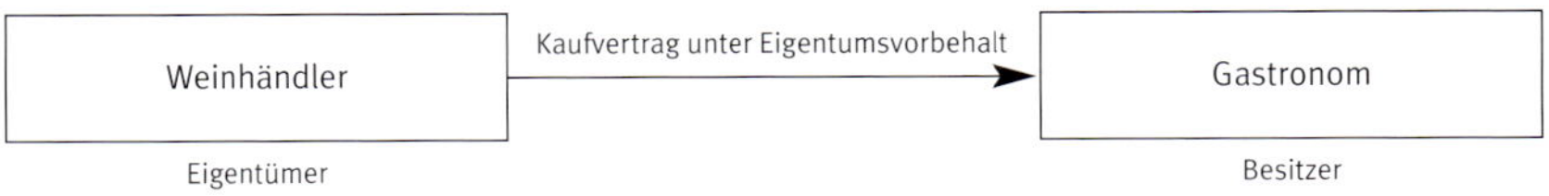

Verlängerter Eigentumsvorbehalt:

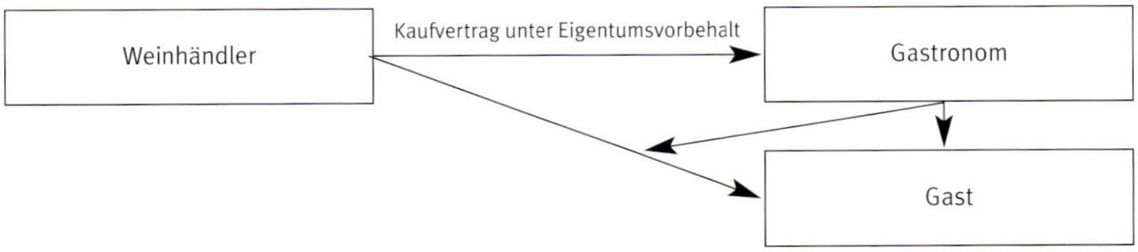

Erweiterter Eigentumsvorbehalt:

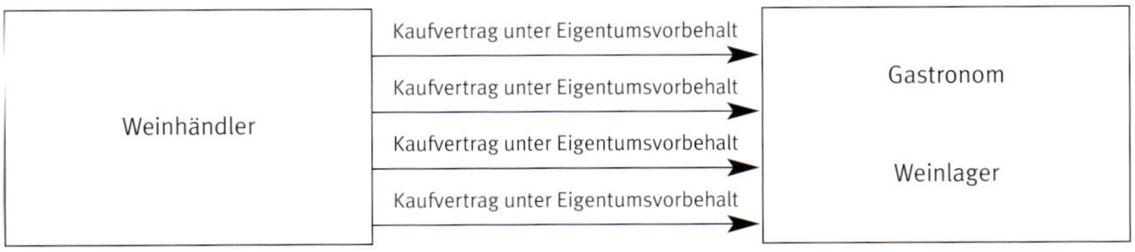

Der Gaststätten-Pachtvertrag

Entscheidungsgrundlagen

Soll ein Pachtvertrag über eine Hotel und/oder Restaurant abgeschlossen werden, dann sollten nicht nur die rechtlichen, sondern auch einige Fragen zu den wirtschaftlichen Bedingungen beantwortet werden:

Ist der Standort für den geplanten Betriebstyp geeignet?

Qualität des Standorts

- Umgebung/Anwohner
  Das Niveau des Hotels/Restaurants und die Gegend, der Stadtteil oder Ortsteil, in dem sich das Pachtobjekt befindet, müssen zusammenpassen. Das Verhältnis zwischen dem Betrieb und den Anwohnern kann, etwa bei einer Gartenwirtschaft, von entscheidender Bedeutung für den wirtschaftlichen Erfolg sein.
- Erreichbarkeit mit Verkehrsmitteln
  Die Infrastruktur des Pachtobjekts ist je nach Zielgruppe ein wichtiger Faktor. Ist der Wirt auf Laufkundschaft angewiesen, dann muss der Betrieb auch zentral liegen bzw. mit öffentlichen Verkehrsmitteln gut erreichbar sein.
- Parkmöglichkeiten
  Erwartet die Zielgruppe Parkmöglichkeiten, oder kommen die Gäste eher zu Fuß, mit dem Fahrrad oder mit anderen Verkehrsmitteln?
- Absehbare Veränderungen
  Sind in der Nähe des Pachtobjekts strukturelle Veränderungen wie eine Straßenverlegung, Neubauten oder Industrieansiedlungen geplant? Gibt es touristische Attraktionen, die erschlossen werden?

Ist das Objekt für den geplanten Betriebstyp geeignet?

Eignung des Objekts

- Quantitativ
  Verfügt das Objekt über genügend Sitzplätze und/oder Zimmer, um das gewünschte Konzept umsetzen zu können? Wichtig: Die Größe eines Betriebes entscheidet auch über die Rentabilität!
- Qualitativ
  Die Ausstattung des Restaurants und/oder der Zimmer steht in direktem Zusammenhang mit dem angestrebten Niveau des Betriebes. Ist die Ausstattung des Pachtobjekts nicht ausreichend, sind größere Investitionen notwendig.
- Betriebswirtschaftlich notwendige bauliche Maßnahmen
  Erfordert der bauliche Zustand des Betriebes notwendige Veränderungen? Können etwa durch Anbauten zukünftige Entwicklungen aufgefangen werden?

- Bisheriges bzw. angestrebtes Preisniveau
  Kann der geplante Betrieb auf dieser Grundlage wirtschaftlich geführt werden. Hier ist unter anderem die Frage nach dem Stuhlumsatz oder dem durchschnittlichen Zimmerertrag zu beantworten.
- Bisherige bzw. künftige Auslastung
  Die Einschätzung zukünftiger Ereignisse sollte in einer optimistischen und einer pessimistischen Variante vorgenommen werden, damit im schlechtesten Fall die Enttäuschung nicht zu groß ist und entsprechende Vorkehrungen getroffen werden können.

Ermittlung der Nachfrage

Ist die Nachfrage für den geplanten Betriebstyp gegeben?

- Gäste
  Welche Zielgruppen kann der Betrieb ansprechen (Einheimische/Touristen ...)? Verfügt die angepeilte Zielgruppe über ausreichend Potenzial? Kann ich den Personenkreis mit den mir zur Verfügung stehenden Mitteln ansprechen? Welche Veränderungen in der Zielgruppe sind zu erwarten?
- Auslastung
  Welche Auslastung kann ich bei dieser Zielgruppe erwarten? Unterliegt der Umsatz/die Auslastung aufgrund von Saisonzeiten starken Schwankungen? Lassen sich umsatzschwache Zeiten durch zusätzliche Gästegruppen ausgleichen? Gibt es Möglichkeiten, das Veranstaltungsgeschäft (Messe, Tagungen) zu nutzen?
- Erwartungen meiner Gäste
  Die Erwartungen der Gäste und die betrieblichen Leistungen entscheiden wesentlich über die Zufriedenheit des Gastes. Aus diesem Grund sollten keine übertriebenen Vorstellungen/Erwartungen bei der Zielgruppe geweckt werden.

Konkurrenzumfeld

Welche Betriebe in der Umgebung bieten ein ähnliches Angebot oder wenden sich an die gleiche Zielgruppe?

- vorhandene Betriebe und ihre Kapazitäten
  Zunächst sind die Konkurrenten im Umfeld zu ermitteln. Dabei kommt es auf die Marktkonkurrenz an: Welche Mitbewerber haben die gleiche Zielgruppe im Visier?
- Konkurrenz-Analyse
  Welches sind meine Stärken gegenüber der Konkurrenz? Welches sind meine Schwächen gegenüber der Konkurrenz? Der entscheidende Punkt: Dabei kommt es nicht auf die absoluten Stärken und Schwächen an, sondern auf die relativen. Es ist also nicht wichtig, auf allen Feldern besser zu sein als der direkte Mitbewerber, sondern nur in den für die Zielgruppe wichtigen Punkten.

Die folgenden Fragen sollen eine Hilfestellung sein und dazu beitragen, dass bei der Ausformulierung und Prüfung des Pachtvertrages nichts Wesentliches vergessen wird.

Checkliste Pachtvertrag

- ○ Ist das Pachtobjekt konzessionsfähig?
- ○ Welche behördlichen Auflagen bestehen?
- ○ Sind alle gepachteten Objektteile auch im Vertrag aufgeführt?
- ○ Entspricht der Pachtzins (in Prozent vom Umsatz) dem vergleichbarer Betriebe (Erfahrungswert ca. 10 Prozent)?
- ○ Wie hoch ist der Anteil für private Nutzung (Wohnung)?
- ○ Wie sieht die Regelung für Pachterhöhungen aus?
- ○ Wie wird die Aufteilung der Pachtnebenkosten zwischen Verpächter und Pächter (V/P) vorgenommen?
- ○ Wer zahlt welche Steuern (V = Verpächter; P = Pächter)?
  - ○ Grundsteuer (V)
  - ○ Gewerbesteuer (P)
  - ○ Vergnügungssteuer (P)
  - ○ Schankerlaubnissteuer (P)
- ○ Welche Versicherungen sind notwendig und wer bezahlt sie (V = Verpächter; P = Pächter)?
  - ○ Gebäudeversicherungen (V)
  - ○ Gebäudehaftpflichtversicherung (V)
  - ○ Betriebsinventarversicherung (P)
  - ○ Betriebsausfallversicherung (P)
  - ○ Betriebshaftpflichtversicherung (P)
  - ○ Wasserschadenversicherung (P)
  - ○ Einbruch- und Diebstahlversicherung (P)
- ○ Welche sonstigen Kosten sind in einem Mehrparteienobjekt aufzuteilen (V = Verpächter; P = Pächter)?
  - ○ Städtische Gebühren (Wasser, Müll, Gas; P/V)
  - ○ Kaminkehrer (P/V)
  - ○ Allgemeiner Strom (P/V)
  - ○ Betriebsstrom (P)
- ○ Wurde ein eventuell erforderlicher Verteilungsschlüssel für Nebenkosten vereinbart?
- ○ Entspricht die geforderte Ablösesumme für Betriebsmittel der Gegenleistung (Inventarwert, Warenlager)?
- ○ Wie ist die Pachtdauer geregelt, und welche Kündigungsmöglichkeiten gibt es?
- ○ Wird die geforderte Kaution verzinst, oder ist auch eine Bankbürgschaft möglich?

- ○ Sind die Instandhaltungskosten begrenzt?
- ○ Welche Regelungen hinsichtlich der Öffnungszeiten stehen im Pachtvertrag? Ist die zeitweise Schließung des Pachtobjektes wegen eines Urlaubs möglich?

Checkliste Pachtvertrag

- ○ Wie ist die Übernahme laufender Verträge geregelt (Getränke, Automaten, Versicherungen, Wartung etc.)? Welche Bedingungen sind daran geknüpft (Leistung und Gegenleistung)?
- ○ Ist eine Unterverpachtung zulässig?
- ○ Welches Pfandrecht steht dem Verpächter zu?
- ○ Gibt es ein Konkurrenzverbot nach Beendigung des Pachtvertrages?
- ○ Enthält der Pachtvertrag eine Klausel, die den Ausschluss von Aufrechnungs- und Minderungsrechten des Pächters vorsieht?
- ○ Wie sieht es mit der Haftung für den Vorpächter aus, wenn es zu einer Firmenfortführung (Handelsregistereintragung) kommt?
- ○ Ist ein Haftungsausschluss für Verbindlichkeiten des Verpächters vereinbart? Diese Übereinkunft ist unverzichtbar!
- ○ Ist der neue Pächter zur Übernahme von Arbeitnehmern verpflichtet (laut § 613a BGB)?
- ○ Enthält der Pachtvertrag eine Klausel zur Vertragsauflösung bei fehlender Konzession?
- ○ Vereinbarungen über das Pachtende:
  - ○ Ist ein Rückkauf des Inventars durch den Verpächter vorgesehen?
  - ○ Kauft der Verpächter das Warenlager zurück?
  - ○ Bekommt der Pächter einen Ersatz für bauliche Veränderungen?
- ○ Sind wirklich alle mündlichen Vereinbarungen auch schriftlich festgehalten?

Inhalt und Form des Pachtvertrages

Verhältnis von Pacht und Miete

Der Pachtvertrag hat seine Rechtsgrundlagen in den §§ 581-597 BGB. Die Pacht unterscheidet sich kaum von der Miete, denn in beiden Fällen wird eine Sache zum Gebrauch überlassen und die Rückgabe derselben Sache vereinbart. Bei der Pacht ist der Pächter jedoch zusätzlich berechtigt, Erträge aus dem Pachtgegenstand zu erwirtschaften. § 581,2 BGB weist auf den Zusammenhang mit dem Mietvertrag hin, indem er feststellt, dass auf die Pacht die Vorschriften der Miete entsprechend anzuwenden sind, soweit sich aus den speziellen Vorschriften nicht ein anderes ergibt. Allerdings muss festgestellt werden, dass die Schutzrechte für den Mieter nicht auf den Pächter übertragbar sind. Hier sieht der Gesetzgeber überwiegend nachgiebiges Recht vor, das nur gilt, wenn im Pachtvertrag nichts anderes vereinbart wurde.

Dadurch lassen sich die pächterfreundlichen Bestimmungen des BGB weitgehend umgestalten. Deshalb ist Vorsicht geboten, wenn ein Gastwirt einen Pachtvertrag schließt.

Pflichten von Pächtern und Verpächtern

Der Verpächter hat dem Pächter für die Dauer des Pachtverhältnisses den Gebrauch der Pachtsache zu gewähren. Der Pachtgegenstand muss im ordnungsgemäßen Zustand gehalten werden. Weiterhin ist der Verpächter verpflichtet, bei Pachtende Entschädigung bei genehmigten baulichen Veränderungen zu gewähren.
Der Pächter ist verpflichtet, den Pachtzins zu zahlen. Die Festlegung eines angemessenen Pachtzinses ist eine schwierige Angelegenheit, da sich Leistung und Gegenleistung die Waage halten müssen. Letztendlich muss im Interesse beider Vertragspartner die Rentabilität des Pachtbetriebes gewährleistet sein.

Gestaltung des Pachtzinses

Es werden drei Formen der Pachtzinsgestaltung unterschieden:

- Festpacht
  Ein konstanter Betrag , der sich an der Größe des Pachtobjekts (Anzahl der Quadratmeter) oder an den erzielbaren Nettoumsätzen orientiert.
- Umsatzpacht
  Ein variabler Betrag, der sich aus dem konkreten Nettoumsatz einer festgelegten Periode errechnet.
- Mischpachtzins
  Ein Betrag, der sich aus einem konstanten und einem variablen Teil zusammensetzt; die Höhe des Pachtzinses ist entsprechend angepasst.

Gestaltung des Pachtvertrages

Die Pachtdauer beträgt je nach Investitionsvolumen des Pächters zwischen fünf und zehn Jahren. Bei langfristigen Pachtverträgen mit einer vereinbarten Festpacht wird in der Regel der Verpächter auf einer Pachtanpassungs- oder Wertsicherungsklausel bestehen.

Der Pächter muss den Pachtgegenstand schonend behandeln. Schönheitsreparaturen trägt der Pächter, während für den Fall von Instandhaltungen Höchstbeträge, die der Pächter zu tragen hat, im Pachtvertrag aufgeführt werden sollten. Möchte der Pächter bauliche Veränderungen am Pachtgegenstand vornehmen, dann sollte er die Einwilligung des Verpächters einholen. Nur dann wahrt er sein Recht auf eine Entschädigung bei Pachtende. Besonders zu beachten sind Pachtverträge, die den Pächter zum Eintritt in bestehende Verträge (zum Beispiel Bierlieferungsverträge) verpflichten. Der Gastwirt sollte in diesen Fällen besonders auf das Verhältnis von Leistung und Gegenleistung achten. In manchen Vereinbarungen werden auch die

Öffnungszeiten übertrieben lange ausgedehnt, Ruhetage untersagt und sogar Betriebsschließungen in der Urlaubszeit ausgeschlossen. Der Pächter sollte sich, auch wegen der hohen Kosten für Vertretungen, gegen solche Klauseln wehren bzw. sie nicht akzeptieren.

Schriftliche Pachtverträge

Das Gesetz schreibt bei Pachtverträgen keine bestimmte Form vor, dennoch ist für den Gastwirt äußerst riskant, Pachtverträge nicht schriftlich abzufassen. In der Praxis hat sich deshalb die Schriftform durchgesetzt. Dessen ungeachtet können später schriftliche Zusatzvereinbarungen getroffen werden. Verpächter (zum Beispiel Brauereien) verwenden oft Formularverträge, die verpächterfreundlich gestaltet sind. Hier kann der Gastwirt sich behelfen, wenn er Formularverträge von den Landesverbänden des Hotel- und Gaststättenverbandes verwendet.

Kündigung von Pachtverträgen

Wird keine feste Laufzeit vereinbart, kann der Pachtvertrag mit einer sechsmonatigen Frist zum Ende eines Pachtjahres gekündigt werden. Die Kündigung muss spätestens am dritten Werktag des Halbjahres erfolgen, mit dessen Ablauf die Pacht endet. Das Pachtjahr muss nicht dem Kalenderjahr entsprechen. Bei langfristigen Pachtverträgen (fünf bis zehn Jahre) kann nur außerordentlich (bei Vorliegen eines wichtigen Grundes) gekündigt werden, es sei denn, der Pächter hat mit dem Verpächter eine Nachfolger- oder Unterverpachtungsklausel vereinbart. Sinnvoll ist bei solchen Verträgen auch eine Kündigungsmöglichkeit nach Ablauf des ersten Pachtjahres, wenn dies aus wirtschaftlichen Gründen geboten erscheint.
Nach Ablauf der vereinbarten Zeit sollte dem Pächter ein Optionsrecht auf Verlängerung zugestanden werden.

Haftung

Vertragliche Regelung von Haftungsansprüchen

Haftungsfragen beim Pachtvertrag können sich auf das Verpflichtungsgeschäft (Inhalt des Vertrag) und die Vertragserfüllung beziehen. Letzteres, die Sach- und Rechtsmängel, stellen dabei für den Verpächter das größte Problem dar. Hier können für den Pächter Minderungs-, Schadensersatz- und Kündigungsrechte entstehen. Aufrechnungs- und Minderungsrechte sollten im Vertrag nicht ausgeschlossen sein.
Ein besonderes Problem ist dabei die Beendigung des Vertrages. Es sollte vorher festgelegt werden, wie die Übergabe zu erfolgen hat und unter welchen Bedingungen das Inventar an den neuen Pächter übergeben werden soll. Ferner müssen an dieser Stelle auch die Frage einer Kaution und deren Verzinsung geregelt werden.

Bei der Übernahme der Gaststätte oder des Hotels muss unbedingt darauf geachtet werden, dass die Verbindlichkeiten des Vorpächters nicht durch die Betriebsfortführung übernommen werden. An dieser Stelle können der Eintrag im Handelsregister sowie die Benachrichtigung der Gläubiger helfen.

Der Bierlieferungsvertrag

Überlegungen vor Abschluss eines Vertrages

Bierlieferungsverträge (BLV) bzw. Getränkelieferungsverträge sind langfristige Kaufverträge mit Teillieferungen und Teilzahlungen. Diese Verträge sind häufig mit einem Darlehen für Gaststätteneinrichtungen verbunden, das über die Getränkelieferungen und Rückvergütungen (Bonus) getilgt wird.

Bierlieferungsvertrag mit Darlehen

Ist die Brauerei nicht Verpächter, dann kommt es wegen der häufig fehlenden Kreditwürdigkeit des Gastwirtes zum Bierlieferungsvertrag mit Darlehen. In diesem Fall sollte der Gastwirt aber mehrere Angebote von Brauereien einholen und prüfen, ob ein möglicher Bankkredit nicht günstiger ist. Ein Problem in diesem Zusammenhang sind die Sicherheiten, die der Gastwirt für das Darlehen bieten muss. Die Brauereien verlangen manchmal Grunddienstbarkeiten, obwohl eine Grundschuld, Hypothek oder Sicherungsübereignung des Inventars ausreichen würde. Sind keine Absicherungen vorhanden, müssen der Ehepartner oder Bürgen einspringen.

Verordnung der Europäischen Gemeinschaft

Bei der Überprüfung eines Bierlieferungsvertrages ist vor allem die EG-Verordnung 1984/83 aus dem Jahr 1983 zu beachten:

1. Die durch die Alleinbezugsverpflichtung erfassten Biere und Getränke müssen spezifiziert sein. Auf künftige Produkte der Brauerei kann sich die Bezugsverpflichtung nicht beziehen. Ausnahmsweise können Produkte, die vor der Markteinführung stehen, einbezogen werden.
2. Bierlieferungsverträge dürfen für höchstens zehn Jahre abgeschlossen werden.
3. Alleinbezugsverträge für Bier und andere Getränke dürfen eine Laufzeit von fünf Jahren nicht übersteigen.
4. Ist die Brauerei Verpächter, kann sie den Gastwirt für die gesamte Dauer des Pachtvertrages binden, sowohl bei Bier als auch bei anderen Getränken.
5. Der Vertrag muss dem Wirt allerdings das Recht einräumen, andere Getränke als Bier von einem Dritten zu beziehen, wenn dieser sie billiger als die Brauerei anbietet und die Brauerei nicht zu diesen Bedingungen liefern will.

6 Der Wirt muss die Möglichkeit haben, Getränke anderer Warenzeichen von Dritten zu beziehen, auch wenn die Brauerei Getränke der gleichen Art selbst anbietet (zum Beispiel Coca Cola, wenn die Brauerei selbst eine andere Sorte Cola anbietet). Dies gilt nicht für Bier.

Vorschriften für Bierlieferungsverträge

7 Eine Bezugsverpflichtung ist nur dann bindend, wenn die Brauerei auch die geschätzte Nachfragemenge zur Verfügung stellen kann.

8 Der Bierlieferungsvertrag darf dem Wirt vorschreiben, von anderen Brauereien nur Bier einer anderen Sorte – mit einer deutlichen Unterscheidung nach Zusammensetzung, Aussehen oder Geschmack in Flaschen, Dosen oder sonstigen Kleinpackungen zu vertreiben.

9 Diese Wirteverpflichtung ist nicht zulässig, wenn der Verkauf dieser Biere vom Fass üblich oder durch eine ausreichende Nachfrage der Gäste gerechtfertigt ist. Die ausreichende Nachfrage gilt dann als gerechtfertigt, wenn nicht gleichzeitig der Verkauf des Bieres aus der Alleinbezugsverpflichtung sinkt.

10 Bezugsverpflichtungen über andere Waren als Getränke oder Dienstleistungen sind nicht zulässig.

11 Die Bindung eines Rechtsnachfolgers darf nicht über den Zeitraum der Vertragsbindung des Wirtes hinausgehen (die Höchstlaufzeiten von zehn bzw. fünf Jahren gelten auch hier).

12 Eine Bezugspflicht einer Mindestmenge ist zulässig.

13 Der Abschluss eines Bierlieferungsvertrages kann auch über den Hauseigentümer erfolgen.

Wurde eine Mindestabnahmemenge an Bier oder anderen Getränken vereinbart, dann muss geklärt werden, ob die vereinbarte Menge auch verkauft werden kann. Werden die vereinbarten Getränkemengen nicht abgesetzt, sind die Rechtsfolgen zu beachten. Dabei sollten andere Getränke bei der Mindermenge berücksichtigt werden. Der Schadensersatz bei Nichterfüllung des Bierlieferungsvertrages sollte nicht mehr als zwanzig Prozent des vereinbarten Umsatzes betragen.

Schadensersatz bei Nichterfüllung

Der Gastwirt ist angehalten, letztendlich darauf achten, dass alle mündlichen Zusagen des Brauereivertreters auch schriftlich festgehalten werden.

Inhalt und Form des Vertrages

Der Bierlieferungsvertrag kommt wie jeder Vertrag durch zwei übereinstimmende Willenserklärungen zustande. Da der Vertrag ein Ausschließlichkeitsvertrag ist und damit Wettbewerb einschränkt, muss er schriftlich abgefasst werden. Weiterhin ist bei Nicht-Kaufleuten eine Widerrufsbelehrung

erforderlich, damit der Gastwirt noch die Möglichkeit hat, seine Willenserklärungen zu überdenken und innerhalb der Wochenfrist zu widerrufen.
Es werden folgende Bierlieferungsverträge unterschieden:

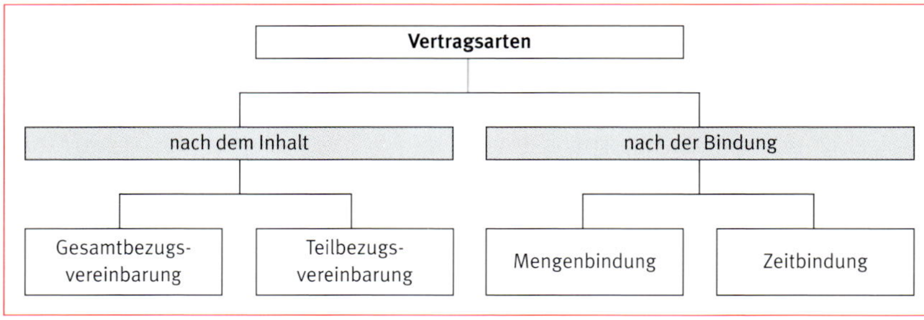

Pflichtverletzungen

Bei der Teilbezugsvereinbarung wird nur eine Sorte Bier (zum Beispiel Weizenbier) vereinbart, während bei einer Gesamtbezugsvereinbarung alle Biere und auch andere Getränke Gegenstand des Bierlieferungsvertrages sind. Üblich sind in der Praxis Zeitbindungen von fünf oder zehn Jahren. Wenn allerdings in dieser Zeit das Darlehen nicht zurückbezahlt werden kann, dann kann sich der Vertrag automatisch verlängern. Bei der Mengenbindung verpflichtet sich der Wirt, eine bestimmte Anzahl von Hektolitern oder Flaschen innerhalb eines bestimmten Zeitraums abzunehmen.Von Pflichtverletzungen des Bierlieferungsvertrages sind zunächst nur die Teillieferungen oder Teilzahlungen berührt. Allerdings behalten sich gerade Brauereien ein Kündigungsrecht vor, wenn ein zweimaliger Zahlungsverzug vorliegt. Der Wirt muss gleichfalls abmahnen, wenn der Getränkelieferant seinen Verpflichtungen nicht nachkommt, bevor er aus dem Vertrag aussteigen kann.

Beendigung des Vertrages

Kündigung und Anfechtung

Bierlieferungsverträge sind in der Regel Zeitverträge und können deshalb innerhalb der Laufzeit nur aus wichtigen Gründen gekündigt werden (abgesehen von der Wochenfrist der Widerrufsbelehrung).
Wichtige Gründe, um einen Vertrag vorzeitig durch Kündigung oder Anfechtung zu beenden, sind:

- Fehlen einer unterschriebenen Widerrufsbelehrung
- Sittenwidrigkeit, zum Beispiel eine starke Diskrepanz von Leistung und Gegenleistung
- Abmahnung wegen Pflichtverletzungen durch Brauerei/Getränkevertrieb
- Nichtbeachtung der EG-Verordnung
- Wegfall der Geschäftsgrundlage

Zu beachten und möglichst im Bierlieferungsvertrag festzuhalten ist die Abstimmung zwischen der Laufzeit des Vertrages und der Tilgung des Darlehens. Wenn das Darlehen zurückbezahlt wurde, dann sollte auch der Bierlieferungsvertrag auslaufen. Handelt es sich um eine brauereieigene Gaststätte, dann muss die Gegenleistung für eine Fortsetzung des Bierlieferungsvertrages neu verhandelt werden.

Der Automatenaufstellungsvertrag

Begriff und Inhalt

Automatenaufstellungsverträge (AAV) sind Verträge, nach denen Automaten in einem gewerblichen Betrieb zum gemeinsamen Nutzen von Aufsteller und Betriebsinhaber aufgestellt werden, so dass sie als in den Betrieb „eingegliedert“ betrachtet werden müssen (BGH). Keine AAV sind Verträge bei denen die Abzahlung, zum Beispiel eines Gerätes, Gegenstand des Vertrages ist.
Der Automatenaufstellungsvertrag ist ein gemischter Vertrag. Im Kern ist er ein Mietvertrag über einen Aufstellungsplatz. Die Art und Anzahl der Automaten wird im Automatenaufstellungsvertrag festgelegt. Als Mietzins wird eine prozentuale Einnahme vom Umsatz vereinbart. Der AAV ist häufig mit einem Dienstvertrag verbunden, der die Betreuung (das Auffüllen und Entleeren) des/der Automaten beinhaltet. In selteneren Fällen ist mit dem AAV ein Darlehen verbunden. Das heißt, der Gastwirt bekommt vom Automatenaufsteller ein Darlehen eingeräumt, das er über die Umsatzbeteiligung zurückzahlt.

Variable Vertragsgestaltung

Automatenaufstellungsverträge sind Zeitverträge und laufen in der Regel über fünf bis zehn Jahre. Sie verlängern sich üblicherweise um jeweils ein weiteres Jahr, wenn sie nicht gekündigt werden.

Pflichten des Automatenaufstellers

Der Aufsteller übernimmt in der Regel die Kosten für die erforderliche Installation der Automaten. Zusätzlich übernimmt er die Auswahl der für die Gaststätte geeigneten Automaten und behält sich den Austausch von Automaten vor. Betriebsstörungen bei den Automaten muss der Aufsteller beheben. Weiterhin behält er sich vor, die Gaststätte jederzeit während der Öffnungszeiten zum Zwecke der Kontrolle, Reparatur, Betreuung und des Inkasso betreten zu dürfen. In vielen Fällen behält sich der Aufsteller auch die Platzwahl vor. Dieser Punkt ist allerdings verhandelbar.

Zugangsrecht des Aufstellers

Der Aufsteller ist verpflichtet, den vereinbarten Umsatzanteil (in der Regel dreißig bis vierzig Prozent) an den Gastwirt zu zahlen. Dabei trägt er aus dem Umsatz die Vergnügungssteuer und sonstige gerätebezogene Abgaben (zum Beispiel GEMA-Gebühren). Bei Gewinnspielautomaten darf der Aufsteller die Zahlröhrenfüllung bei der Abrechnung entnehmen.

Pflichten des Gastwirtes

Der Gastwirt ist aufgrund des Automatenaufstellungsvertrages verpflichtet, die Aufstellung der Automaten zu dulden und dem Aufsteller ein Alleinaufstellungsrecht einzuräumen. Bei Aufgabe der Gaststätte bleibt der Wirt an seine Verpflichtungen gebunden, es sei denn, es trifft ihn kein Verschulden. Wird der Betrieb veräußert, muss der bisherige Inhaber den Automatenaufstellungsvertrag auf den Erwerber übertragen.

Eigentümer- bzw. Pächterwechsel

Der Wirt trägt die laufenden Betriebskosten (Strom) und ist verpflichtet, während der gesamten Öffnungszeiten die Automaten spielbereit zu halten. Der Gastwirt muss Betriebsstörungen bei den Automaten sofort dem Aufsteller melden.

Rechtsprobleme: Schriftform, Sittenwidrigkeit, Vertragsauflösung

Automatenaufstellungsverträge sind mit einer Konkurrenzklausel verbunden und bedürfen deshalb der Schriftform.
Als sittenwidrig wird eine Nachfolgeklausel angesehen, bei der die gesamtschuldnerische Haftung des Wirtes und seines Nachfolgers zu einer Übersicherung für den Aufsteller führen. Problematisch sind auch übertriebene Schadensersatzpauschalen, besonders dann, wenn Schadensersatz und Vertragsstrafe sich kumulieren.

Rentabilitätsminimum

Der Aufsteller behält sich in der Regel die Auflösung des Vertrages vor, wenn das Rentabilitätsminimum nicht erreicht wird. Diese Klausel muss, um nicht willkürlich zu erscheinen, bestimmten nachvollziehbaren Anforderungen genügen. Eine typische Formulierung wäre:

> „Das Rentabilitätsminimum gilt als erreicht, wenn das Einspielergebnis eines Gerätes 25 Prozent unter den durch den jeweils letzten Betriebsvergleich der Forschungsstelle für den Handel Berlin e. V. ermittelten durchschnittlichen monatlichen Einspielergebnissen für die betreffende Automatenart liegt."

Der Vertrag kann während einer festen Laufzeit (zum Beispiel fünf Jahre) nicht ordentlich gekündigt werden. Danach ist meist eine Kündigung mit einer Frist von drei Monaten zum Mietjahresende möglich. Fristlose Kündigungen sind natürlich nicht ausgeschlossen. Sie bedürfen allerdings eines wichtigen Grundes. Es müssen dann aber schwer wiegende Pflichtverletzungen vorliegen.

Kündigung

VERTRÄGE MIT GÄSTEN

Der Bewirtungsvertrag

Vertragsfreiheit einschließlich Diskriminierungsverbot

Elemente d. Vertragsfreiheit:
- Abschluß-freiheit
- Inhalts-freiheit
- Formfrei-heit

Das Verfassungssystem und die Wirtschaftsordnung der Bundesrepublik Deutschland garantieren das Recht eines jeden auf freie Entfaltung seiner Persönlichkeit. Dazu gehört auch die Freiheit, Verträge frei und eigenverantwortlich abzuschließen.
Diese Vertragsfreiheit hat dort ihre Grenzen, wo die Rechte anderer verletzt werden. Aus diesem Grund hat unser Rechtssystem nachgiebige und zwingende Rechtsnormen.

Zurückweisung eines Gastes

Grundsätzlich ist der Gastwirt aufgrund der gesetzlichen Vertragsfreiheit nicht verpflichtet, Gäste aufzunehmen, es sei denn, es handelt sich um eine Notsituation für den Gast, oder der Betrieb des Gastwirtes hat eine monopolartige Stellung.
Die Zurückweisung eines Gastes darf also nicht ohne sachlichen Grund erfolgen. Allgemein wird die Zurückweisung eines Gastes ohne sachlichen Grund als Schikane und beleidigend angesehen. Häufig sind es durchsichtige Ausreden, die für den Gast diskriminierend sind. Eine Vertragsverweigerung aus politischen und religiösen Gründen sowie wegen der Hautfarbe oder des Geschlechts wird als nicht verfassungskonform betrachtet. Das Gaststättengesetz stellt in diesen Fällen die Zuverlässigkeit eines Wirtes in Frage.

Begriff und Zustandekommen

Rechtliche Grundlagen von Bewirtungsverträgen

Der Bewirtungsvertrag ist im BGB nicht explizit geregelt. Es handelt sich um einen gemischten Vertrag, der die Verabreichung von Speisen und Getränken zum Verzehr an Ort und Stelle an den Gast beinhaltet. Rechtsgrundlage des Bewirtungsvertrages sind im Wesentlichen die Bestimmungen des Kaufvertragsrechts gemäß §§ 433 ff BGB. Es können auch miet- (Miete von Banketträumen) und dienstvertragsrechtliche Bestimmungen (Serviceleistungen im Restaurant) zum Zuge kommen. Im Rechtsfall wird der strittige Teil nach den entsprechenden schuldrechtlichen Bestimmungen behandelt.

Der Bewirtungsvertrag kommt durch zwei inhaltlich übereinstimmende Willenserklärungen der Vertragsparteien, des Wirtes auf der einen und des Gastes auf der anderen Seite, zustande. Der Gast gibt in der Gastronomie in der

Regel seinen Antrag in mündlicher Form ab. Die Speise- und Getränkekarte des Wirtes ist eine Aufforderung an den Gast, einen Antrag abzugeben. Der Servicemitarbeiter des Wirtes nimmt den Antrag entgegen. Ob der Servicemitarbeiter berechtigt ist, den Vertrag über Speisen anzunehmen, oder ob der Vertrag erst durch die Bereitschaft der Küche zur Herstellung der bestellten Speisen zustande kommt, ist strittig. Dies spielt aber wegen der praktischen rechtlichen Konsequenzen keine Rolle.

Angebot und Antragsannahme

Die Willenserklärungen unterliegen den bereits oben beschrieben allgemeinen Bedingungen über das Zustandekommen von Verträgen wie Nichtigkeit, Anfechtung, Dissens (die Willenserklärungen stimmen nicht überein), verspätete oder abgeänderte Annahme.
Wegen der Vertragsfreiheit ist der Wirt grundsätzlich nicht verpflichtet, mit jedem Gast einen Vertrag abzuschließen. Die Zurückweisung eines Gastes bzw. das Lokalverbot darf allerdings nicht willkürlich und diskriminierend erfolgen (vgl. Seite 58).

Unwirksamkeit von Willenserklärungen

Bewirtungsverträge mit Minderjährigen, das sind Sieben- bis Achtzehnjährige, die beschränkt geschäftsfähig sind (gemäß § 106 BGB), bedürfen zu ihrer Wirksamkeit grundsätzlich der Einwilligung des gesetzlichen Vertreters. Bei den meisten Bewirtungsverträgen ist Barzahlung üblich. Deshalb ist für viele Gastronomen der so genannte Taschengeldparagraph (§ 110 BGB) von Bedeutung. Danach ist ein vom Minderjährigen ohne Zustimmung des gesetzlichen Vertreters geschlossener Vertrag wirksam, wenn der Minderjährige die vertragsmäßige Leistung mit Mitteln bewirkt, die ihm zu diesem Zwecke oder zur freien Verfügung von dem Vertreter oder mit dessen Zustimmung von einem Dritten überlassen worden sind. Dies spielt gerade in der System-Gastronomie eine wichtige Rolle.

Bewirtungsverträge mit Minderjährigen

Pflichten des Gastes und des Speise- und Schankwirtes

Aus dem Bewirtungsvertrag ergeben sich für den Speise- und Schankwirt folgende Pflichten:

Pflichten des Wirtes

- Herstellung der Speisen und Getränke
- Lieferung in einwandfreier Qualität
- Lieferung zur rechten Zeit
- Einräumung einer angemessenen Verweilzeit des Gastes
- Entgegennahme der Zahlung
- Eine Nebenpflicht besteht darin, für die Sicherheit und körperliche Unversehrtheit der Gäste zu sorgen.

Der Gast ist im Gegenzug verpflichtet

Pflichten des Gastes

- die bestellten Speisen und Getränke abzunehmen,
- die Einrichtungen des Wirtes schonend behandeln,
- den vereinbarten, ausgezeichneten oder ortsüblichen Preis für die ge-
- nossenen Leistungen zu bezahlen.

Qualität der erbrachten Leistungen

Der Wirt muss bei der Herstellung und Lieferung der bestellten Speisen und Getränke darauf achten, dass sie in einwandfreier Qualität geliefert werden. Eine mangelhafte Qualität der Waren, eine fehlerhafte Zubereitung und ein schlechter Service können zur Nacherfüllung, zum Vertragsrücktritt oder zur Herabsetzung des Preises führen. Weiterhin muss der Wirt auch in einer angemessenen Zeit liefern, in der Praxis wird bei einer Essenbestellung von zwanzig bis dreißig Minuten ausgegangen. Erbringt der Gastwirt die vereinbarten Leistungen nicht, muss der Gast mahnen, bevor er weitere Rechte in Anspruch nimmt.
Unabhängig von der Kategorie des Restaurants muss auch einfaches Essen schmackhaft und sauber zubereitet sein. Fehlerhaftes Essen liegt zum Beispiel vor, wenn das Fleisch nur aus Sehne besteht, der Salat nicht gewaschen und das Gemüse nicht geputzt ist sowie die Kartoffeln zerkocht sind. Darüber hinaus können sich Schadensersatzansprüche ergeben, wenn etwa durch Fremdkörper im Essen oder durch verdorbene Speisen der Gast zu Schaden kommt.

Sicherheit des Gastes

Mit dem Abschluss des Bewirtungsvertrages übernimmt der Wirt auch die Nebenpflicht, den Gast vor Schaden zu schützen. Das bedeutet, dass der Wirt aktiv einschreiten muss, wenn der Gast etwa durch eine Schlägerei gefährdet ist. Notfalls muss er die Polizei rufen. Er muss natürlich auch alles unterlassen, was eine Situation zuspitzen könnte.

Ausschank von Getränken (Gaststättengesetz)

Alkoholische Getränke

Der Ausschank alkoholischer Getränke ist nach den §§ 3 Absatz 3, 6 GastStG mit folgenden Bedingungen verknüpft:

- Wenn der Wirt alkoholische Getränke ausschenkt, muss er auf Verlangen auch alkoholfreie Getränke führen.
- Ein alkoholfreies Getränk muss günstiger sein als das billigste alkoholische Getränk.
- Der Ausschank alkoholischer Getränke kann von der Behörde für eine bestimmte Zeit oder einen bestimmten Ort verboten werden (gemäß § 19 GastStG).

- Die Abgabe von Branntwein aus Automaten ist gemäß § 20,1 GastStG verboten (Jugendschutzgesetz).
- Die Abgabe von alkoholischen Getränken an erkennbar Betrunkene ist gemäß § 20,2 GastStG verboten.

Hilfeleistung

Wegen unterlassener Hilfeleistung oder fahrlässiger Tötung können strafrechtliche, aus dem Vertrag oder wegen einer unerlaubten Handlung nach § 823 BGB können zivilrechtliche Folgen entstehen.

Trinkzwangverbot

Das Trinkzwangverbot nach § 20,3 GastStG besagt, dass die Abgabe von Speisen nicht von Getränken abhängig gemacht werden darf. Die Aussage: „Sie können hier nur etwas essen, wenn Sie auch etwas trinken!" ist rechtlich unzulässig. Der umgekehrte Fall hingegen ist zulässig!

Koppelungsverbot

Das Koppelungsverbot nach § 20,4 GastStG besagt, dass die Abgabe alkoholfreier Getränke nicht von der Bestellung alkoholischer Getränke abhängig gemacht werden darf. Eine alternative Entgelterhöhung bei der Nichtbestellung alkoholischer Getränke ist ebenfalls nicht zulässig.

Jugendschutz

Die Behörde kann verlangen, dass die Beschäftigung von bestimmten Personen (gemäß § 21 GastStG) unterlassen wird, um die Sittlichkeit und Ordnung aufrechtzuerhalten. Insbesondere zum Schutz der Jugend kann zum Beispiel weiblichen Personen unter achtzehn Jahren eine Tätigkeit als Nackttänzerin, Schleiertänzerin, Eintänzerin sowie als Tisch- oder Bardame untersagt werden.

Eine Ordnungswidrigkeit nach § 28 GastStG liegt vor, wenn der Wirt oder dessen Stellvertreter vorsätzlich oder fahrlässig handelt. Sie wird mit einer Geldbuße bis zur Höhe von 5 000 Euro geahndet (siehe Katalog der Ordnungswidrigkeiten nach § 28 GastStG).

Garderobenhaftung

Beschränkte Haftung

Bei der Garderobenhaftung wird unterschieden, ob es sich um einen Beherbergungsgast oder um einen Restaurantgast handelt. Im ersten Fall handelt es sich um eingebrachte Sachen, die entsprechend der beschränkten Haftung des Beherbergungswirtes behandelt werden (siehe Seite 73: Strenge Haftung für eingebrachte Sachen). Die Haftung des Beherbergungswirtes für die Garderobe beträgt demnach das Hundertfache des Bettpreises, mindestens 600 Euro und höchstens 3 500 Euro. Eine höhere Haftung ist nur bei einem Verschulden des Wirtes oder des Personals gegeben. Der Speise- und Schankwirt haftet grundsätzlich nicht für die Garderobe des Restaurantgastes. Das fehlende oder vorhandene Hinweisschild hat dabei keine rechtliche Konsequenz. Ausnahmsweise könnte der Wirt unbeschränkt haften, wenn ein entgeltlicher oder unentgeltlicher Verwahrungsvertrag vorliegt oder die Garderobe außerhalb des Gastraumes (Eigentumsgefährdung) liegt.

Haftungsausschluss

Haus- und Lokalverbot

Das Lokalverbot ist eine Form der Wahrnehmung des Hausrechts, das dem Wirt das Recht zuspricht, in seiner Gaststätte oder in seinem Hotel Gästen den Zutritt zu verwehren, anwesende Gäste aus dem Raum zu verweisen und dieses Recht auch durchzusetzen. Die Rechtsgrundlagen ergeben sich aus der Verfassung, aus dem Strafgesetzbuch und aus dem Bürgerlichen Gesetzbuch.

Rechtliche Grundlagen

Wenn in die Räume eines Hotels bzw. Restaurants widerrechtlich eingedrungen wird, bezeichnet das Strafgesetz dies als Hausfriedensbruch (§ 123 StGB). Die Verfassung folgt dem Grundsatz der Unverletzlichkeit der Wohnung und der Geschäftsräume und schränkt die Zulässigkeit von Durchsuchungen und sonstigen Eingriffen ein (Art. 13 GG) ein. Das Bürgerliche Gesetzbuch gibt daneben dem Raumbesitzer das Recht, unbefugte Störungen des Besitzes, die so genannte verbotene Eigenmacht, mit Gewalt abzuwehren (§§ 858, 859 BGB).

Wie bereits beschrieben (siehe Seite 58: Vertragsfreiheit) kann der Speise- und Schankwirt einem Gast Lokalverbot erteilen, wenn es dafür sachliche Gründe gibt (zum Beispiel Sachbeschädigung, Belästigung von Gästen, Nichtzahlung der Rechnung). Eine Zurückweisung darf allerdings nicht ohne sachliche Gründe erfolgen.

Hausrecht des Hoteliers

Dem Beherbergungswirt steht das Hausrecht zu, nicht jedoch dem Hotelgast. Im Gegensatz zum Wohnungsvermieter bei einer Mietwohnung gibt der Wirt sein Hausrecht für das vermietete Zimmer nicht auf. Die Situation des Gastes ist zu vergleichen mit den Rechten eines Besuchers in einem Privathaushalt. Ein Hinweis darauf ist die Tatsache, dass der Hotelier grundsätzlich die Abgabe des Zimmerschlüssels verlangt, wenn der Gast das Zimmer verlässt. Der Hotelier besitzt in der Regel einen Zweitschlüssel.

Dessen ungeachtet darf der Gastwirt nicht grundlos in das Zimmer des Gastes eindringen. Wenn der Gast sich im Zimmer aufhält, wäre das unbefragte Betreten des Zimmers durch den Wirt oder sein Personal kein Hausfriedensbruch, sondern lediglich eine Verletzung des Beherbungsvertrages. Während der Beherbergungsvertrag läuft, kann der Wirt den Gast auch nicht zur Räumung des Zimmers zwingen. Tut er dies dennoch, liegt ebenso wenig ein Hausfriedensbruch vor, sondern ebenfalls nur eine Vertragsverletzung. In beiden Fällen ist der Gast gegebenenfalls zur Kündigung berechtigt.

Vertragsverletzung

Nach dem zeitlichen Ablauf des Beherbergungsvertrages muss der Gast das Zimmer räumen. Anders als bei einer Mietwohnung kann der Wirt den Gast mit Gewalt aus dem Zimmer entfernen. In diesem Fall begeht der Gast seinerseits Hausfriedensbruch.

Falls ein Dritter in das Zimmer des Gastes eindringt, kann der Gast das stillschweigend übertragene Hausrecht des Wirtes wahrnehmen. Wer also in das Zimmer eines Gastes eindringt oder es nach einer Aufforderung des Gastes nicht verlässt, verletzt das Hausrecht des Wirts. Der Gast kann sich wie der Wirt der verbotenen Eigenmacht mit Gewalt erwehren.

Sperrzeitregelungen

Die Sperrzeit für Schank- und Speisewirtschaften ist nach § 18 GastStG der Zeitraum, in dem der Gaststättenbetrieb ruht und die Gäste sich nicht in den Schankräumen aufhalten dürfen.

Von der Sperrzeitregelung sind folgende Betriebe ausgenommen:

Ausnahmen

- Beherbergungsbetriebe
- Automaten, die Getränke und Speisen zum Verzehr an Ort und Stelle abgeben
- Bundeswehreinrichtungen
- Gaststättenbetriebe auf Schiffen, Fähren, Flugzeugen und Zügen
- Kantinen

Länderspezifische Regelungen

Die Sperrzeitregelungen unterliegen der Hoheit der Bundesländer, sie sind nicht bundeseinheitlich geregelt.

So gilt beispielsweise in Baden-Württemberg folgende Regelung:

Baden-Württemberg
Gaststättengesetz
Auf Grund von § 18 des Gaststättengesetzes in der Fassung vom 20. November 1998 (BGBl. I. S. 3419) wird verordnet:

Vierter Abschnitt: Sperrzeit
§ 9 Allgemeine Sperrzeit

(1) Die Sperrzeit für Schank- und Speisewirtschaften sowie für öffentliche Vergnügungsstätten beginnt um 2 Uhr, in Kur- und Erholungsorten um 1 Uhr. In der Nacht zum Samstag und Sonntag beginnt die Sperrzeit um 3 Uhr, in Kur- und Erholungsorten um 2 Uhr. Für Spielhallen beginnt die Sperrzeit um 0 Uhr. Sie endet jeweils um 6 Uhr.

(2) In der Nacht zum 1. Januar wird die Sperrzeit aufgehoben, in der Nacht zum Fastnachtsdienstag und zum 1. Mai beginnt sie um 3 Uhr. Satz 1 gilt nicht für Spielhallen.

Die Verordnung sieht weiterhin vor, und dies gilt in der Regel auch für andere Bundesländer, dass für bestimmte Betriebe (zum Beispiel Bahnhofsgaststätten) und bestimmte Zeiten bei Vorliegen eines öffentlichen Bedürfnisses die Sperrzeit verlängert, verkürzt oder aufgehoben werden kann.

Der Wirt hat im Hinblick auf die Sperrzeit folgende Pflichten zu beachten:

Pflichten des Wirts

- Er muss die Sperrzeit ankündigen.
- Er muss die Gäste zum Verlassen der Gaststätte auffordern.
- Er darf keine Speisen und Getränke mehr abgeben.
- Er kann eine allgemeine „Schonzeit“ von fünfzehn Minuten gewähren.
- Folgt der Gast den Anweisungen des Wirtes nicht, hat dieser im Extremfall die Polizei zu verständigen.

Die Nichtbeachtung der Sperrzeitregelung kann mit Geldbußen von bis zu 5 000 Euro und dem Entzug der Konzession bestraft werden.

Jugendschutzgesetz

Das Jugendschutzgesetz vom 23. Juli 2002 besitzt für die Gastronomie eine besondere Bedeutung. Deshalb müssen die Bestimmungen des Gesetzes durch einen deutlich sichtbaren und gut lesbaren Aushang in den Betrieben bekannt gemacht werden (§ 3,1 JuSchG).
Zur Einschätzung der praktischen Bedeutung des Jugendschutzgesetzes muss zunächst der betroffene Personenkreis bestimmt werden:

Betroffene Personen

- Kinder sind Personen, die noch nicht vierzehn Jahre alt sind.
- Jugendliche sind Personen, die vierzehn, aber noch nicht achtzehn Jahre alt sind.

Personensorgeberechtigte Personen

Als personensorgeberechtigte Person kommen die Eltern und die Erziehungsberechtigten in Frage. Daneben gibt es die erziehungsbeauftragten Personen. Dies sind Personen, die das achtzehnte Lebensjahr vollendet haben und auf Zeit oder dauerhaft Erziehungsaufgaben mit Zustimmung der Personensorgeberechtigten wahrnehmen. Dies gilt auch für Erziehungsbeauftragte im Rahmen der Ausbildung oder der Jugendhilfe. Die Vorschriften der §§ 2-14 Jugendschutzgesetz gelten nicht für verheiratete Jugendliche. Wenn Kinder und Jugendliche von einer erziehungsbeauftragten Person begleitet werden, haben diese Personen ihre Berechtigung auf Verlangen vorzulegen. Das gilt auch für den Fall, dass das Kind oder der Jugendliche sein Lebensalter nachweisen muss. Gastronomen und Veranstalter haben in Zweifelsfällen die Berechtigung zu überprüfen.

§ 4 Jugendschutzgesetz ist besonders wichtig für den Aufenthalt von Kindern und Jugendlichen in gastronomischen Betrieben.
Deshalb soll an dieser Stelle der Gesetzestext wiedergegeben werden:

§ 4 Gaststätten

(1) Der Aufenthalt in Gaststätten darf Kinder und Jugendlichen unter 16 Jahren nur gestattet werden, wenn eine personensorgeberechtigte oder erziehungsbeauftragte Person sie begleitet oder wenn sie in der Zeit zwischen 5 Uhr und 23 Uhr eine Mahlzeit oder ein Getränk einnehmen. Jugendlichen ab 16 Jahren darf der Aufenthalt in Gaststätten ohne Begleitung einer personensorgeberechtigten oder erziehungsbeauftragten Person in der Zeit von 24 Uhr und 5 Uhr morgens nicht gestattet werden.
(2) Absatz 1 gilt nicht, wenn Kinder oder Jugendliche an einer Veranstaltung eines anerkannten Trägers der Jugendhilfe teilnehmen oder sich auf Reisen befinden.
(3) Der Aufenthalt in Gaststätten, die als Nachtbar oder Nachtclub geführt werden, und in vergleichbaren Vergnügungsbetrieben darf Kindern und Jugendlichen nicht gestattet werden.
(4) Die zuständige Behörde kann Ausnahmen von Absatz 1 genehmigen.

Aufenthalt in Gaststätten

Tanzveranstaltungen

Die Teilnahme an Tanzveranstaltungen (zum Beispiel in einer Diskothek) darf Kindern und Jugendliche ohne Begleitung unter 16 Jahren nicht und Jugendlichen ab 16 Jahren längstens bis 24 Uhr gestattet werden. Ausnahmsweise darf die Anwesenheit von Kindern bis 22 Uhr und von Jugendlichen unter 16 Jahren bis 24 Uhr gestattet werden, wenn es sich um eine Tanzveranstaltung eines anerkannten Trägers der Jugendhilfe handelt oder die Veranstaltung der künstlerischen Betätigung oder der Brauchtumspflege dient. Kinder und Jugendliche dürfen sich auch nicht in Spielhallen aufhalten oder an Glücksspielen mit Gewinnmöglichkeit teilnehmen, es sei denn, dass der Gewinn in Waren von geringem Wert besteht (zum Beispiel auf Volksfesten).

Abgabe von alkoholischen Getränken

In Gaststätten dürfen Branntwein, branntweinhaltige Getränke oder Lebensmittel, die Branntwein in nicht nur geringfügiger Menge enthalten, an Kinder und Jugendliche nicht abgegeben werden. Andere alkoholische Getränke dürfen in der Gaststätte von Jugendlichen ab 16 Jahren konsumiert werden, während Jugendliche, die das 16. Lebensjahr noch nicht vollendet haben, dies nur mit Zustimmung des gesetzlichen Vertreters dürfen. Öffentlich zugängliche Automaten dürfen nicht mit alkoholischen Getränken bestückt werden. Dagegen dürfen Automaten mit alkoholischen Getränken an einem für Kinder und Jugendliche unzugänglichen Ort oder in einem gewerblich genutzten Raum aufgestellt werden. Allerdings muss durch technische Vorrichtungen oder durch ständige Aufsicht sichergestellt sein, dass Kinder und Jugendliche alkoholische Getränke nicht entnehmen können.

Tabakwaren

Der Gastronom darf Tabakwaren an Kinder oder Jugendliche unter 16 Jahren weder abgeben noch darf er ihnen das Rauchen gestatten. In der Öffentlichkeit dürfen Tabakwaren nicht in Automaten angeboten werden (Übergangsregelung bis 1. Januar 2007). Für die Tabakautomaten der Gastronomie gilt, dass durch technische Vorrichtungen oder durch ständige Aufsicht sichergestellt sein muss, dass Kinder und Jugendliche unter 16 Jahren Tabakwaren nicht entnehmen können.

Tabakautomaten

Ordnungswidrigkeiten können mit einer Geldbuße von bis zu 50 000 Euro geahndet werden.

GEMA

Die GEMA (Gesellschaft für musikalische Aufführungs- und mechanische Vervielfältigungsrechte) ist die älteste und neben den Gesellschaften VG Wort, VG Bild-Kunst, GVL, VFF, VGF und GWFF die bedeutendste Verwertungsgesellschaft, weil die Verwertung von Musik den größten Umfang einnimmt. Die GEMA verwaltet als staatlich anerkannte Treuhänderin die Nutzungsrechte von 45 000 deutschen Mitgliedern und mehr als einer Million ausländischen Berechtigten. Die Verwertung von Texten wird von den Verlagen wahrgenommen. VG Wort und VG Bild-Kunst nehmen deshalb überwiegend Zweitverwertungsrechte wahr.

Verwaltung von Nutzungsrechten

Gebührenpflichtig sind alle Musikveranstaltungen, die öffentlich und zu gewerblichen Zwecken durchgeführt werden. Dies gilt nicht nur für Live-Musik, sondern auch für die so genannte mechanische Musik, das heißt die Musikwiedergabe durch Radio, Fernsehen und Musik-CDs. Nach dem Urheberrechtsgesetz genießen die Werke der Komponisten bis siebzig Jahre nach deren Tod Schutzrechte (§ 64 UrhG). Wenn Werke eines toten Komponisten neu bearbeitet werden, so genießt die Bearbeitung denselben Schutz. Deshalb gibt es kaum GEMA-freie Musikstücke.

Gebührenpflichtige Musikwiedergabe

Mit einem überschaubaren Tarifsystem regelt die GEMA die Vielfalt der Musiknutzung. Für den Bereich der Musik hat die GEMA elf verwertungsrechtliche Hauptbereiche mit insgesamt 64 nutzungstypischen Einzeltarifen geschaffen. Die Hauptbereiche unterscheiden beispielsweise zwischen Live-Konzerten, Musikwiedergabe und Herstellung von Tonträgern (etwa Kassetten, CDs oder Schallplatten), Rundfunksendungen und Filmvorführungen. Der Gastronom und Hotelier muss die Musiknutzung in seinem Betrieb vor der Nutzung anmelden. Wenn die Nutzungsrechte nicht eingeholt werden, kann dies zu einem Schadensersatz führen, der bis zum doppelten Satz der normalen Vergütung reicht. Der Tarifauszug 2004 der GEMA für Gaststätten, Hotels und Pensionen zeigt die Struktur des Systems auf.

Tarifsystem

Tarifauszug für die Wiedergabe von Hintergrundmusik:

	Raumgröße	Vergütung je Vertragszeitraum bei Abschluss eines Monatsvertrages, monatlich kündbar, € netto	bei Abschluss eines Vierteljahresvertrages, vierteljährlich kündbar € netto	bei Abschluss eines Jahresvertrages, jährlich kündbar € netto
Wiedergabe von CDs, Musikkassetten u.Ä.	bis 100 qm bis 250 qm	19,20 (230,40 jährl.) 38,40 (460,80 jährl.)	52,80 (211,20 jährl.) 105,48 (421,92 jährl.)	192,12 383,52
Wiedergabe von selbst gebrannten CDs u.Ä.	bis 100 qm bis 250 qm	28,80 (345,60 jährl.) 57,60 (691,20 jährl.)	79,20 (316,80 jährl.) 158,22 (632,88 jährl.)	288,18 575,28
Hörfunk-Wiedergabe	bis 100 qm bis 200 qm	14,02 (168,24 jährl.) 25,40 (304,80 jährl.)	34,16 (136,64 jährl.) 47,74 (190,96 jährl.)	124,25 173,59
Wiedergabe von CDs, Musikkassetten und Hörfunk	bis 100 qm bis 250 qm	24,81 (297,72 jährl.) 48,56 (582,72 jährl.)	66,47 (265,88 jährl.) 124,58 (498,32 jährl.)	241,82 452,96
Wiedergabe von selbst gebrannten CDs und Hörfunk	bis 100 qm bis 250 qm	34,41 (412,92 jährl.) 67,76 (813,12 jährl.)	92,87 (371,48 jährl.) 177,32 (709,28 jährl.)	337,88 644,72
Fernseh-Wiedergabe	je Fernsehgerät	14,02 (168,24 jährl.)	38,69 (154,76 jährl.)	140,60
	in Verbindung mit einem zusätzl. Hörfunkvertrag	11,53 (138,36 jährl.)	31,83 (127,32 jährl.)	115,78
	in Verbindung mit einem zusätzl. Vertrag für CD-Wiedergabe u. Ä.	9,49 (113,88 jährl.)	26,13 (104,52 jährl.)	94,90
Großbildschirme	bis 100 qm bis 250 qm	44,68 (536,16 jährl.) 66,72 (800,64 jährl.)	122,93 (491,72 jährl.) 183,38 (733,52 jährl.)	446,91 667,07
Weiterleitung in Hotelzimmer	je Hotelzimmer	0,60 (7,20 jährl.)	1,80 (7,20 jährl.)	6,30
Musik in der Telefonwarteschleife	je angefangene 30 Amtsleitungen	15,36 (184,32 jährl.)	42,24 (168,96 jährl.)	153,60

Folgende Punkte sind zu beachten:

1 Die Genehmigung hat grundsätzlich der Veranstalter einzuholen. Dies muss nicht der Gastwirt sein, sondern es kann auch ein Verein sein, der in den Räumen des Wirtes eine Veranstaltung abhält.

2 Der Wirt haftet allerdings auch, wenn er die unerlaubte Musikaufführung in seinen Räumen duldet.

3 Mit der Bezahlung des Vergütungsanspruchs besitzt der gastgewerbliche Betrieb bzw. der Veranstalter die Lizenz der GEMA zur Musiknutzung gemäß der Vereinbarung.

Tarifauszug für Veranstaltungen mit Unterhaltungs- und Tanzmusik
Vergütung je Veranstaltung mit Live-Musik *:

		Eintrittsgeld oder sonstiges Entgelt							
		ohne/ bis zu 1,00 €	bis zu 1,50 €	bis zu 2,50 €	bis zu 4,00 €	bis zu 6,00 €	bis zu 10,00 €	bis zu 20,00 €	je weitere 10,00 €
Größe des Veranstaltungsraumes in qm									
bis	**100**	20,00	27,70	43,30	58,30	73,30	79,00	93,40	9,34
	133	22,80	43,30	64,70	86,90	107,50	118,20	141,60	14,16
	200	32,00	59,00	90,40	116,00	143,10	159,40	187,90	18,79
	266	46,30	75,40	114,70	146,60	175,80	203,50	234,30	23,43
	333	59,00	91,10	138,00	175,80	212,00	247,70	281,30	28,13
	400	73,30	106,70	161,60	207,10	246,90	290,40	328,20	32,82
	533	90,40	125,20	190,70	244,10	294,60	343,00	390,80	39,08
	666	106,70	144,50	217,90	278,90	342,30	394,30	451,90	45,19
	1 332	173,70	221,30	328,20	434,90	532,40	609,90	702,50	70,25
	2 000	238,40	299,70	439,80	591,40	719,50	826,40	957,90	95,79
	2 500	298,90	375,10	550,20	739,50	899,00	1 033,50	1 198,60	119,86
	3 000	359,40	449,90	661,20	886,00	1 079,70	1 239,00	1 437,60	143,76
je weitere bis	**500 10 000**	59,80	75,40	111,70	147,30	180,00	207,10	239,90	23,99
je weitere über	**500 10 000**	59,80	145,20	232,00	317,40	402,90	488,90	574,40	57,44

* Bei Veranstaltungen mit Musik von CDs, Kassetten u. Ä. erhöhen sich die Vergütungen um 20 Prozent im Auftrag der Gesellschaft zur Verwertung von Leistungsschutzrechten mbH (GVL), Hamburg. Bei Live-Musikveranstaltungen, bei denen zusätzlich, z.B. in den Pausen, Musik von CDs, Kassetten u. Ä. wiedergegeben wird, erhöhen sich die Vergütungssätze um 10 Prozent im Auftrag der GVL.

Der Beherbergungsvertrag

Begriff und Zustandekommen

Gemischter Vertrag

Der Beherbergungsvertrag ist ebenfalls ein so genannter gemischter Vertrag. Schwerpunktmäßig handelt es sich um ein Mietrecht gemäß §§ 535 ff BGB; daneben können aber auch andere Vertragsarten zur Anwendung kommen, zum Beispiel das Kaufvertrags- (etwa bei einem Verkauf aus der Minibar) oder das Dienstvertragsrecht (wenn etwa Gästewäsche gewaschen wird). Im Rechtsfall wird der strittige Teil nach den entsprechenden schuldrechtlichen Bestimmungen behandelt.

Antrag und Annahme

Der Beherbergungsvertrag kommt durch zwei inhaltlich übereinstimmende Willenserklärungen der Vertragsparteien, des Wirtes auf der einen und des Gastes auf der anderen Seite, zustande. Der Gast kann seinen Antrag auf Abschluss eines Beherbergungsvertrages in mündlicher, schriftlicher oder telefonischer Form aber auch als Fax oder Email abgeben. Dies gilt in gleicher Weise für die Annahme des Vertragsangebots durch den Wirt. Eine Vertragsannahme braucht nicht erklärt zu werden, wenn eine solche Erklärung nach der Verkehrssitte nicht zu erwarten ist (zum Beispiel, wenn der Gast nach Absendung des Antrags verreist) oder der Gast darauf verzichtet hat. Die Willenserklärungen unterliegen den bereits oben beschrieben allgemeinen Bedingungen über das Zustandekommen von Verträgen: Nichtigkeit, Anfechtung, Dissens, verspätete oder abgeänderte Annahme.

Aufforderungen

Der Gast ist grundsätzlich an seinen Antrag auf Abschluss des Beherbergungsvertrages gebunden, es sei denn, er hat ihn befristet oder freibleibend abgegeben. Die Anfrage des Gastes: „Haben Sie ein Zimmer frei?“ ist kein Antrag, sondern lediglich eine Aufforderung an den Wirt ein Zimmerangebot (Antrag) abzugeben. Ebenfalls keine Vertragsangebote sind das Zimmerverzeichnis oder das Hinweisschild „Zimmer frei“, sondern in diesem Falle eine Aufforderung an den Gast, eine entsprechende Willenserklärung abzugeben. Der Gast hat in diesem Fall keinen Anspruch auf Abschluss eines Beherbergungsvertrages. Der Wirt ist wegen der Vertragsfreiheit nicht verpflichtet, mit jedermann einen Vertrag abzuschließen. Die Ablehnung darf aber nicht ohne sachlichen Grund oder in diskriminierender Weise vorgenommen werden.

Der mündlich oder telefonisch erklärte Antrag kann nur sofort angenommen werden. Die verspätete oder abgeänderte Annahme gilt als neuer Antrag. Ist der Gast minderjährig (also zwischen sieben und achtzehn Jahren alt), kann der Beherbergungsvertrag nicht ohne Einwilligung des gesetzlichen

Vertreters geschlossen werden. Kann der Gast dies nicht nachweisen, hat der Wirt die Möglichkeit, die gesetzlichen Vertreter zur Erklärung über die Vertragsgenehmigung aufzufordern. Erfolgt keine Erklärung, so gilt die Genehmigung als verweigert.

Reservierung

Bestellt der Gast das Zimmer so kurzfristig, dass der Hotelier eine Antwort nicht mehr erwarten kann, so kommt es erst zum Vertragsschluss, wenn der Gast tatsächlich eintrifft. Es kann vorher bereits zum Vertragsschluss kommen, wenn der Wirt zum Beispiel eine Reservierungseintragung im Computersystem oder auf dem Zimmerplan vornimmt.

Wünsche des Gastes

Äußert der Gast bei Vertragsschluss bestimmte Wünsche, dann werden sie nur dann Vertragsbestandteil, wenn der Hotelier davon ausgehen muss, dass ohne Erfüllung dieser Wünsche es nicht zum Vertragsschluss kommt. Das wäre der Fall, wenn der Gast sich einen Urlaub ohne Meerblick oder ohne seinen geliebten Hund nicht vorstellen kann. Auch die Bestellung eines bestimmten Zimmers kommt hier zum Tragen.

Verträge mit Dritten

In der Praxis werden Beherbergungsverträge oft für Dritte abgeschlossen, indem zum Beispiel eine Sekretärin für ihren Chef ein Zimmer bestellt. Zum Abschluss des Vertrages kommt es, wenn die Sekretärin eine entsprechende Vertretungsmacht besitzt, die sich aus dem Gesetz oder einer Vollmacht ergeben kann. Treten Mängel in der Bevollmächtigung auf, so hat dies der Arbeitergeber für seine Arbeitnehmer bzw. der Vermittler zu vertreten.

Vertragsauflösung

Ein abgeschlossener Beherbergungsvertrag kann nicht einseitig durch eine Vertragspartei gelöst werden. Verträge sind grundsätzlich zu erfüllen. Auch das Argument, dass das Zimmer doch „rechtzeitig" wieder abbestellt wurde, ist rechtlich nicht haltbar. Der Zimmerreservierungsvertrag kann, falls es kein vereinbartes Rücktrittsrecht gibt, genauso wenig rückgängig gemacht werden wie der Kauf eines Computers oder eines sonstigen Gegenstandes. Ob der Vertrag dabei schriftlich abgeschlossen wurde oder nur mündlich, ist nicht entscheidend. Eine Vertragsauflösung ist nur in gegenseitigem Einvernehmen möglich.

Pflichten des Gastes und des Beherbergungswirtes

Der Beherbergungsvertrag ist ein schuldrechtlicher Vertrag, der den beiden Vertragsparteien, dem Hotelier ebenso wie dem Gast, bestimmte Pflichten auferlegt, die zu erfüllen sind.

Die Pflichten des Hoteliers:

- Er muss das bestellte Zimmers im geeigneten Zustand bereithalten.
- Er muss die üblichen Dienste zur Verfügung stellen.

Vertragspflichten

Die Pflichten des Gastes:

- Er muss das Zimmer abnehmen.
- Er muss die Einrichtungen pfleglich behandeln.
- Er muss das Zimmer bezahlen.

Geeigneter Zustand des Zimmers

Der Hotelier ist verpflichtet, dem Gast das Zimmer zum vertragsgemäßen Gebrauch in einem geeigneten Zustand zu überlassen. Darunter versteht man eine durchschnittliche Leistung entsprechend der Preiskategorie und der Betriebsart (Stadthotel, Ferienhotel). In jedem Fall muss das Zimmer sauber und dem vereinbarten Zweck (zum Beispiel Tageszimmer als Besprechungszimmer) entsprechend eingerichtet sein. Darüber hinaus sind die Allgemeinen Geschäftsbedingungen und die Hausordnungen maßgebend, wenn sie zum Vertragsinhalt werden. Hier ist Vorsicht geboten: Alle Vertragsinhalte müssen bei Vertragsschluss vorliegen. Im Einzelnen werden die Anreisezeit, die Abreisezeit, das Mitbringen von Hunden usw. geregelt.

Haftung des Hoteliers

Kann der Hotelier zum Beispiel wegen Überbuchung die bestellten Zimmer bei der Ankunft des Gastes nicht zur Verfügung stellen, so haftet er dem Gast wegen Nichterfüllung des Vertrages. Der Gast muss in diesem Fall oft auf ein teureres Hotel ausweichen. Der Wirt zahlt dann den Differenzbetrag als Schadensersatz an den Gast. Gegebenenfalls können noch Taxikosten, Telefonkosten und sonstige Aufwendungen anfallen. Der Wirt haftet weiterhin bei Schlechterfüllung (wenn zum Beispiel die Dusche nicht funktioniert), bei Verletzung der Verkehrsicherungspflicht (wenn er zum Beispiel seinen Streupflichten nicht nachkommt) und für eingebrachte Sachen (siehe Seite 74: Strenge Haftung für eingebrachte Sachen).

Minderung des Mietpreises

Der Gast hat nach §§ 536 ff BGB das Recht, den Mietpreis auszusetzen oder zu mindern, wenn die vermietete Sache zur Zeit der Überlassung an den Mieter mit einem Fehler behaftet ist, oder im Laufe der Mietzeit Fehler eintreten, die die Tauglichkeit zu dem vertragsgemäßen Gebrauch aufheben oder mindern. Ein geringfügiger Mangel hingegen führt nicht zwangsläufig zur Minderung des Zimmerpreises oder gar zur Kündigung. So kann aus einem vorübergehenden Stromausfall oder einer kurzfristigen Wasserabstellung nicht das Recht auf Minderung abgeleitet werden. Weiter gehende immaterielle Schäden (etwa entgangene Urlaubsfreuden) können nach einem Urteil des Bundesgerichtshofes durch den Gast nicht geltend gemacht werden.

Schadenminderungspflicht des Wirts

Erfüllt der Gast seine Abnahmeverpflichtung nicht, dann hängen die Ansprüche des Hoteliers davon ab, ob er das abbestellte Zimmer anderweitig vermieten kann. Den Wirt trifft dabei eine Schadensminderungspflicht, das heißt, er darf eine anderweitige Vermietung nicht böswillig unterlassen. Der Gast wird von seinen Vertragsverpflichtungen frei, wenn der Hotelier das Zimmer weitervermieten kann.

Erfüllungsanspruch des Wirts

Der Anspruch des Hoteliers auf Bezahlung der reservierten Zimmer umfasst die vereinbarten oder betriebsüblichen Zimmerpreise abzüglich der ersparten Aufwendungen. Es handelt sich hier nicht um einen Schadensersatzanspruch, sondern um einen Erfüllungsanspruch. Der Grund der Nichtinanspruchnahme spielt dabei keine Rolle, sofern er in den Verantwortungsbereich des Gastes fällt.

Dem Hotelier ist es zwar freigestellt, den Erfüllungsanspruch durchzusetzen, doch sollte er den Gast in jedem Fall auf diesen Erfüllungsanspruch aufmerksam machen, damit sich daraus im Laufe der Zeit nicht eine Verkehrssitte (übliche Vorgehensweise) zum Nachteil des Hoteliers entwickelt.
Von der Rechtsprechung werden folgende Ansprüche anerkannt:

- Übernachtung mit Frühstück: 80 Prozent des Zimmerpreises, 20 Prozent ersparte Aufwendungen
- Übernachtung mit Halbpension: 70 Prozent des Zimmerpreises, 30 Prozent ersparte Aufwendungen
- Übernachtung mit Vollpension: 60 Prozent des Zimmerpreises, 40 Prozent ersparte Aufwendungen

Rechte und Pflichten zum Beherbergungsvertrag

Der Deutsche Hotel und Gaststätterverband und die IHA haben die sich aus der Rechtsprechung ergebenden Rechte und Pflichten zum Beherbergungsvertrag, nachfolgend mit dem weiter gehenden Begriff „Gastaufnahmevertrag" bezeichnet, in Form von Merkblättern wie folgt zusammengestellt:

1. Der Gastaufnahmevertrag ist abgeschlossen, sobald das Zimmer bestellt und zugesagt oder, falls eine Zusage aus Zeitgründen nicht mehr möglich war, bereitgestellt worden ist.
2. Der Abschluss des Gastaufnahmevertrages verpflichtet die Vertragspartner zur Erfüllung des Vertrages, gleichgültig, auf welche Dauer der Vertrag abgeschlossen ist.
3. Der Gastwirt (Hotelier) ist verpflichtet, bei Nichtbereitstellung des Zimmers dem Gast Schadensersatz zu leisten.
4. Der Gast ist verpflichtet, bei Nichtinanspruchnahme der vertraglichen Leistung den vereinbarten oder betriebsüblichen Preis zu bezahlen, abzüglich der vom Gastwirt ersparten Aufwendungen.

5 Der Gastwirt ist nach Treu und Glauben gehalten, nicht in Anspruch genommene Zimmer nach Möglichkeit anderweitig zu vergeben, um Ausfälle zu vermeiden.
6 Bis zur anderweitigen Vergebung des Zimmers hat der Gast für die Dauer des Vertrages den nach Ziffer 4 errechneten Betrag zu bezahlen.

Nutzung des Zimmers

Der Gast ist verpflichtet, das gemietete Zimmer vertragsgemäß zu benutzen und schonend zu behandeln. Dabei sind keine übertriebenen Maßstäbe anzulegen, sondern es wird auf die durchschnittliche normale Benutzung abgestellt. Alle Schäden, die der Gast oder die im Vertrag eingeschlossenen Personen verursachen, sind vom Gast zu ersetzen. Ein nicht vertragsgemäßer Gebrauch liegt bei einer Erkrankung des Gastes im Hotelzimmer vor. Mögliche Folgekosten, zum Beispiel eine Desinfektion des Zimmers bei einer ansteckenden Krankheit, hat der Gast selbst zu übernehmen.

Abbestellung und Beendigung des Vertrages

Der Anspruch auf Erfüllung des Beherbergungsvertrages besteht unabhängig davon, ob der Gast das Zimmer in Anspruch nimmt, es vor Vertragsbeginn abbestellt, verspätet anreist, gar nicht erscheint oder vorzeitig auszieht.

Aufklärungspflicht des Wirts

Unterrichtet der Gast den Wirt über die Abbestellung des Zimmers, dann hat der Hotelier eine Aufklärungspflicht: Er muss auf der Einhaltung des Vertrages bestehen und, falls er nicht anderweitig vermieten kann, die Bezahlung des Zimmers verlangen. Der Gast hat dann die Möglichkeit, frei zu disponieren: Er kann das Zimmer doch in Anspruch nehmen, er kann später anreisen oder es an einen anderen Gast weitergeben.

Weitervermietung des Zimmers

Erscheint der Gast nicht zum vereinbarten Anreise-Zeitpunkt, dann muss der Wirt das Zimmer so lange bereithalten, bis der Gast das Zimmer erkennbar nicht mehr in Anspruch nehmen kann. Ist ein Zimmer nur für eine Nacht bestellt, so kann der Gast auch noch während der Nacht eintreffen. Liegt eine kurze Vermietungszeit vor, zum Beispiel über die Weihnachtsfeiertage (vom 24.12. bis zum 27.12.), dann kann das Zimmer bei Nichteintreffen des Gastes bereits am 25.12. weitervermietet werden. Ist das Zimmer dagegen für einen längeren Zeitraum (Urlaub) gemietet, kann vom Wirt verlangt werden, dass er beim Gast zurückfragt. Es ist deshalb empfehlenswert, das sich das Hotel die Vermietung des Zimmers garantieren lässt oder eine Dead-Line (späteste Check-In-Zeit) mit dem Gast vereinbart.

Ist der Mietzeitraum bestimmt, so endet der Beherbergungsvertrag mit Ablauf dieser Zeit. Eine vorzeitige Abreise verpflichtet den Gast zur Bezahlung

Kündigung des Vertrages

des gesamten Mietzeitraumes. Liegt hingegen ein unbefristeter Beherbergungsvertrag vor, kann der Gast bis 13.00 Uhr zum darauf folgenden Tag kündigen. Eine Abbestellung der vereinbarten Leistung durch den Gast ist nur dann möglich, wenn er sich den Rücktritt vom Vertrag ausdrücklich vorbehalten hat. Dies könnte dann der Fall sein, wenn der Grund für die Reservierung vom Zustandekommen eines Seminars abhängt.

Die außerordentliche Kündigung eines Beherbergungsvertrages aus wichtigem Grund durch beide Vertragsparteien kann nicht ausgeschlossen werden. Die „wichtigen Gründe“ können im Vertrag genannt werden.

Strenge Haftung für eingebrachte Sachen

Der Gastwirt (Beherbergungswirt) haftet wie der Speise- und Schankwirt aus Vertrag und Gesetz für eigenes und fremdes Verschulden. Darüber hinaus haftet der Gastwirt auch für Schäden die weder er noch sein Personal verursacht haben, also für Schäden, die durch Zufall eingetreten sind.

Zufallshaftung

Gesetzliche Grundlage für diese Zufallshaftung sind die §§ 701 ff BGB. Das Gesetz verlangt für den Anspruch folgende Voraussetzungen:

- einen Beherbergungswirt
- eine gewerbemäßige Beherbergung (mehr als 8 Betten)
- einen Beherbergungsvertrag
- Die Sachen müssen eingebracht sein (alles, was der Gast bei sich hat; alles, was die Mitarbeiter des Hotels von dem Gast in Obhut nehmen; Aufbewahrung vor oder nach der Beherbergungszeit).

Haftungsbeschränkung

Für eingebrachte Sachen (Wertsachen) die ohne Verschulden des Gastwirtes bzw. des Personals bzw. des Gastes beschädigt oder abhanden kommen, haftet der Gastwirt beschränkt mit dem hundertfachen Beherbergungspreis (Bettpreis) pro Tag; mindestens jedoch mit 600 Euro, höchstens aber mit 3 500 Euro.
Für Geld, Wertpapiere und Kostbarkeiten gibt es eine Sonderregelung, die einen Höchstbetrag von 800 Euro (statt 3 500 Euro) vorsieht.

Unbeschränkte Haftung

Unbeschränkt haftet der Beherbergungswirt in folgenden Fällen:

- wenn er Sachen verwahrt,
- bei einem Verschulden des Wirts/Personals,
- wenn er die Verwahrung abgelehnt hat, obwohl er zur Verwahrung verpflichtet war.

Ausgeschlossen ist nach § 701,4 BGB die Haftung für Fahrzeuge und für Gegenstände, die im Fahrzeug aufbewahrt werden, sowie für lebende Tiere. Zu den Fahrzeugen gehören nach der Rechtsprechung auch Faltboote, Sportkinderwagen, Krankenfahrstühle, kleinere Schlitten und Surfbretter. Soweit das Gesetz die unbeschränkte Haftung vorsieht (zum Beispiel bei Verwahrung durch den Wirt), kann sie eingeschränkt werden, aber nur bis zur Höhe des gesetzlichen Höchstbetrages. Wirkungslos ist ein Haftungsausschluss, wenn der Schaden durch Vorsatz oder grobe Fahrlässigkeit des Gastwirtes oder seiner Mitarbeiter entstanden ist. Vereinbarungen über Haftungsbeschränkungen müssen schriftlich auf einem besonderen Formular erfolgen, das möglichst keine weiteren Texte enthält.

Haftungsausschluss

Da die Gerichte hohe Anforderungen an den Entlastungsbeweis des Gastwirts stellen, ist für den Gastwirt eine vernünftig konzipierte Haftpflichtversicherung zu empfehlen. Bereits kleine Nachlässigkeiten führen für den Gastwirt zum Verschulden, zum Beispiel wenn er die Zimmerschlüssel nur ungenügend verwahrt, im Schwimmbad keine Schlüsseldeponie vorhanden ist, keine Kontrolle des Hoteleingangs erfolgt usw.
In vielen Fällen liegt ein Mitverschulden des Gastes vor, das zu einer Teilung des Schadens führt, etwa wenn der Gast sein Zimmer nicht verschließt, Schmuck in einer offenen Schale im Zimmer liegen lässt, nicht auf wertvolle Gegenstände hinweist usw.

Haftpflichtversicherung

Fundsachen

Solange der Gast das Zimmer gemietet hat und anwesend ist, bleibt er Besitzer aller Sachen im Zimmer. Im Hinblick auf Fundsachen gilt der Grundsatz: Ein Haus verliert nichts! Der Gast kann also nichts verlieren, sondern höchstens verlegen. Bei der Abreise des Gastes kommt es dann häufig vor, dass das Zimmermädchen im Hotelzimmer, der Portier in der Hotelhalle oder der Restaurantfachmann in der Garderobe etwas findet, was der Gast vergessen hat. Mit dem Finden eines Gegenstandes wird der Hotelier oder Gastronom Besitzer und nicht der Mitarbeiter. Er ist rechtlich gesehen nur ein Besitzdiener. Das Personal muss aufgrund der arbeitsvertraglichen Pflichten dem Wirt den Fund abliefern. Abweichende Vereinbarungen im Arbeitsvertrag sind allerdings möglich.

Ablieferungspflicht des Personals

Der Gastwirt ist nach § 965,1 BGB verpflichtet, dem bekannten Gast den Fund anzuzeigen. Hier taucht für den Wirt aber unter Umständen das praktische Problem auf, ob die Anzeige zum Beispiel eines gefundenen Nachthemdes nicht Verwirrung in der Ehe des Gastes stiften kann. Denn der Wirt kann sich nicht sicher sein, ob das Kleidungsstück der Ehefrau oder etwa der Sekretärin des Gastes gehört. Deshalb kommen viele Gastwirte ihrer gesetzlichen Verpflichtung nicht nach und stellen die Diskretion in den Vordergrund ihrer Überlegungen.

Fundbüro

Ist der Verlierer nicht bekannt (zum Beispiel bei einem in der Garderobe gefundenen Mantel), so muss der Fund der zuständigen Behörde (Fundbüro bei der Gemeindeverwaltung) gemeldet werden. Diese Pflicht entfällt, wenn der Wert des Gegenstandes den Betrag von zehn Euro nicht überschreitet (§ 965,2 BGB).

Versteigerung

In jedem Fall und unabhängig vom Wert der Fundsache muss der Wirt den gefundenen Gegenstand verwahren oder dem Fundbüro abliefern. Falls die Fundsache verderblich ist oder die Aufbewahrung mit unverhältnismäßigen Kosten verbunden ist, wird dies dem Fundbüro mitgeteilt und die Fundsache öffentlich versteigert. Der Erlös tritt dann an die Stelle der Sache.

Eigentumsübergang

Der Wirt wird sechs Monate nach der Anzeige beim Fundbüro Eigentümer der Fundsache. Ist die Sache nicht mehr als zehn Euro wert, dann beginnt die sechsmonatige Frist mit dem Zeitpunkt des Auffindens. Das bedeutet natürlich nicht, dass der frühere Eigentümer keine Rechte mehr geltend machen kann. Nach § 977 BGB kann er noch drei Jahre nach einem Eigentumsübergang die Herausgabe der Fundsache über den Rechtsanspruch einer ungerechtfertigten Bereicherung verlangen.

Finderlohn

Der Finder hat nach § 971 BGB Anspruch auf Finderlohn.
Der Wirt kann demnach Folgendes verlangen:

- Wert der Fundsache bis 500 Euro: 5 Prozent Finderlohn
- vom Mehrwert über 500 Euro: 3 Prozent Finderlohn
- bei Tieren: 3 Prozent Finderlohn
- wenn der Wert nicht feststellbar ist: Finderlohn nach billigem Ermessen

In vielen Fällen kennt der Gastwirt die Person, die die Fundsache verloren hat, so dass ein Eigentumserwerb nach sechs Monaten nicht möglich ist. Es ist daher ratsam, sehr diskret vorzugehen. Wenn es sich um einen Stammgast handelt, dann kann er bei seinem nächsten Besuch auf den Fund aufmerksam gemacht werden. Letztendlich aber muss der Empfangsberechtigte benachrichtigt werden. Es sollte ihm dann eine Frist gesetzt und er sollte aufgefordert werden, die Sache abzuholen oder sein Einverständnis zu geben, dass ihm die Fundsache unfrei zugeschickt wird. Etwaige Aufwendungen im

Zusammenhang mit der Verwahrung oder der Ermittlung und Benachrichtigung des Finders sind vom Empfangsberechtigten zu tragen. Allerdings wird der Wirt in diesen Fällen aus Servicegründen anders verfahren.

Kraftwagen auf Parkplätzen

Neben der Garderobenhaftung kann auch die Haftung für Gästefahrzeuge auf Parkplätzen überwiegend für den Hotelier von Bedeutung sein.
Dabei sind drei Arten von Parkplätzen zu unterscheiden:

- unbewachter unentgeltlicher Parkplatz
- bewachter unentgeltlicher Parkplatz
- bewachter entgeltlicher Parkplatz

Haftung bei Verwahrungsvertrag

Bei einem unbewachten Parkplatz, für den der Gast keine Parkgebühren bezahlt, haftet der Wirt nicht, es sei denn, der Schaden an dem Kraftfahrzeug des Gastes wird durch den Wirt oder sein Personal bzw. durch die Verletzung der Verkehrssicherungspflicht herbeigeführt (zum Beispiel wenn ein vom Baum halb abgerissener Ast nicht entfernt wurde).
Hat das Hotel einen bewachten Parkplatz, dann liegt ein Verwahrungsvertrag nach §§ 688 ff BGB vor. Die Haftung bei einer unentgeltlichen Verwahrung ist auf die Verletzung der Sorgfaltspflicht beschränkt, die der Gastwirt in eigenen Angelegenheiten anzuwenden pflegt (§ 690 BGB): So wie der Gastwirt sein Kraftfahrzeug behandelt, muss er auch die Fahrzeuge seiner Gäste behandeln.
Liegt ein entgeltlicher Verwahrungsvertrag (§§ 688, 694 BGB) vor, dann haftet der Wirt für alle Schäden aller Art an den Kraftfahrzeugen des Gastes, unabhängig davon, wer den Schaden verursacht hat. Der Wirt kann seine Haftung durch eine Freizeichnungsklausel ausschließen. Es ist darauf zu achten, dass diese Klausel ausdrücklich Gegenstand des Verwahrungsvertrages wird. Ein Haftungsausschluss ist natürlich nur bei einem Fremdverschulden (also durch Dritte) möglich.

Haftungsausschluss

Zu den Nebenpflichten in allen Fällen gehört auch die Verkehrssicherungspflicht des Gastwirts, das heißt, er muss dafür Sorge tragen, dass die Kraftfahrzeuge nicht durch fallende Äste, Schnee usw. beschädigt werden.

Bankettvereinbarung

Bankettvereinbarungen sind der Bankettvertrag und die Allgemeinen Geschäftsbedingungen (AGB) für die Anmietung von Konferenz- und Banketträumen zum Zwecke der Durchführung von Veranstaltungen einschließlich der damit zusammenhängenden weiteren Leistungen und Lieferungen, insbesondere die technische Betreuung der Veranstaltung sowie die Leistungen der Gaststätten- und Beherbergungsbetriebe.

Checkliste zum Bankettvertrag

Für den eigentlichen Bankettvertrag, der wiederum ein Mischvertrag ist, sollte eine Checkliste erstellt werden, die die wichtigsten Fragen der Veranstaltung klärt.
Ein gutes Beispiel wäre die folgende „Bankettvereinbarung“:

Bankettvereinbarung

Art der Veranstaltung: ______________________

Datum der Veranstaltung: ______________________ 20 __

Veranstalter
Anschriften und Tel.-Nr.

Restaurant/Hotel
Anschriften und Tel.-Nr.

Leistungsumfang
(z. B. Zusammensetzung der Speisen, Menüfolgen, Getränke)

		Kosten pro Person	Kosten pro Portion
Anzahl	Mittagessen		
Anzahl	Kaffee/Kuchen		
Anzahl	Abendessen		

Zusätzliche Leistungen
(z. B. Dekoration, Kapelle, GEMA-relevante Darbietungen, Technik, Garderobe)

	verantwortlich		Kosten trägt	
	Restaurant	Veranstalter	Restaurant	Veranstalter

Sondervereinbarungen
(z. B. Raum, Bar, Bestuhlung, Menükarten, Zuschläge, Rücktrittsfristen)

Der Veranstalter meldet bis zum _____ 20 __ die genaue Teilnehmerzahl und übergibt eine Tischordnung.

Es gelten die umseitigen Geschäftsbedingungen des Restaurants/Hotels. Für Getränke gilt die Preisliste der Getränkekarte. Was nicht ausgefüllt wurde, gilt als nicht vereinbart.

(Ort, Datum)

(Unterschrift des Veranstalters)

(Unterschrift des Gastwirts/Hoteliers)

MATTHAES VERLAG GMBH, STUTTGART • Bestell-Nr. 04607

In den Allgemeinen Geschäftsbedingungen (AGB) für die Bankettvereinbarung sollten mindestens folgende Punkte angesprochen werden:

AGB für Bankettvereinbarungen

- Zustandekommen des Bankettvertrages
- Inhalt des Bankettvereinbarung
- Beschaffung von Geräten
- Preise- und Zahlungsbedingungen
- Mitwirkungspflicht des Gastes
- Nichterfüllung und Rücktritt und daraus entstehender Schadensersatz, evtl. pauschaler Schadensersatz
- Verzehr von eigenen Speisen und Getränken (Korkgeld)
- Unter- und Weitervermietung
- Mitbringen von Haustieren
- öffentliche Werbung für die Veranstaltung
- Gerichtsstand und Erfüllungsort

Weitere Informationen zum Thema „Bankettveranstaltungen“ finden Sie im Internet unter der Adresse www.bankettprofi.de.

VERTRAGSSTÖRUNGEN

Schlechtleistung (Warenunterschiebung)

Fehlerfreiheit der Leistung

Bei jeder Vertragsart ist es selbstverständlich, dass die Warenleistung oder die sonstige Leistung in einwandfreiem Zustand erbracht wird, das heißt fehlerfrei und frei von Rechten Dritter ist. Die Fehlerfreiheit wurde gesetzlich zur Leistungspflicht erhoben. Erfahrungsgemäß treten aber genau hier die meisten Rechtsprobleme auf. Am Beispiel des Kaufvertrages sollen hier die Voraussetzungen und Rechtsfolgen von Schlechtlieferungen angesprochen werden.

Welche Voraussetzungen müssen vorliegen?

Anspruchsberechtigung

1 Ansprüche aus einem Kaufvertrag können nur geltend gemacht werden, wenn ein gültiger Vertrag besteht.
Dabei kann sich der Inhalt eines Kaufvertrages beziehen auf:
> Sachen wie Lebensmittel, Einrichtungsgegenstände gemäß § 433 BGB, Rechte und sonstige Gegenstände wie Unternehmen, freiberufliche Praxen, Elektrizität, Fernwärme gemäß § 453 BGB
> Verträge im Sinne des § 651 BGB (bisher Werklieferungsverträge) über die Lieferung herzustellender oder zu erzeugender beweglicher Sachen

Gefahrenübergang

2 Es muss ein Sachmangel zum Zeitpunkt der Übergabe des Kaufgegenstandes (Gefahrenübergang) vorliegen (§ 434,1 BGB); beim Verbrauchsgüterkauf (zwischen Händler und Endverbraucher) wird in den ersten sechs Monaten vermutet, dass die Sache beim Gefahrenübergang mangelhaft war.

3 Der Käufer darf zum Zeitpunkt des Vertragsschlusses keine Kenntnis von dem Mangel haben (§ 442 BGB).

4 Der Käufer muss seine Prüfpflicht beim zweiseitigen Handelskauf erfüllen (§ 377 HGB), das heißt, der Käufer muss die erhaltene Ware umgehend auf Fehler kontrollieren.

Mängelarten

5 Es muss ein Sach- oder Rechtsmangel nach §§ 434, 435 BGB vorliegen; Mängelarten:
> Die Kaufsache hat nicht die vereinbarte Beschaffenheit (§ 434,1 Satz 1 BGB); Beispiel: Ein gelieferter Konvektionsofen funktioniert nicht korrekt bzw. ist beschädigt.

- Die Sache ist bei fehlender Beschaffenheitsvereinbarung:
  - nicht für die vertraglich vereinbarte Verwendung geeignet (§ 434,1 Satz 2 Nr. 1 BGB);
    Beispiel: Ein Kurhotel erhält ein Hotelverwaltungsprogramm, das nicht für die Abrechnung von Kuranwendungen geeignet ist.
  - nicht für gewöhnliche Verwendung geeignet (§ 434,1 Satz 2 Nr. 2 BGB);
    Beispiel: Ein gelieferter Teppichbürstensauger hat nicht die entsprechende Saugkraft für den Eingangsbereich des Restaurants.
  - es fehlt die übliche Beschaffenheit der Sache (§ 434,1 Satz 2 Nr. 2 BGB) einschließlich eigenschaftsbegründender Werbeaussagen;
    Beispiel: Ein gelieferter Hoteltransporter hat trotz Werbeanzeige kein ABS mit elektronischer Bremskraftverteilung.
- bei zu montierenden Kaufsachen (§ 434,2 BGB):
  - Fehler des Verkäufers beim Zusammenbau, wenn der Verkäufer die Montage nach dem Vertragsinhalt schuldet;
    Beispiel: Festplatten wurden in die Hotel-Personalcomputer falsch eingebaut.
  - fehlerhafte Montageanleitung (Ikeaklausel);
    Beispiel: Die Anleitung zum Zusammenbau des Wandregals ist fehlerhaft.
- Quantitätsmangel (§ 434,3 BGB); Beispiel: Es wurde zu wenig Wolfsbarsch für eine Extraveranstaltung geliefert.
- Artmangel (§ 434,3 BGB); Beispiel: Der Weinhändler liefert einen anderen Jahrgang des bestellten Weines, da der bestellte Wein nicht mehr lieferbar ist.
- Rechtsmangel (§ 435 BGB); Beispiel: Fritz Schlau schließt mit dem Hotelfachschüler Karl Meier einen Franchisevertrag über die Eröffnung eines McDonald´s-Restaurants, obwohl er nicht dazu berechtig ist.

Beispiele für Schlechtleistung

6 Erfüllung der Rügepflicht (§ 377 HGB)

- Verbrauchsgüterkauf: Der Fehler muss innerhalb von zwei Jahren (Gewährleistungsfrist) bei offenen und versteckten Mängeln angezeigt werden. Innerhalb der ersten sechs Monate nach der Übergabe der Ware liegt die Beweislast beim Verkäufer, danach beim Käufer. Nachteilige Vereinbarungen sind nicht möglich, bei gebrauchten Sachen allerdings ist eine Verkürzung auf ein Jahr zulässig.
- bürgerlicher Kauf: Bei Kaufverträgen unter Privatleuten kann der Fehler ebenfalls innerhalb von zwei Jahren angezeigt werden. Allerdings ist jede Verkürzung der Verjährung grundsätzlich möglich, natürlich nicht bei arglistiger Täuschung.

Fristen für Mängelanzeige

> zweiseitiger Handelskauf: Der Fehler muss nach der Feststellung sofort dem Verkäufer mitgeteilt (gerügt) werden, sonst geht der Anspruch unter. Bei verdeckten Mängeln muss sofort nach Entdeckung, aber spätestens innerhalb von zwei Jahre gerügt werden.

Gewährleistungsrecht des Käufers

Welche Rechte können Sie in Anspruch nehmen? (Abgestuftes Gewährleistungsrecht des Käufers)

1 Vorrangig: Nacherfüllung auf Kosten des Verkäufers (§ 439 BGB); der Käufer kann wählen zwischen:
> Mangelbeseitigung
> Nachlieferung einer mangelfreien Sache, dann Rückgewährung mangelhafter Sache (§ 439,4 BGB)

Nacherfüllung

Der Verkäufer kann gegebenenfalls die vom Käufer gewählte und mögliche Nacherfüllung verweigern (siehe hierzu §§ 275, 439,3 BGB), wenn diese mit unverhältnismäßig hohen Kosten verbunden ist. Der Nacherfüllungsanspruch besteht auch bei geringfügigen Mängeln. Es kommt dabei auch nicht auf das Verschulden des Verkäufers an. Wenn allerdings ein Verschulden vorliegt, dann kann der Käufer neben der Leistung auch Schadensersatz verlangen.

Nachrangige Rechte des Käufers

2 Nachrangig: Nach Ablauf einer dem Verkäufer zur Nacherfüllung gesetzten Frist kann der Käufer verlangen:
> Rücktritt vom Vertrag (§§ 437 Nr. 2 und 323,1 BGB; 323 BGB)
> Minderung des Kaufpreises statt Rücktritt (§§ 437 Nr. 2 und 323,1 BGB; § 441 BGB). Nach § 441,3 BGB lässt sich folgende Formel dazu aufstellen:

$$\text{geminderter Preis} = \frac{[\text{Wert mit Mangel}]}{[\text{Wert ohne Mangel}]} \times \text{vereinbarter Preis}$$

> Schadensersatz (§§ 437 Nr. 3 und 281 BGB)
> Ersatz vergeblicher Aufwendungen statt Schadenersatz (§§ 437 Nr. 3 und 284 BGB)

Schadensersatzansprüche können nach § 437 Nr. 2 BGB neben Rücktritt und Minderung geltend gemacht werden. Einer Nachfrist bedarf es nicht, wenn der Verkäufer die Nacherfüllung verweigert oder der Nacherfüllungsversuch zweimal fehlgeschlagen bzw. unzumutbar ist.

Eine besondere Art des Artmangels ist im Gastgewerbe die so genannte Warenunterschiebung.
Wir unterscheiden drei Arten:

Warenunterschiebung

- die nicht erkennbare Warenunterschiebung
  Beispiel: Der Gast bestellt einen Wodka einer bestimmten Marke und bekommt in einem neutralen Glas einen Wodka einer anderen Marke ausgeschenkt.
- die erkennbare Warenunterschiebung
  Beispiel: Der Gast bestellt eine Coca Cola und bekommt eine Flasche Pepsi Cola serviert.
- die betrügerische Warenunterschiebung
  Beispiel: Der Gast bestellt einen Cognac und bekommt einen preisgünstigeren Weinbrand zum Preis eines Cognacs.

Der Gast kann in diesen Fällen die Zahlung verweigern und gegebenenfalls Nacherfüllung verlangen. Bei der betrügerischen Warenunterschiebung muss der Wirt mit strafrechtlichen Konsequenzen bis hin zum Entzug der Konzession rechnen.

Nicht rechtzeitige Leistung

Eine weitere Störung eines Vertrages ist gegeben, wenn die Lieferung nicht rechtzeitig erbracht wird oder ausbleibt. Die Leistung muss allerdings nachholbar sein, sonst liegt ein Fall der Unmöglichkeit vor, das heißt die Lieferung ist nicht mehr möglich. Die nicht rechtzeitige Lieferung ist im Bürgerlichen Gesetzbuch unter dem Punkt „Gegenseitige Verträge“ geregelt.

Gegenseitige Verträge

Die wichtigsten gegenseitigen Verträge nach §§ 320 ff BGB sind der Kaufvertrag, der Werkvertrag, der Dienstvertrag, die Miete und das Darlehen. Kommt zum Beispiel der Verkäufer seiner Leistungspflicht nicht nach, dann kann der Käufer die Gegenleistung (Zahlung) verweigern. Damit ist es aber in der Regel nicht getan, weil der Käufer oft ein spezielles Interesse an der zu erbringenden Leistung hat. Die folgende Checkliste stellt den Fall aus der Sicht des Käufers dar.

Welche Voraussetzungen müssen vorliegen?

1 Ausgangspunkt eines Rechtsanspruches ist ein gültiger Kaufvertrag über Sachen, Rechte und sonstige Gegenstände oder ein sonstiger gültiger Vertrag im Sinne von § 651 BGB.

Voraussetzungen für nicht rechtzeitige Lieferung

2 Es muss eine mögliche, fällige und durchsetzbare Verpflichtung zur Lieferung oder Leistung (Schuldnerpflicht) vorliegen (§§ 271 und 286,1 BGB), das heißt, der Verkäufer muss die Leistung auch tatsächlich erbringen können und sie muss fällig sein.

3 Es muss eine vertretbare Pflichtverletzung des Schuldners durch Nichterbringung der möglichen Leistung vorliegen (§§ 280,1 und 276 ff BGB), das heißt, der Verkäufer hat die Nichtlieferung verschuldet.

4 Es muss eine Mahnung vorliegen (§ 286 BGB); die Mahnung ist entbehrlich, wenn
- > der Termin kalendermäßig genau bestimmt ist (§ 286,2 Nr. 1 und 2 BGB)
- > sich der Verkäufer selbst in Verzug setzt, indem er sein Unvermögen zur Leistung ernsthaft und endgültig eingesteht (Selbstinverzugsetzung oder Selbstmahnung; § 286,2 Nr. 3 BGB)
- > der Verkäufer einen fest vereinbarten Termin (Fixkauf) verstreichen lässt
- > der Verkäufer und auch kein anderer aus tatsächlichen Gründen nicht mehr liefern kann, zum Beispiel wenn ein Originalgemälde vor Lieferung gestohlen wird
- > besondere Gründe vorliegen, zum Beispiel ein Wasserrohbruch (eilbedürftige Pflichten; § 286,2 Nr. 4 BGB)

Rechtsansprüche des Käufers

Welche Rechte können in Anspruch genommen werden?

1 Jeder Vertragspartner hat das Recht, für seine Leistung die entsprechende Gegenleistung zu erhalten. Kommt ein Verkäufer seiner Lieferpflicht nicht nach, dann hat der Käufer folgende grundlegenden Rechte:
- > Er kann auf vertraglicher Lieferung bestehen. Dies ergibt sich aus den jeweiligen Bestimmungen des Schuldverhältnisses, zum Beispiel ist § 433,1 BGB Anspruchsgrundlage des Kaufvertrages. Danach ist der Verkäufer verpflichtet, dem Käufer die bestellte Sache zu liefern.
- > Weiterhin kann der Käufer den so genannten Verzögerungsschaden geltend machen, § 280,1, Satz 1 BGB. Das sind alle Schäden, die der Käufer durch die Lieferungsverzögerung erleidet, zum Beispiel Telefonkosten, erfolglose Abholfahrten.

Mahnung

2 Werden weitergehende Rechte geltend gemacht, muss der Käufer dem Verkäufer, wie bei den Voraussetzungen beschrieben, mahnen, das heißt, er muss ihm eine Leistungsaufforderung mit Fristsetzung (§§ 280,3, 281, 323 BGB) zukommen lassen. Lässt der Verkäufer die angemessene Frist verstreichen, kann der Käufer folgende Rechte geltend machen:

> Er kann Schadensersatz statt Leistung (§ 281,1 BGB) fordern, damit ist der Schaden, der durch die Nichterfüllung entsteht, gemeint, zum Beispiel entgangener Gewinn. *Schadensersatz*
> Wurde eine Teillieferung bewirkt, so kann der Käufer Schadensersatz statt der ganzer Leistung verlangen, wenn er kein Interesse mehr an der vollständigen Erfüllung des Vertrages besteht (§ 281,5 BGB).

3 Das weitest gehende Recht wäre der Rücktritt bei einem gegenseitigen Vertrag. Dies setzt ebenfalls die oben beschriebene Mahnung (Leistungs- oder Nacherfüllungsaufforderung) mit Fristsetzung (§ 323 BGB) voraus. Der Käufer muss dann seinen Rücktritt gegenüber dem Verkäufer erklären (§ 349 BGB) und kann zusätzlich Schadensersatz verlangen (§ 325 BGB).

Abschließend sollen die verschiedenen Schadensarten dargestellt werden. Wie bereits erwähnt, wird unterschieden zwischen *Schadensarten*

- Verzögerungsschaden
  Dies ist überwiegend Aufwendungsersatz für zum Beispiel Bürokosten, eine vergeblich durchgeführte Abholfahrt zum Verkäufer u. Ä.
- Schadensersatz statt Leistung
  Dies ist der Schadensersatz, der an die Stelle der ausbleibenden Lieferung tritt. Häufig wird ein Deckungskauf vorgenommen. Der Käufer kauft die Sachen bei einem anderen Lieferanten und stellt dem säumigen Verkäufer die Mehrkosten (Differenz zwischen vereinbarten und neuen Preisen) in Rechnung. Falls dies praktisch keinen Sinn macht, kann auch der entgangene Gewinn in Rechnung gestellt werden.
- Konventionalstrafe
  Dies trifft dann zu, wenn in dem Vertrag eine Vertragsstrafe ohne Schadensnachweis vereinbart wurde.

Nicht rechtzeitige Zahlung

Neben der Nichterbringung einer Leistung gibt es einen zweiten Schuldnerverzug, den so genannten Zahlungsverzug. Geld ist dabei eine Schickschuld mit der Besonderheit, dass der Schuldner auch das Risiko auf dem Zahlungsweg trägt, das heißt, er haftet dafür, dass das Geld auch beim Gläubiger ankommt, nicht aber dafür, dass es rechtzeitig ankommt. Beim Zahlungsverzug kommt es auch nicht auf das Verschulden des Schuldners an, denn „Geld hat man zu haben“, sagt der Jurist und meint damit, dass bei der Zahlungsunfähigkeit nicht nach dem Verschulden gefragt wird. Der Zahlungsverzug kann analog zum Leistungsverzug dargestellt werden. *Zahlungsverzug*

Voraussetzungen für einen Zahlungsverzug

Welche Voraussetzungen müssen vorliegen?

1 Es muss ein gültiger Kaufvertrag vorliegen
  > über Sachen (§ 433 BGB)
  > über Rechte und sonstige Gegenstände wie Unternehmen, freiberufliche Praxen, Elektrizität, Fernwärme (§ 453 BGB)
  > Verträge im Sinne von § 651 BGB (bisher Werklieferungsverträge) über die Lieferung herzustellender oder zu erzeugender beweglicher Sachen

2 Fälligkeit der Zahlung (§§ 286,1 und 271 BGB)
  > Die Fälligkeit tritt nicht ein, wenn eine Einrede des Schuldners vorliegt, zum Beispiel Einrede des nicht erfüllten Vertrage (§ 320 BGB).
  > Stundung (§ 205 BGB): Der Verkäufer hat dem Käufer gestattet, später zu zahlen.
  > Verjährung (§ 214 BGB): Der Käufer kann die Einrede der Verjährung geltend machen.

3 Mahnung spätestens nach 30 Tagen nach Rechnungsstellung oder nach Empfang der Gegenleistung (§§ 286, 323, 284 BGB) außer in folgenden Fällen:
  > Der Zahlungstermin ist genau bestimmt (§ 286,2 Nr. 1 BGB).
  > Der Zahlungstermin lässt sich aufgrund eines Ereignisses berechnen (§ 286,2 Nr. 2 BGB); Beispiel: Lieferung, Gutschrift.
  > Der Schuldner verweigert die Leistung ernsthaft und endgültig (§ 286,2 Nr.3 BGB).
  > Der Eintritt des Verzugs ist durch besondere Gründe gerechtfertigt, zum Beispiel Zahlung bei Abholung.

Rechte des Verkäufers

Welche Rechte können in Anspruch genommen werden?

1 Aus einem gegenseitigen Vertrag erwächst dem Verkäufer das Recht, wenn er seine Leistung erbracht hat, die Gegenleistung, also die Zahlung, zu fordern. Diese Ansprüche versucht er zunächst mit einem kaufmännischen Mahnverfahren durchzusetzen, da er den Käufer als künftigen Kunden nicht verlieren will.

2

Wenn der Käufer trotz Mahnverfahren die eingegangene Rechnung nicht zahlt, dann wird der Verkäufer ein gerichtliches Mahnverfahren (siehe hierzu §§ 688-703, 899-915 ZPO) anstrengen. Falls die Forderung oder deren Höhe strittig sind, kann mit einer Leistungsklage der Anspruch des Verkäufers festgestellt werden.

3 Befindet sich der Käufer mit der Zahlung in Verzug, dann wird der Verkäufer in jedem Fall Verzugsschaden verlangen (§ 288 BGB). Die Schadenshöhe wird wie folgt berechnet:

Verzugsschaden

> ohne Nachweis des Schadens: 5 Prozent über dem Basiszinssatz der Deutschen Bundesbank(§ 288,1 BGB); 8 Prozent über dem Basiszinssatz der Deutschen Bundesbank im Geschäftsverkehr (§ 288,2 BGB)
> mit Nachweis des Schadens: entstandenen Bankzinsen (§ 288,3 BGB) nach vertraglicher Vereinbarung (§§ 288,1 Satz 2 und 343 BGB, § 348 HGB)
> Der Rücktritt vom gegenseitigen Vertrag führt zur Rückabwicklung des Vertrags. Deshalb ist ein Rücktritt nur sinnvoll, wenn die gelieferte Ware auch zurückverlangt werden kann. Ist die gelieferte Leistung durch den Verkauf oder Verbrauch untergegangen, dann muss ein Wertersatz (§ 346, 2 BGB) in Geld geleistet werden. Die Inanspruchnahme des Rücktrittsrechtes setzt ebenfalls die oben beschriebene Mahnung (Leistungs- oder Nacherfüllungsaufforderung) mit Fristsetzung (§ 323 BGB) voraus. Der Verkäufer muss dann seinen Rücktritt gegenüber dem Käufer erklären (§ 349 BGB).

4 Hat der Verkäufer gegenüber dem Käufer ebenfalls eine Forderung, dann können die zwei gegenüberstehenden Forderungen durch Rechtsgeschäft getilgt werden. Dieser Vorgang wird Aufrechnung (§§ 387 ff BGB) genannt.

Aufrechnung

Zechprellerei und Pfandrecht

Im Rahmen des Zahlungsverzugs beim Beherbergungs- und Bewirtungsvertrag (Gastaufnahmevertrag) spielt die Zechprellerei eine besondere Rolle. Bei der Zechprellerei handelt es sich nicht um einen normalen Zahlungsverzug, sondern laut Strafgesetzbuch um einen Betrugstatbestand.
Folgende Voraussetzungen müssen dabei laut § 263 StGB erfüllt sein:

Voraussetzungen für einen Betrugstatbestand

- Der Gast spiegelt falsche Tatsachen vor: Er zeigt sich als zahlungsfähig und zahlungswillig.
- Aufgrund dieser Täuschung wird eine Leistung erbracht: Der Wirt serviert Speisen und Getränke.
- Der Täuschende verschafft sich einen Vermögensvorteil in Form einer Ersparnis.
- Dem Gastwirt wird ein Schaden zugefügt, weil der Gast nicht für die empfangene Leistung bezahlt.

Im Fall der Zechprellerei muss wiederum zwischen dem Speise- und Schankwirt und dem Beherbergungswirt unterschieden werden. Der Speise- und

Selbsthilfe des Schankwirts

Schankwirt hat zunächst die gleichen Rechte wie beim Zahlungsverzug und zusätzlich weitere Rechte bei Zechprellerei in Form der Selbsthilfe nach §§ 229 ff BGB in Verbindung mit dem Festnahmerecht nach § 127 StPO, wenn sich der Gast auf der Flucht befindet. Aber aufgepasst: Kann der Gast sich ausweisen, dann darf der Wirt lediglich die Personalien feststellen und muss anschließend den üblichen Weg entsprechend seiner Rechte beim Zahlungsverzug gehen. Hält der Wirt den Gast unnötig fest, dann macht er sich der Nötigung strafbar.

Pfandrecht des Beherbergungswirts

Wirksamere Möglichkeiten hat in diesem Zusammenhang der Beherbergungswirt. Ihm wird nach § 704 BGB ein gesetzliches Pfandrecht an den eingebrachten Sachen des Gastes eingeräumt, das sich auf Forderungen für Wohnung und andere dem Gast zur Befriedigung seiner Bedürfnisse gewährte Leistungen unter Einschluss der Auslagen erstreckt (§ 562,1 S.2 BGB und §§ 562a bis 562d BGB).

Das Pfandrecht steht dem Beherbergungswirt nur gegenüber seinen Beherbergungsgästen zu, nicht jedoch gegenüber den Gästen, die nur das Restaurant aufsuchen, denn diese Gäste bringen keine Sachen ein.

Im Einzelnen erstreckt sich das Pfandrecht des Beherbergungswirtes auf:
- die Forderungen des Gastwirtes aus dem Beherbergungsvertrag (Zimmermiete, Garagenmiete, Bedienungsgeld),
- die Forderungen des Gastwirtes aus dem Bewirtungsvertrag (Pension, Speisen, Getränke, Tabakwaren, Bedienung),
- die Forderungen aus Dienstleistungen und Beträge, die der Gastwirt für den Gast ausgelegt hat (zum Beispiel für Telefon, Wäsche, Bügeln, Bäder, Theaterkarten und für vom Gast verursachte Schäden), nicht jedoch auf ein Darlehen.

Zulässige Pfandgegenstände

Der Gastwirt hat nur an den eingebrachten Sachen ein Pfandrecht, nicht am Kraftfahrzeug des Gastes, das auf einem öffentlichen Parkplatz abgestellt ist. Die Pfandgegenstände müssen Eigentum des Gastes sein. Deshalb besteht zum Beispiel kein Pfandrecht an dem Laptop eines Geschäftsreisenden, der dessen Firma gehört. Weiterhin dürfen die eingebrachten Sachen nicht zu den unpfändbaren Dingen gehören (Ehering, unentbehrliche Kleidung, Arbeitsgeräte). Das Pfandobjekt muss in etwa der Höhe der Forderung entsprechen (entscheidend ist der voraussichtliche Verkaufswert). Eine Überpfändung ist unzulässig. Pfändet der Gastwirt dem Gast unpfändbare eingebrachte Sachen, so ist er, auch wenn er in gutem Glauben handelt, Schadensersatzpflichtig.

Es ist zu empfehlen, dass der Gastwirt durch eine gütliche Vereinbarung mit dem Gast in den Besitz des Pfandes gelangt. Im Ernstfall kann er sein Pfandrecht auch mit Gewalt durchsetzen. So kann er zum Beispiel dem Gast mit Gewalt ein Pfandstück (zum Beispiel einen Koffer) abnehmen, wenn dieser Gast erkennbar abreisen will, ohne seine Rechnung zu bezahlen. Falls der Gast in einem solchen Fall bereits das Hotel verlassen hat, kann der Wirt ihm sogar noch auf der Straße, falls die Polizei nicht zu erreichen ist, im Wege der Selbsthilfe das Gepäck abnehmen. In beiden Fällen sollte der Wirt allerdings darauf achten, dass er nur pfändbare Gegenstände pfändet.

Durchsetzung des Pfandrechts

Der Wirt sollte den Gast bereits bei der Abreise darauf aufmerksam machen, dass er das Pfand versteigern lässt, falls die offene Rechnung nicht beglichen wird. Da das Pfandstück nicht Eigentum des Wirtes ist, darf er es auch nicht in eigenen Gebrauch nehmen, er hat es sorgfältig und fachgerecht auf eigene Kosten aufzubewahren.

Sonstige Pflichtverletzungen

Der Verkäufer kann seine Hauptpflichten, also die Lieferung der Ware in einwandfreier Qualität zur rechten Zeit, ordnungsgemäß erfüllen und dennoch insbesondere zwei Arten von Nebenpflichten verletzen:

- eine leistungsbezogene Nebenpflicht
- eine nicht leistungsbezogene Nebenpflicht

Verletzung von Nebenpflichten

Im ersten Fall könnte das Benutzerhandbuch zum neu gekauften Küchengerät Holdomat fehlen. Liefert der Händler dieses Handbuch nicht nach, kann der Käufer weiterhin auf der Lieferung bestehen. Schadensersatz zusätzlich zur Leistung wäre denkbar, wenn das Handbuch erst vier Wochen später eintrifft. Mit Nachfristsetzung kann der Käufer auch Schadensersatz statt der Leistung verlangen, zum Beispiel die Kosten für die Ersatzbeschaffung des Handbuchs beim Hersteller. Die Rückgabe des Holdomates ist in diesem Fall nicht denkbar, da es sich nicht um eine erhebliche Pflichtverletzung handelt. Das Gleiche gilt für den Rücktritt vom Vertrag.

Zweiter Fall: Bei der Lieferung des Holdomates beschädigten die Mitarbeiter des Verkäufers das Küchenfenster. Der Holdomat wurde dabei nicht beschädigt. Der Käufer kann Schadensersatz verlangen, wenn der Verkäufer den Schaden zu vertreten hat. In besonders schwer wiegenden Fällen kann der Käufer auch vom Vertrag zurücktreten (unzumutbare Vertragsfortsetzung) und Schadensersatz verlangen. Eine Fristsetzung ist nicht erforderlich.

Gläubigerverzug

Das Gegenstück zum Schuldnerverzug ist der Gläubigerverzug (§§ 293 ff BGB). In diesem Fall nimmt der Leistungsempfänger die Leistung verspätet oder gar nicht ab. Dies kann am Beispiel des Kaufvertrages mit dem bekannten Schema geprüft werden.

Voraussetzungen für Gläubigerverzug

Welche Voraussetzungen müssen vorliegen?

1 Entweder muss ein gültiger Kaufvertrag vorliegen:
> über Sachen (§ 433 BGB)
> über Rechte
> über sonstige Gegenstände wie Unternehmen, freiberufliche Praxen, Elektrizität, Fernwärme (§ 453 BGB)
> oder Verträge im Sinne von § 651 BGB (bisher Werklieferungsverträge) über die Lieferung herzustellender oder zu erzeugender beweglicher Sachen

2 Leistungsvermögen des Schuldners (§ 297 BGB), das heißt, der Lieferant ist auch tatsächlich in der Lage zu liefern.

3 Ordnungsgemäßes Angebot der Leistung durch den Schuldner/Verkäufer (§§ 294-296 BGB); das bedeutet, die Leistung muss
> zur rechten Zeit
> am rechten Ort
> von der richtigen Beschaffenheit (§ 243 BGB)
> in der rechten Weise (§ 266 BGB) angeboten werden

4 Es muss ein tatsächliches Angebot durch den Schuldner vorliegen (§ 294 BGB); das heißt, der Gläubiger braucht nur zuzugreifen und die angebotene Leistung anzunehmen.

5 Nichtannahme der Leistung oder Unterlassung der erforderlichen Mitwirkung (§§ 293, 295, 296, 298 BGB)

Haftung des Verkäufers

Ein Verschulden des Leistungsempfängers ist nicht erforderlich. Für den Schuldner (Verkäufer) kommt es zu einer Haftungserleichterung (§ 300,1 BGB); das heißt: Wenn die Ware nach dem Annahmeverzug für den Verkäufer unverschuldet untergeht, behält er den Anspruch auf die Geldleistung. Bei einer Gattungsschuld geht die Leistungsgefahr ebenfalls auf den Käufer über (§ 300,2 BGB).

Welche Rechte kann der Verkäufer in Anspruch nehmen?

Rechte des Verkäufers

1 Wenn der Käufer die Lieferung der Ware nicht annimmt, dann hat der Verkäufer Anspruch auf die Gegenleistung bei gegenseitigen Verträgen (§§ 320, 322,2, 326,2, 274,2 BGB).

2 Es steht dem Verkäufer weiterhin ein Aufwendungsersatz zu (§ 304 BGB), zum Beispiel für Transport und Bürokosten.

3 Der Verkäufer hat das Recht auf Hinterlegung und Versteigerung der nicht angenommen Waren (Handelskauf):
- Selbsthilfeverkauf in Form
  - der öffentlichen Versteigerung
  - des freihändigen Verkaufs für Waren, die einen Marktwert haben
  - des Notverkaufs für verderbliche Sachen
- Zum Schutz des Gläubigers ist Folgendes zu beachten:
  - Androhung des Selbsthilfeverkaufs gegenüber dem Käufer
  - Benachrichtigung über Ort und Zeit der Versteigerung, damit er an der Versteigerung teilnehmen kann
  - Vollzugsmeldung der Versteigerung an den Käufer (Gläubiger)
  - Abrechnung mit dem Gläubiger (Verkauf auf Rechnung und Kosten des säumigen Gläubigers; ein Annahmeverzug begründet keinen weiteren Anspruch auf Schadensersatz)

Unmöglichkeit der Leistung

Speziesschuld und Gattungsschuld

In manchen Fällen kann die Leistung nicht mehr erbracht werden, weil es sie nicht mehr gibt, zum Beispiel wenn die zur Auslieferung vorgesehene speziell angefertigte Kaffeemaschine durch ein Feuer zerstört wurde. Handelt es sich, wie in diesem Fall, um ein Einzelstück (Speziesschuld), kann die Leistung objektiv nicht mehr erbracht werden. Solange bei einer Gattungsschuld (das heißt, die Schuld ist nur der Art und Güte nach bestimmt; § 243 BGB) die Kaufsache noch nicht konkretisiert wurde, ist eine Ersatzlieferung für den Verkäufer zumutbar.

In allen Fällen der Unmöglichkeit, die sorgfältig zu prüfen ist, wird der Lieferant von seiner Leistungspflicht befreit (§ 275,1 BGB). Ist allerdings die Leistung unmöglich, und den Verkäufer trifft ein Verschulden, dann sind Schadensersatzansprüche denkbar (§ 311a,2 BGB; Schadensersatz statt Leistung). Da der Käufer in vielen Fällen nicht weiß, warum der Verkäufer nicht liefert, ist

Fristen

es für den Gläubiger sinnvoll, dem Schuldner eine angemessene Frist zur Leistungserbringung zu setzen. Nach erfolglosem Ablauf dieser Frist ist der Käufer frei. Er kann in jedem Fall vom Vertrag zurücktreten oder bei Verschulden des Verkäufers Schadensersatz statt Leistung verlangen. Der Käufer braucht danach seine Gegenleistung (Zahlung) nicht mehr erbringen (§ 326,1 Satz 1 BGB).

Unzumutbare Leistungserbringung

Eine Leistung ist auch dann faktisch und persönlich unmöglich, wenn es für den Verkäufer unzumutbar ist, die Leistung zu beschaffen (§ 275,2 und 3 BGB), etwa wenn ein Einzelunternehmer den vertraglich vereinbarten Partyservice nicht erbringt, weil er lebensgefährlich erkrankt und aus diesem Grund nicht arbeitsfähig ist.

Verjährung von Ansprüchen

Fortbestehen des Forderungsrechts

Um die Rechtssicherheit und den Rechtsfrieden zu wahren bzw. herzustellen, ist nach den Bestimmungen des BGB eine Verjährung möglich. Demnach sind entstandene Ansprüche verjährt, wenn sie innerhalb eines gesetzlich vorgeschriebenen Zeitraums nicht geltend gemacht werden.

Es verjährt nur der Anspruch, nicht jedoch das Forderungsrecht. Das heißt, die Forderung besteht weiter, sie kann nur nicht mehr gerichtlich geltend gemacht werden (§ 194,1 BGB). Wer allerdings in Unkenntnis der Verjährung zum Beispiel seine Schulden begleicht, kann das gezahlte Geld nicht mehr zurückfordern (§ 214,2 BGB).

Verjährungsfristen

Die Regelverjährung von drei Jahren (§ 199,1 BGB) gilt für alle vertraglichen und gesetzlichen Ansprüche, es sei denn, es gibt eine gesetzliche oder auch vertraglich zugesicherte Regelung. Hierfür ist die Verjährung bei der Gewährleistung im Kaufvertrag ein Beispiel. Die Verjährungsfrist beginnt grundsätzlich mit dem Ende des Jahres, in dem der Anspruch entsteht bzw. der Gläubiger davon Kenntnis erlangt oder erlangen müsste. Wenn beispielsweise die Forderung aus dem Kaufvertrag am 15.01.2005 fällig ist, dann verjährt dieser Anspruch frühestens mit Ablauf des 31.12.2008. Ein Anspruch kann also demnach erst verjähren, wenn der Gläubiger auch davon Kenntnis erlangt.

Die nicht regelmäßigen Verjährungsfristen beginnen mit der Entstehung des Anspruchs (§ 200 BGB) und sind im Gesetz auf bestimmte Fälle fixiert. Diese Fristen hängen von dem Rechtsgut ab, das verletzt wurde.

Verjährungsfrist	Tatbestand	Beginn
30 Jahre	Herausgabeansprüche aus Eigentum, Ansprüche aus rechtskräftig festgestellten Urteilen, familien- und erbrechtliche Ansprüche Schadensersatzansprüche wegen Verletzung des Lebens, des Körpers, der Gesundheit und der Freiheit	Entstehung des Anspruchs
10 Jahre	Sonstige Schadensersatzansprüche, zum Beispiel wegen Verletzung des Eigentums oder des Vermögens	Entstehung des Anspruchs
30 Jahre	Sonstige Schadensersatzansprüche, zum Beispiel wegen Verletzung des Eigentums oder des Vermögens	Begehung der Handlung
10 Jahre	Andere Ansprüche als Schadensersatzansprüche, zum Beispiel Ansprüche aus ungerechtfertigter Bereicherung	Entstehung des Anspruchs

Verjährungsfristen

nach: § 199,2-4 BGB

Handelt es ich bei der dreißigjährigen Frist um regelmäßig wiederkehrende Leistungen oder Unterhaltsleistungen, wird die regelmäßige Verjährungsfrist angewendet.

Hemmung der Verjährung

Will der Gläubiger verhindern, dass ein Anspruch verjährt, muss er die Verjährung hemmen; dies geschieht zum Beispiel durch eine Klageerhebung oder einen Mahnbescheid. Die einzelnen Gründe für die Hemmung sind in den §§ 204-211 BGB geregelt. Der Zeitraum der Hemmung wird der Verjährungsfrist nicht hinzugerechnet. Durch Abschlagszahlungen und gerichtliche Vollstreckungsmaßnahmen wird die Verjährungsfrist unterbrochen, das heißt, die Verjährungsfrist beginnt wieder von vorn zu laufen.
Die Einrede der Verjährung bewirkt also ein dauerndes Leistungsverweigerungsrecht.

MARKTORIENTIERTE UNTERNEHMENSFÜHRUNG

Marketing als Unternehmensphilosophie

Das Instrument des Marketing hat in den letzten dreißig Jahren stark an Bedeutung gewonnen und sich zugleich durch den Wandel vom Verkäufer- zum Käufermarkt verändert: Während in den fünfziger Jahren die Nachfrage noch wesentlich größer war als das Angebot (Verkäufermarkt), übersteigt das Angebot seit den sechziger Jahren die Nachfrage (Käufermarkt).

Entwicklung des Marketings

Der Ursprung des Marketing geht indes auf das Jahr 1910 zurück. Damals wurden aufgrund der problematischen Vermarktung von landwirtschaftlichen Produkten erstmals die Möglichkeiten der Distribution systematisch untersucht. In den folgenden Jahren beschäftigte sich das Marketing ausschließlich mit dem Verkauf von Produkten. Darauf aufbauend entstand zu Beginn der sechziger Jahre eine managementorientierte Betrachtungsweise: die Formulierung der vier „P".
Die vier „P" stehen für

- price
- product
- place
- promotion

und wurden von E. Jerome McCarthy geprägt. Damit war der Grundstein des modernen Marketing gelegt. Aus den vier „P" entwickelten sich wirksame Marketinginstrumente und der Marketing-Mix (siehe Seite 130).

In den siebziger Jahren des 20. Jahrhunderts wurde die Anwendung des Marketing auf Dienstleistungen und Investitionsgüter ausgeweitet. Der Handel gewann immer mehr an Bedeutung, er wurde als „Tor zum Kunden" betrachtet. Der Wettbewerb wuchs stetig an, und so kam es in den achtziger Jahren zu einem Verdrängungswettbewerb. Die Unternehmen orientierten sich nicht mehr an den Kunden, sondern an ihren Mitbewerbern.

Orientierung am Kunden

Die neunziger Jahre waren durch eine starke Orientierung auf Umweltfragen geprägt. Dies ließ sich unter anderem an der Werbung für Drei-Liter-Autos ablesen. Zur Jahrtausendwende wurde schließlich der Grundgedanke des Marketing wieder belebt, das heißt, es wurde eine konsequente Ausrichtung aller unmittelbar und mittelbar den Markt berührenden Entscheidungen an den Bedürfnissen der Kunden angestrebt.

In diesem Sinne wird auch heute versucht, die Kausalkette „Mitarbeiterorientierung - Mitarbeiterzufriedenheit - Mitarbeiterqualität - Kundenzufriedenheit" stets aufrechtzuerhalten. Nur zufriedene Mitarbeiter können letztlich für zufriedene Gäste sorgen. Deshalb sollte jeder Mitarbeiter als „interner" Kunde betrachtet werden, um das gemeinsame Unternehmensziel verwirklichen zu können.

Marketing wird in der Literatur mit sehr vielen unterschiedlichen Definitionen belegt.

Definition von Marketing

Wenn die wesentlichen Aspekte zusammengefasst und die neueren Entwicklungen des Marketing berücksichtigt werden, kann der Begriff des Marketing an den von Nieschlag/Dichtl/Hörschgen entwickelten Kriterien festgemacht werden:

- Marketing als Maxime
- Marketing als Mittel
- Marketing als Methode

Marketing als Maxime steht für den Ausgangspunkt und das Ziel aller Aktivitäten: die konsequente Ausrichtung aller Unternehmensaktivitäten an den Bedürfnissen der tatsächlichen und potenziellen Gäste. Der Marketing-Gedanke soll zur Management-Philosophie werden. Hierfür sind genaue Kenntnisse des Marktes notwendig.
Marketing als Mittel beschreibt eine gezielte Marktbearbeitung unter Zuhilfenahme des Marketing-Mix.
Marketing als Methode ist die planmäßige Vorgehensweise im Markt, die wiederum durch Marktforschungen sowie Data Warehouses (Unternehmensdatenbank) unterstützt wird.

Marketingkreislauf

Der Marketingkreislauf beschreibt die einzelnen Phasen des Marketing-Prozesses:

Marketing-Prozess

1 Begonnen wird mit der Analysephase. Dabei wird die Frage geklärt: „Wo steht das Unternehmen momentan?" In dieser Phase wird die Situationsanalyse (siehe hierzu „Die Ausgangslage: Situationsanalyse", Seite 100) erstellt.
2 Nachdem die Umwelt des Unternehmens beschrieben und analysiert wurde, folgt die Strategiephase. Es wird überlegt, in welche Richtung sich das Unternehmen zukünftig entwickeln soll. Dabei werden Leitbilder, Unternehmensziele usw. festgelegt.

3 Um diese zukünftige Ausrichtung des Unternehmens zu verwirklichen, wird in der nächsten Phase, der Gestaltungsphase, festgelegt, welche Aktivitäten dazu ergriffen werden.
Diese Phase beinhaltet den kompletten Marketing-Mix (siehe „Absatzpolitisches Instrumentarium“, Seite 130), das heißt: den Einsatz der vier Marketinginstrumente Preis-, Produkt-, Kommunikations- und Distributionspolitik.

4 Die Realisierungsphase beinhaltet die konkreten Maßnahmen, die zur Umsetzung der Aktivitäten durchgeführt werden. Zu diesem Zeitpunkt werden bereits alle Überlegungen und Maßnahmen zur Realisierung der Marketingziele angewendet.

5 Jetzt ist es an der Zeit, das Ergebnis zu kontrollieren und die Frage, ob das Unternehmen sein Ziel erreicht hat, zu klären. Dieser Zeitraum wird Kontrollphase genannt.

Marketing als ständige Aufgabe

Hat das Unternehmen sein Marketingziel nicht erreicht, so wird erneut die Analysephase aufgegriffen und entsprechend neu durchdacht. Doch auch bei einem positiven Ergebnis wird bald wieder mit der Analysephase begonnen, denn der Markt und damit die Kunden ändern sich. Marketing wird demnach als ständige Aufgabe eines Unternehmens definiert.

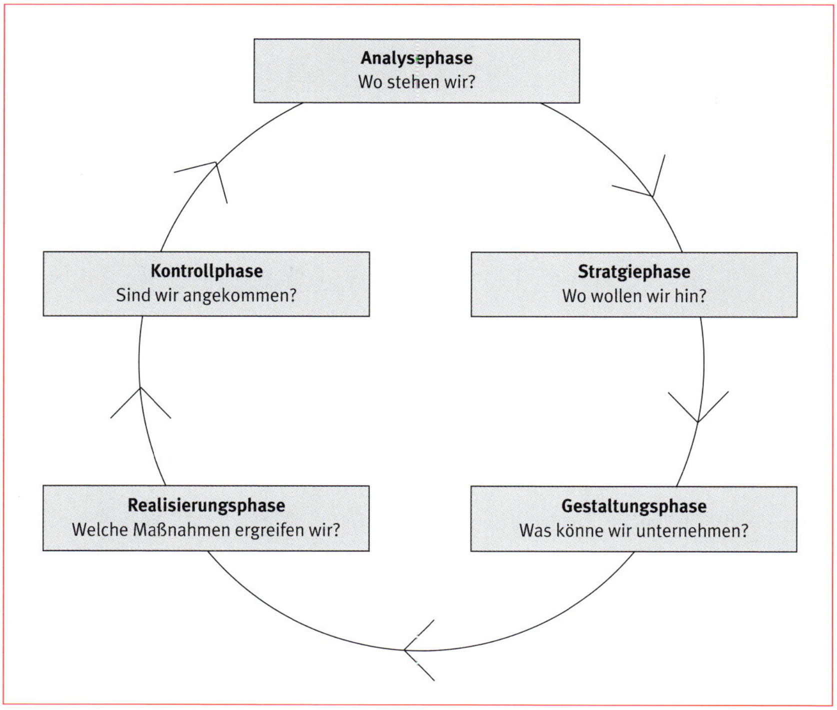

Marketing-kreislauf ›

Marketinggerechte Organisation

Eine marktorientierte Unternehmenspolitik ist nur möglich, wenn die notwendigen innerbetrieblichen Organisationsvoraussetzungen geschaffen werden. Mit dem Begriff Organisation wird entweder die Aufbaustruktur des Unternehmens oder die Tätigkeit der Gestaltung (also der Prozess) betrieblicher Abläufe bezeichnet. In der Betriebswirtschaftslehre haben sich deshalb die Begriffe Aufbauorganisation und Ablauforganisation durchgesetzt.

Aufbauorganisation

Die Aufbauorganisation bezieht sich auf das hierarchische System der Unternehmen (Stellensystem). Für jedes Unternehmen lassen sich Organigramme erstellen, die die Weisungsrechte im Unternehmen zeigen. Diese Einordnung bzw. Unterordnung von einzelnen Stellen, Abteilungen oder Bereichen sind für den geordneten Ablauf im Unternehmen sehr wichtig. Durch die Aufbauorganisation werden demnach Aufgaben, Kompetenzen und Verantwortlichkeiten einander zugeordnet und zugleich voneinander abgegrenzt. Ergänzt wird die Aufbauorganisation durch die Ablauforganisation. Die Ablauforganisation gibt Auskunft über die Gestaltung von Arbeitsprozessen und die damit verbundenen Schnittstellen im Unternehmen.

Ablauforganisation

Eine marketinggerechte Organisation muss sicherstellen, dass die betrieblichen Leistungen und das Verhalten der Mitarbeiter an den Bedürfnissen der Gäste ausgerichtet ist. Weiterhin muss die Organisation so flexibel sein, dass Veränderungen im Markt erkannt und sinnvolle Anpassungen vorgenommen werden. Deshalb ist für ein marktorientiertes Organisationskonzept eine starke Marketingabteilung unverzichtbar.

Liniensysteme

Organigramme sind meist in Linienform dargestellt. Dabei werden folgende Liniensysteme unterschieden:

- Einliniensystem
- Mehrliniensystem
- Matrixsystem

Einliniensystem

Das Einliniensystem überzeugt durch seine Klarheit, seine Einfachheit und seine Übersichtlichkeit. Kompetenzen und Verantwortung sind deutlich voneinander abgegrenzt. Außerdem herrscht eine straffe Kommunikationsbeziehung zwischen den einzelnen Bereichen. Nachteilig am Einliniensystem ist aber die Starrheit sowie die Länge und Umständlichkeit der Dienstwege. Denn wichtige Entscheidungen werden von Instanz zu Instanz gereicht, was die Entscheidung an sich umständlich in die Länge zieht und damit die Zwischeninstanzen nur unnötig belastet.

Im Folgenden ist die Grundstruktur des Einliniensystems dargestellt:

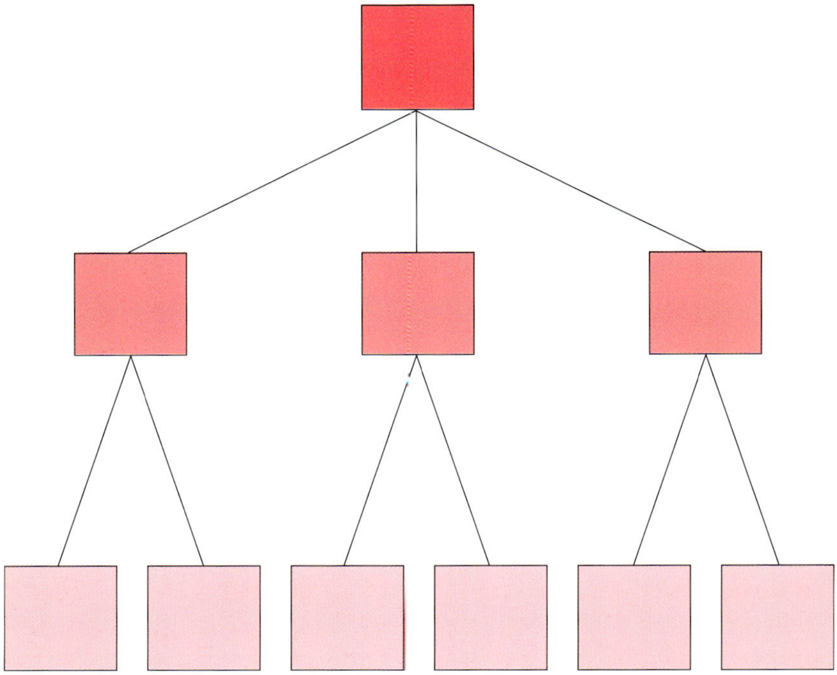

Einliniensystem ›

Das Mehrliniensystem wird auch „Prinzip der Mehrfachunterstellung" genannt, da anders als beim Einliniensystem die Mitarbeiter mehreren Vorgesetzten unterstellt sind.

Die Vorteile:

- Es sind kurze und schnelle Entscheidungswege möglich.
- Die Zwischeninstanzen werden nicht unnötig belastet.

Die Nachteile:

- Es können Kompetenz- und Verantwortlichkeitskonflikte entstehen. Woher sollen die Mitarbeiter wissen, an welchen Vorgesetzten sie sich bei welcher Entscheidung wenden sollen?
- Das Mehrliniensystem lässt keine einheitliche Leitung und Zuordnung der Gesamtverantwortung zu. Außerdem kommt es häufig zu Aufgabenüberschneidungen.

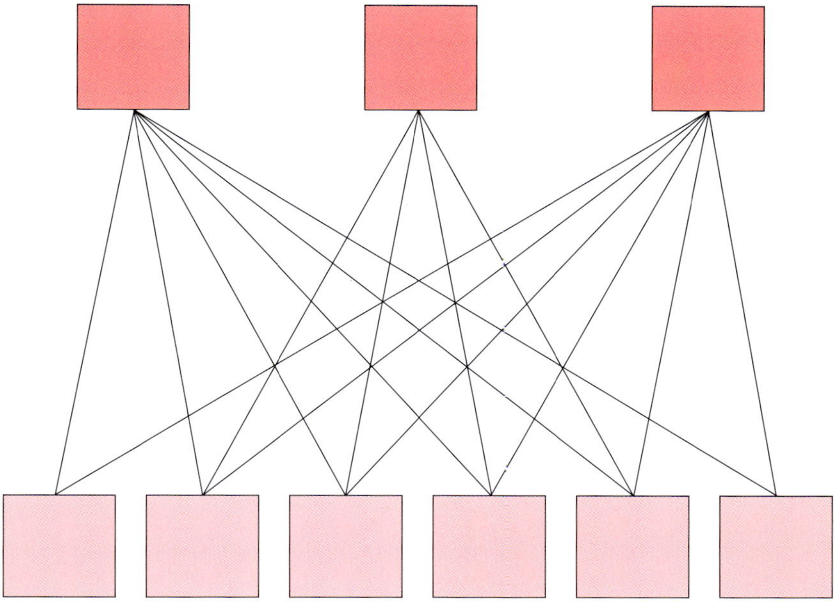

‹ *Mehrliniensystem*

Darüber hinaus gibt es die Möglichkeit der Einrichtung einer Stabsstelle. Eine Stabstelle unterstützt die jeweilige Instanz. Sie hat keine direkte Weisungsbefugnis und wird nur beratend tätig. Eine Stabstelle kann zum Beispiel eine Rechtsabteilung oder eine Marktforschungsabteilung sein. Im Folgenden ist ein Stabliniensystem dargestellt. Die Kreise stellen die Stabsstellen dar.

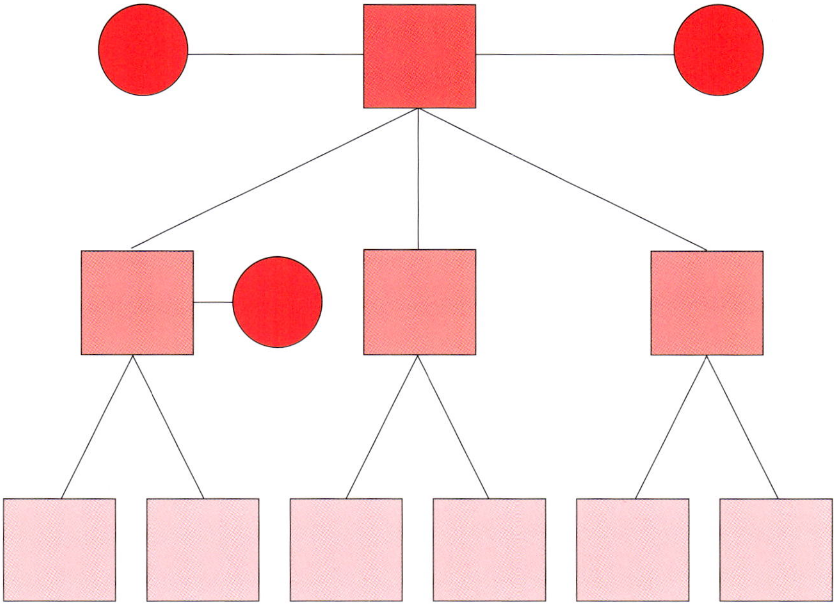

‹ *Stabliniensystem*

Organisationsprinzipien

Organigramme verlaufen meist verrichtungsorientiert: Oben steht die Geschäftsführung und darunter die Abteilungen Beschaffung, Fertigung, Marketing, Verwaltung usw.
Ein Organigramm kann aber auch objektorientiert ausgerichtet sein: Unter der Geschäftsführung stehen die Produktgruppen „Beherbergung“, „Verpflegung“ und „Bankett“, darunter sind dann jeweils die Abteilungen Beschaffung, Fertigung, Marketing, Verwaltung usw. angeordnet. Es gibt also für jedes Produkt eine Beschaffungsabteilung, eine Fertigungsabteilung usw. Ähnlich stellt sich die regionalorientierte Organisation dar. Hier sind die Abteilungen nicht nach Produktgruppen organisiert, sondern nach Regionen. Dies ist häufig bei internationalen Hotelkonzernen der Fall.
Die Organisation kann aber auch an Gästegruppen ausgerichtet werden; dann werden Geschäftsreisende und Feriengäste unterschieden. Darunter finden sich wiederum die Verrichtungsstrukturen wie Beschaffung, Fertigung, Marketing, Verwaltung usw.

Die Ausgangslage: Situationsanalyse

Jede Entscheidung, die im Marketing getroffen wird, hängt von den Ausgangsinformationen ab. Diese Daten basieren auf den tatsächlichen Gegebenheiten der unternehmensinternen oder der unternehmensexternen Umwelt. Unternehmensinterne Faktoren sind zum Beispiel Absatzmittler, Absatzhelfer, finanzielle Mittel und Kapazitäten. Unternehmensexterne Variablen sind zum Beispiel Gäste, Konkurrenten, Lieferanten und die Politik.
Um die notwendigen Daten zu erhalten, muss das Marketingmanagement zunächst eine Situationsanalyse durchführen.
Dabei werden vier grundlegende Komponenten analysiert:

4 Komponenten der Situationsanalyse

- Markt
- Marktteilnehmer
- Instrumente
- Umwelt

Bei der Komponente Markt wird entweder der Gesamtmarkt, der Branchenmarkt oder ein Teilmarkt untersucht. Dabei wird unter anderem auf Entwicklung, Wachstum, Entwicklungsstand, Produktstärke und Marktaufteilung geachtet.
Marktteilnehmer sind Lieferanten, Kunden, Konkurrenten, Absatzhelfer, Absatzmittler und das Unternehmen selbst. Bei den Marktteilnehmern spielen Faktoren wie Marktstellung, Differenzierungsgrad, Marktabdeckung und Kaufkraft eine große Rolle.

Bei den Instrumenten kann das Unternehmen zwischen verschiedenen Arten des Produkt-Mix, Kommunikations-Mix, Kontrahierungs-Mix und Distributions-Mix wählen. Diese Instrumente beinhalten die Zusammenstellung des geeigneten Sortiments, die Wahl des geeigneten Werbeträgers, die Festlegung des geeigneten Preisniveaus und die Wahl des geeigneten Absatzweges. Zur Umwelt zählen die politischen, ökonomischen (Wirtschaft), physischen (Natur), soziokulturellen (Gesellschaft) und technologischen Komponenten. Alle Umweltfaktoren beeinflussen das Marketingmanagement.

Situationsanalyse

Diese Komponenten beschreiben die Situation des Unternehmens. In der folgenden Darstellung wird das Zusammenwirken von Marktteilnehmern und Umwelt deutlich:

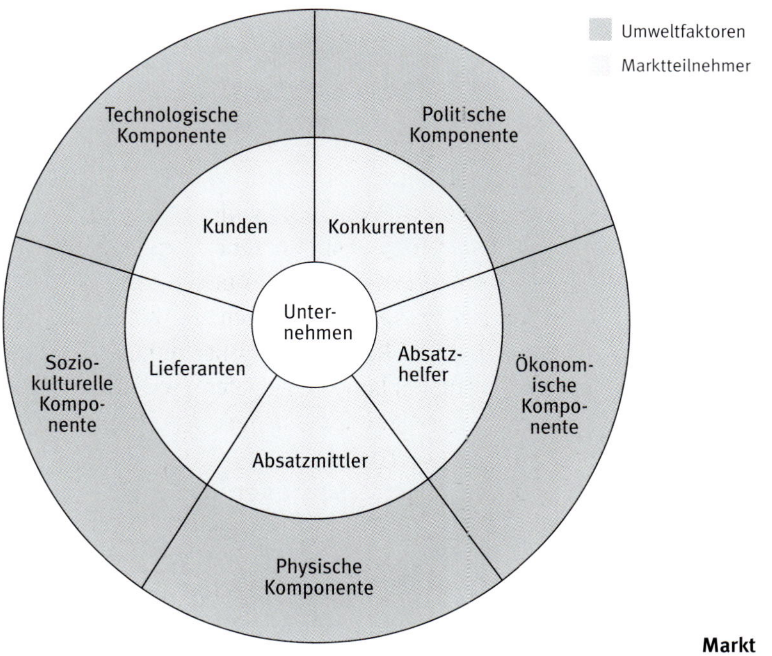

Unternehmens-situation

Die Informationen, die zur Erfassung der vier Komponenten notwendig sind, können auf unterschiedliche Weisen ermittelt werden:

- Eigen-/Fremdforschung
- Tiefe der Forschung
- Voll-/Teilerhebung
- Random-Sampling/Quoten-Sampling
- Primär-/Sekundärforschung

Informations-gewinnung

Bei der Eigenforschung forschen Mitarbeiter des Unternehmens selbst, bei der Fremdforschung wird ein anderes Unternehmen beauftragt.

Prinzipien der Informationsgewinnung

Die Tiefe der Forschung kann von explorativ über deskriptiv und explikativ bis hin zu einem Experiment führen. Die Forschung geht in dieser Reihenfolge zunehmend ins Detail: explorative Forschung bleibt an der Oberfläche, deskriptive Forschung beschreibt nur, explorative hingegen erklärt auch, und das Experiment schließlich erforscht Ursachen und Wirkungen.

Bei einer Vollerhebung werden alle Personen der Zielgruppe befragt, bei einer Teilerhebung nur ein Teil der Gruppe.

Beim Random-Sampling wird eine Zufallsgruppe befragt, zum Beispiel jeder zwanzigste Kunde. Beim Quoten-Sampling werden alle Personen befragt, die in einem oder mehreren Kriterien übereinstimmen, zum Beispiel alle Frauen, die zwischen 25 und 30 Jahre alt sind.

Bei der Primärforschung werden die Informationen durch Erhebungen erforscht. Bei der Sekundärforschung hingegen werden bereits vorhandene Informationen zusammengestellt und ausgewertet. Der Vorteil der Sekundärforschung liegt eindeutig im geringeren Aufwand und den geringen Kosten. Allerdings sind die Daten meist nicht aktuell. Primärforschung kann in Form von Befragungen und Beobachtungen erfolgen. Befragungen werden entweder mündlich, telefonisch oder schriftlich durchgeführt. Beobachtungen können im Labor unter gesonderten Bedingungen oder im Feld, das heißt im natürlichen Umfeld der Beteiligten, durchgeführt werden. Außerdem gibt es Sonderformen der Primärforschung, zum Beispiel das Panel. Hierbei wird der gleiche Personenkreis in regelmäßigen Abständen über einen längeren Zeitraum hinweg über sein Kaufverhalten und sonstige Sachverhalte befragt. Das Panel erfolgt meist in Form eines ausführlichen Fragebogens.
Um die Situation des Unternehmens exakt bestimmen zu können, werden mehrere einzelne Analysen durchgeführt, die aufeinander aufbauen.

Chancen und Risiken

Ermittlung von Umwelteinflüssen

Durch eine Chancen-Risiken-Analyse ist es möglich, die unternehmensexternen Umwelteinflüsse zu erkennen. Anhand dieser Faktoren kann die Ausrichtung des Unternehmens für die Zukunft erfolgen. Eine Chance könnte zum Beispiel die Entwicklung einer Hotelkette für junge Menschen zu geringen Preisen sein. Das Risiko wäre in diesem Fall die Entwicklung einer

Hotelkette für junge Menschen zu geringeren Preisen durch einen Konkurrenten. Ziel dieser Analyse ist es, zukünftigen negativen Ereignissen (Risiken) entgegenzuwirken, um diese zu verhindern und gleichzeitig zukünftig positive Ereignisse (Chancen) zu fördern.

Risikoabschätzung

Die folgenden Bestimmungsfaktoren ermöglichen eine Systematisierung:

- Neue Anbieter
- Situation unter den Mitbewerbern
- Lieferanten
- Gäste
- Ausweichmöglichkeiten

Im Folgenden ist auf der Grundlage dieser Faktoren das Beispiel einer Chancen-Risiken-Analyse für den Markt „Seminar-Hotels" dargestellt.

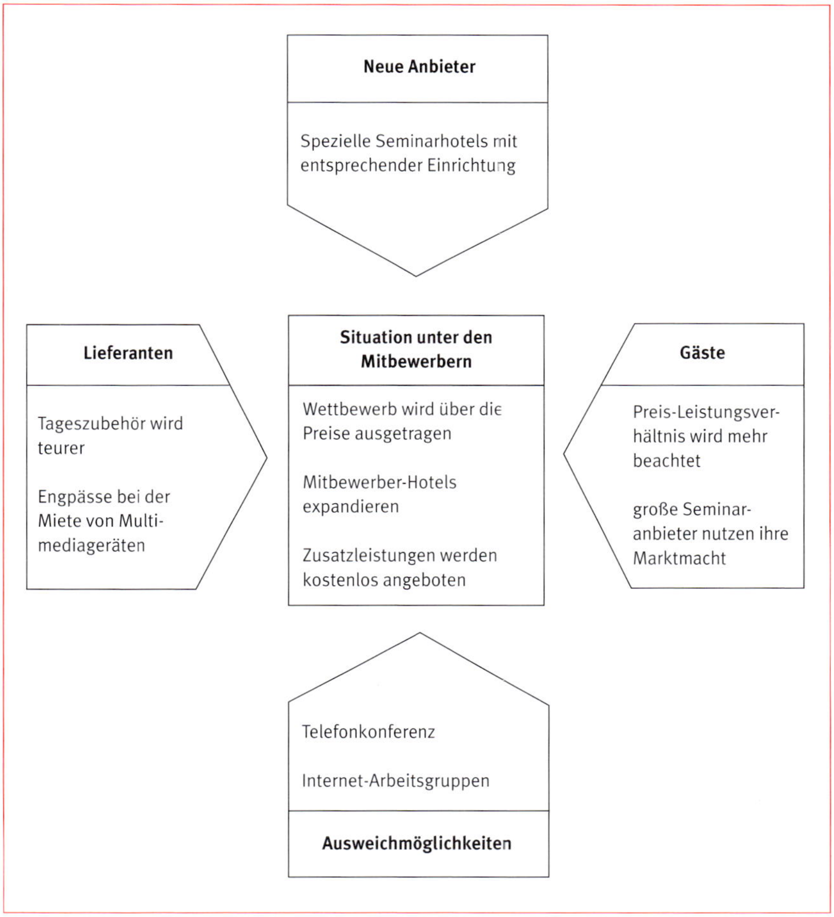

Beispiel für eine Chancen-Risiken-Analyse

Bei der Einteilung der zukünftig möglichen Ereignisse in Chancen und Risiken wird deutlich, dass einige nicht eindeutig zugeordnet werden können. Deshalb ist es notwendig, die Chancen-Risiken-Analyse um eine Stärken-Schwächen-Analyse zu ergänzen.

Stärken und Schwächen

Ressourcenanalyse

Mithilfe der Chancen-Risiken-Analyse wurde bereits der mögliche Rahmen der zukünftigen Planung bestimmt. Die Stärken-Schwächen-Analyse, auch Ressourcenanalyse genannt, untersucht jetzt, welche Maßnahmen das Unternehmen in die Tat umsetzen soll. Dabei werden die jetzigen und zukünftig möglichen Situationen berücksichtigt.

Stärken sind in diesem Fall die Fähigkeiten des Unternehmens. Mit diesen Fähigkeiten kann das Unternehmen seine Chancen auf dem Markt besonders gut nutzen bzw. den Risiken auf dem Markt besonders gut standhalten. Die Schwächen eines Unternehmens zeigen sich in der schlechten bzw. nicht erfolgten Nutzung der Marktchancen und der Unterordnung des Unternehmens bei den Marktrisiken.

Eine Stärken-Schwächen-Analyse erfolgt in drei Schritten:
1 Erstellung eines Ressourcenprofils
2 Ermittlung der Stärken und Schwächen
3 Feststellung spezifischer Kompetenzen

Vom Ressourcenprofil zum Kompetenzprofil

Im ersten Schritt werden alle im Unternehmen vorhandene Ressourcen aufgelistet. Dabei handelt es sich um finanzielle, organisatorische und technologische Ressourcen. Im zweiten Schritt werden diese den Anforderungen gegenübergestellt, die zur optimalen Umsetzung auf dem Markt benötigt werden. Dabei werden dann die Stärken und Schwächen der Ressourcen des Unternehmens festgestellt. Im dritten Schritt werden die Ressourcen des Unternehmens mit denen des Hauptkonkurrenten verglichen.
Dabei kommt es nicht auf die absoluten, sondern auf die relativen Stärken und Schwächen gegenüber den Mitbewerbern an. Dadurch lassen sich die Bereiche ermitteln, in denen das Hotel/Restaurant spezifische Wettbewerbsvorteile hat, wie das Preis-Leistungsverhältnis oder den Standort.

In der folgenden Abbildung ist ein solches Stärken-Schwächen-Profil dargestellt. Hier lassen sich die Wettbewerbsvorteile des Unternehmens in der untersuchten Geschäftseinheit sofort erkennen.

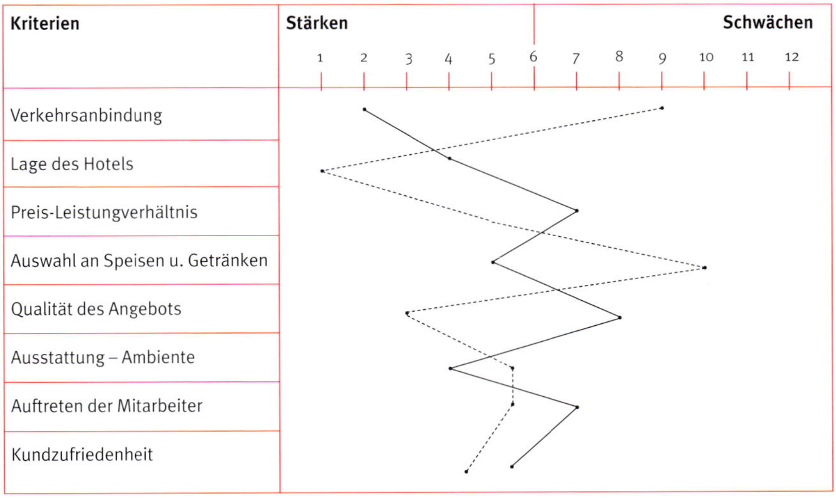

Beispiel für eine Stärken-Schwächen-Analyse

Die durchgezogene Linie gibt die Stärken und Schwächen des eigene Hotels/Restaurants wieder, während die gestrichelte Linie die Stärken und Schwächen des direkten Mitbewerbers darstellt. In der Beispielabbildung sind die Verkehrsanbindung, die Auswahl an Speisen und Getränken sowie die Ausstattung die stärksten Wettbewerbsvorteile.

Wichtig: Bei den Stärken und Schwächen kommt es nicht auf die absolute Ausprägung des Merkmals an, sondern auf die relative Stärke bzw. Schwäche im Vergleich zum Mitbewerber.

BESCHAFFUNG UND LAGERHALTUNG

Verschiedene Formen des Lagerbestandes

Um den Bestand optimieren zu können, muss er in seine einzelnen Komponenten, das sind: Lagerbestand, Sicherheitsbestand, Meldebestand und Höchstbestand, zerlegt und für jede dieser Komponenten die optimale Höhe bestimmt werden.

Der Lagerbestand gibt an, wie viel Material sich tatsächlich im Lager befindet. Inventurbestand und Lagerbestand sollten identisch sein. Diebstahl, Schwund, Verderb oder Erfassungsfehler bei der Inventur können zu abweichenden Beständen führen. Die Höhe ist abhängig von der Höhe der Lagerzugänge und Lagerabgänge. Der Lagerbestand unterscheidet sich in verfügbaren und reservierten Bestand. Der verfügbare Bestand ist der Bestand, der sofort entnommen werden kann.

Verfügbarer Bestand

Er wird wie folgt berechnet:

	Bestand am Lager
+	Bestellbestand
–	Reservierungsbestand
=	Verfügbarer Bestand

Reservierungsbestand

Der Reservierungsbestand ist der Teil eines Lagerbestandes, der für bereits vorliegende oder geplante Aufträge vorgemerkt wurde und zu einem bestimmten Zeitpunkt aus dem Lager entnommen wird, das heißt, dieser Bestand ist für andere Aufträge nicht mehr verfügbar. Der Bestand an offenen Bestellungen wird als Bestellbestand definiert.

Sicherheitsbestand

Der Sicherheitsbestand wird normalerweise nicht für die Fertigung bzw. die Auftragsabwicklung benötigt, er stellt lediglich einen Puffer dar, um das Unternehmen bei unvorhersehbarem Mehrverbrauch und Lieferterminüberschreitungen zu schützen. Der durch den Sicherheitsbestand überbrückte Zeitraum wird Sicherheitszeit genannt. Je nach Höhe der Lieferbereitschaft muss der entsprechende Sicherheitsfaktor gewählt werden.

Meldebestand

Der Meldebestand ist definiert als Lagerbestandsmenge, bei deren Erreichen bzw. Unterschreiten eine Bestellung erfolgen muss. Der Meldebestand wird deshalb auch oft als Bestellpunkt bezeichnet. Er sollte so festgelegt sein, dass der Sicherheitsbestand während der Zeit der Wiederbeschaffung nicht angegriffen wird, das heißt, er muss ausreichen, um den Beschaffungszeitraum überbrücken zu können. Die Höhe des Meldebestandes ist abhängig vom durchschnittlichen Verbrauch je Periode, der Wiederbeschaffungszeit und dem Risiko, dass der Verbrauch und/oder die Wiederbeschaffungszeit sich ändern. Die Wiederbeschaffungszeit umfasst den Zeitraum der Auftragsvorbereitung, der Lieferung sowie der Einlagerungs- und Kontrollzeit. Ein geringer Meldebestand kann festgelegt werden, wenn die Wiederbeschaffungszeit sehr kurz, der durchschnittliche Verbrauch konstant und das Risiko eines Lieferantenausfalls oder eines Mehrverbrauchs sehr gering ist. In der Realität ist ein konstanter durchschnittlicher Verbrauch je Periode aber sehr selten, von daher muss ein Sicherheitsbestand gehalten werden.

Wiederbeschaffungszeit

Der Höchstbestand ist der Bestand, der sich maximal im Lager befinden sollte. Er ist so festgelegt, dass er für einen maximalen Verbrauch in Abhängigkeit von der Wiederbeschaffungszeit ausreicht. Wird er überschritten, so steigen die Kapitalbindungs- und Lagerhaltungskosten.

Höchstbestand

Der Zusammenhang zwischen Lager-, Sicherheits-, Melde- und Höchstbestand lässt sich unter der Annahme eines kontinuierlichen Verbrauchs und periodisch kontinuierlicher Lagerzugänge in einem Schaubild darstellen. Die rote Linie stellt die Lagerzu- und -abgänge dar. Sobald der Bestand gleich dem Meldebestand ist, wird eine Bestellung ausgelöst (Punkt A). Diese Bestellung trifft zu dem Zeitpunkt ein, an dem der Bestand gleich dem Sicherheitsbestand (Punkt B) ist. Mit dieser Lieferung wird das Lager wieder bis zum Höchstbestand aufgefüllt. So wird der Sicherheitsbestand im Idealfall nie berührt.

Bestandsveränderungen

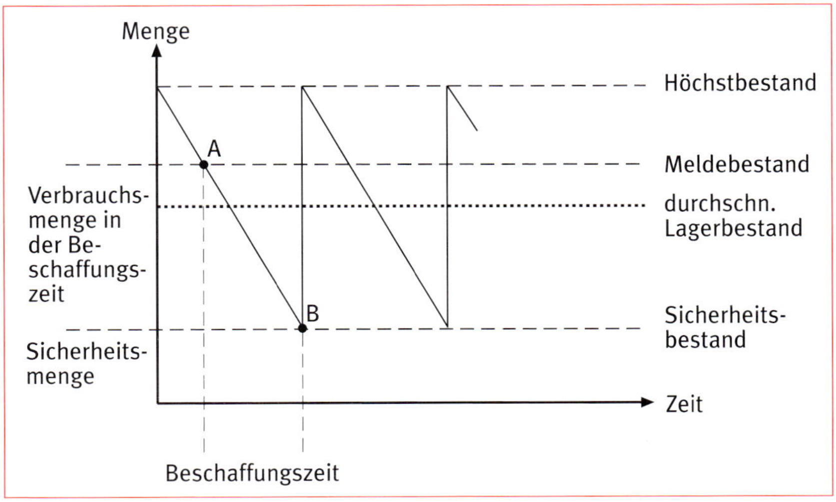

Bestandsarten im Zeitverlauf

Bedarfsermittlung

Um eine Erhöhung der Kapitalbindung und damit der Lagerkosten bzw. eine sinkende Lieferbereitschaft zu vermeiden, muss der Materialbedarf eines Unternehmens sehr genau ermittelt werden. Das Ziel hierbei ist eine kostenminimale Bereitstellung der Materialien in der richtigen Menge, der richtigen Qualität, zum richtigen Zeitpunkt und am richtigen Ort. Der Materialbedarf lässt sich im Zusammenhang mit Lagerbeständen in Brutto- und Nettobedarf unterscheiden. Bruttobedarf ist der Materialbedarf in einer bestimmten Periode ohne die verfügbaren Lagerbestände. Unter Nettobedarf versteht man die Menge eines Lagergutes, die in der Planungsperiode nicht verfügbar ist. Der Nettobestand zeigt, in wie weit der Bruttobedarf durch den Lagerbestand abgedeckt ist.

Brutto- und Nettobedarf

Dieser Zusammenhang wird im Folgenden deutlich:

	Bruttobedarf
–	Küchenbestand (Waren, die sich im Tagskühlhaus befinden)
–	Bestellbestand (Waren unterwegs)
+	Reservierungsbestand (für Extraveranstaltung)
+	Sicherheitsbestand
=	Nettobedarf

Um die benötigten Mengen und Zeitpunkte des Bedarfs festlegen zu können, werden die verschiedenen Methoden der Materialbedarfsplanung unterschieden:

Methoden der Materialbedarfsplanung

- die programmorientierte Materialbedarfsermittlung
- die verbrauchsorientierte Materialbedarfsermittlung
- die Schätzung des Materialbedarfs

Die programmorientierte Materialbedarfsermittlung basiert auf dem kurzfristigen Produktionsprogramm. Ihre Anwendung beschränkt sich im Rahmen der ABC-Analyse vor allem auf C-Güter, Güter des Tertiärbedarfs, also Hilfs- und Betriebsstoffe. Die verbrauchsorientierte Materialbedarfsermittlung erfolgt auf der Grundlage von Vergangenheitswerten. Vorraussetzung hierfür ist folglich ein umfassendes Zahlenmaterial. Dabei bilden sich zwei stark auffällige Bedarfsverläufe heraus. Das Konstant-Modell weist einen, wie der Name schon sagt, gleichmäßigen Verlauf des Bedarfs auf, und das Trend-Saison-Modell folgt einer Tendenz bzw. einer Richtung, zum Beispiel jahreszeitlich unterschiedliche Gemüse in der Gastronomie. Diese Modelle werden hauptsächlich auf A- und B-Güter, das heißt Güter des Sekundärbedarfs wie die Rohstoffe, angewendet. Die Schätzung des Materialbedarfs erfolgt in der Regel nur bei Gütern mit einem sehr geringen Wert wie zum Beispiel Mehl, Salz und Zucker. Mit Primärbedarf werden hingegen fertige Erzeugnisse (Convenience) oder verkaufsfähige Waren bezeichnet.

ABC-Analyse

Die ABC-Analyse ist ein Planungsinstrument mit einem wichtigen Einteilungskriterium für Mengen-Wert-Verhältnis der Materialien. Die A-Teile sind wenige Güter mit einem hohen Wertanteil, zum Beispiel Spirituosen, Wein, Fleisch. Die B-Teile haben einen mittleren mengenmäßigen Anteil, aber auch einen mittleren Wertanteil, wie Salate, Sättigungsbeilagen, Gemüse. Die C-Teile hingegen sind viele Güter, die einen geringen Wert haben, zum Beispiel Gewürze und Essig.

Materialbereitstellung und damit verbundene Kosten

Nachdem der Bedarf ermittelt wurde, muss die Art der Materialbereitstellung festgelegt werden. Diese kann mit oder ohne Vorratshaltung erfolgen.

Vorratshaltung

Bei der Vorratsbeschaffung findet im Gegensatz zur Einzelbeschaffung und zur fertigungssynchronen Beschaffung eine Vorratshaltung statt. In diesem Fall stimmen Beschaffungsmenge und Verbrauch nicht überein. Das Unternehmen beschafft in verschieden großen Zeitabständen relativ große Materialmengen und nimmt diese auf Lager. Dadurch ist das Unternehmen vom Beschaffungsmarkt, das heißt von Lieferanten, Lieferverhältnissen und Preisschwankungen unabhängig, was vor allem bei knappen Gütern von Vorteil ist. Allerdings steigen dadurch auch die Lagerhaltungs- und Kapitalbindungskosten.

Einzelbeschaffung

Bei der Einzelbeschaffung wird der Lagerhaltung kaum Bedeutung zugemessen, da die Güter erst im Bedarfsfall beschafft werden. Von Nachteil ist hierbei das Risiko des Lieferverzuges und auftretender Fehler in Menge und Beschaffenheit der gelieferten Materialien.

Fertigungssynchrone Beschaffung

Eine Kombination aus Vorrats- und Einzelbeschaffung ist die fertigungssynchrone Beschaffung. Wie der Name bereits sagt, wird das Material in dem Moment angeliefert, in dem es benötigt wird. Teilweise wird noch eine kleine Lagerung vor Ort gehalten. Ein Beispiel für eine fertigungssynchrone Beschaffung ist das Just-in-time-Konzept. Bei einer fertigungssynchronen Beschaffung werden Lagerhaltungskosten eingespart.

Allerdings birgt dieses Konzept auch einige Risiken:

Risiken der Just-in-time-Lieferung

- Es entsteht ein Versorgungsrisiko, da die Gefahr der Bindung an nur einen oder wenige Lieferanten entsteht.
- Der Lieferant erhält eine hohe Marktmacht, dadurch sind individuelle Wünsche nur noch schwer durchsetzbar.
- Die Transportrisiken sind hoch, da die Anzahl der Transporte steigt. Dies gleicht sich jedoch meist durch eine räumliche Ansiedlung der Lieferanten in der Nähe des gastgewerblichen Unternehmens aus.
- An Sonn- und Feiertag kann es bei der Just-in-time-Lieferung sehr schnell zu einem Produktionsstopp kommen. Davor schützen kleine Pufferlager.

Generell birgt eine so hohe Abhängigkeit von einem Lieferanten immer Gefahren. Dafür sind die Einsparungen immens, und eine flexible Produktion wird möglich.

Um eine optimale Bereitstellung der Materialien zu gewährleisten, ist es zunächst nötig, die dabei anfallenden Kosten zu ermitteln.

Bereitstellungskosten

Hierzu zählen folgende Kostenarten:

1 Beschaffungskosten
   > unmittelbare
   > mittelbare
2 Lagerhaltungskosten
   > Lagerkosten
   > Kapitalbindungskosten
3 Fehlmengenkosten
4 Steuerungs- und Systemkosten
5 Transportkosten

Beschaffungskosten

Die unmittelbaren Beschaffungskosten sind alle Kosten, die direkt mit dem Kauf der Güter zusammenhängen. Sie lassen sich durch die Multiplikation von Preis und Menge errechnen.
Die mittelbaren Beschaffungskosten hingegen fallen bei der Materialdisposition an und sind von der Bestellzahl und -größe abhängig.

Lagerhaltungskosten

Die Lagerhaltungskosten enthalten Kosten für Lagerräume und Lagereinrichtung sowie Handlingkosten, Verwaltungskosten und Lagerbestandskosten. Die Kosten des Lagerraumes setzen sich aus den Abschreibungen für Gebäude und alles, was fest mit dem Raum verbunden ist, der Verzinsung des eingesetzten Kapitals, den Instandhaltungskosten, den Energiekosten und den Kosten für Steuern und Versicherungen zusammen. Unter Handlingkosten werden unter anderem Abschreibungen, Instandhaltung der Lagertransportfahrzeuge und Paletten, Verzinsungen sowie die Kosten für das Lagerpersonal zusammengefasst. Die Verwaltungskosten bestehen aus den Personalkosten für Lagerverwaltung und Lagerdisposition und anteilig aus EDV-Systemkosten. Der letzte Kostenpunkt, die Lagerbestandskosten ergeben sich aus der Verzinsung des gebundenen Kapitals, Versicherung, Steuern und den Kosten für Verderb, Schwund usw.

Kapitalbindungskosten

Bei den Kapitalbindungskosten handelt es sich um die Aufwendungen, die durch das im Lager gebundene Kapital in Form von Gütern und Zinsen für dieses Kapital entstehen.

Fehlmengenkosten

Kann der Materialbedarf nicht oder nicht zum benötigten Zeitpunkt gedeckt werden, so entstehen Fehlmengenkosten, zum Beispiel entgangene Gewinne durch die Abbestellung oder Umbestellung des Gastes.

Steuerungs- und Transportkosten

Die Steuerungs- und Systemkosten umfassen die Kosten für die Gestaltung, Planung und Kontrolle der Materialbereitstellung sowie die Kosten für den Bestellvorgang. Die Kosten für Raumüberbrückung werden auch Transportkosten genannt, zum Beispiel Abschreibungen auf ein Fahrzeug.

Zunächst müssen aber die richtigen Bezugsquellen, die richtigen Lieferanten, ausfindig gemacht werden.
Dabei gibt es grundsätzlich zwei Möglichkeiten:

- interne Bezugsquellen
- externe Bezugsquellen

Interne und externe Bezugsquellen

Interne Bezugsquellen sind bereits für das Unternehmen arbeitende Lieferanten. Eventuell können diese zusätzlich neue Artikel bzw. Rohstoffe liefern. Die Informationen können dabei anhand von Lieferantenbefragungen, Lieferantenbesuchen, Geschäftsberichte von Lieferanten, Kataloge, Preislisten, Werbematerial oder Angebote gewonnen werden. Externe Bezugsquellen können über Branchenverzeichnisse, Ausstellungen und Messen, Wirtschaftsverbände, Fachzeitschriften usw. ausfindig gemacht werden.

Die ABC-Analyse als Planungsinstrument

Die ABC-Analyse ist ein einfach zu handhabendes Planungsinstrument, das auch zur Beschaffung von Gütern eingesetzt werden kann. Sie teilt die Güter in einem Lager in drei Gruppen ein (siehe Seite 112).
Im ersten Schritt werden die Güter mit ihrer Menge und ihrem Wert aufgelistet. Anschließend werden Menge und Wert multipliziert und diese Gesamtwerte kumuliert. Im nächsten Schritt wird sowohl der prozentuale Anteil der Menge je Artikel an der Gesamtmenge als auch der prozentuale Anteil des Wertes je Artikel am Gesamtwert berechnet. Beide Anteile werden kumuliert. Die

A-Artikel werden bei 70 Prozent des Wertes und 20 Prozent der Menge von den B-Artikeln getrennt. Die B-Artikel machen rund 25 Prozent des Wertes aus, die C-Artikel die restlichen 5 Prozent (für die B-Artikel ist die Zuordnung fließend). Das folgende Rechenbeispiel verdeutlicht dies:

Beispiel einer ABC-Analyse

Artikel	**Menge**	**%-Menge**	**%-Menge kum.**	**Preis**	**Wert**	**%-Wert**	**%-Wert kum.**	**Einteilung**
Fleisch	85	25,00 %	25,00 %	13,00	1530,00	29,37 %	29,37 %	**A**
Fisch	65	19,12 %	44,12 %	20,00	1300,00	24,95 %	54,32 %	**A**
Nudeln	100	29,41 %	73,53 %	12,00	1200,00	23,03 %	77,35 %	**B**
Gemüse	40	11,76 %	85,29 %	17,00	680,00	13,05 %	90,40 %	**B**
Kaffee	50	14,71 %	100,00 %	10,00	500,00	9,60 %	100,00 %	**C**
Summe	**340**	**100,00 %**		**77,00**	**5210,00**	**100,00%**		

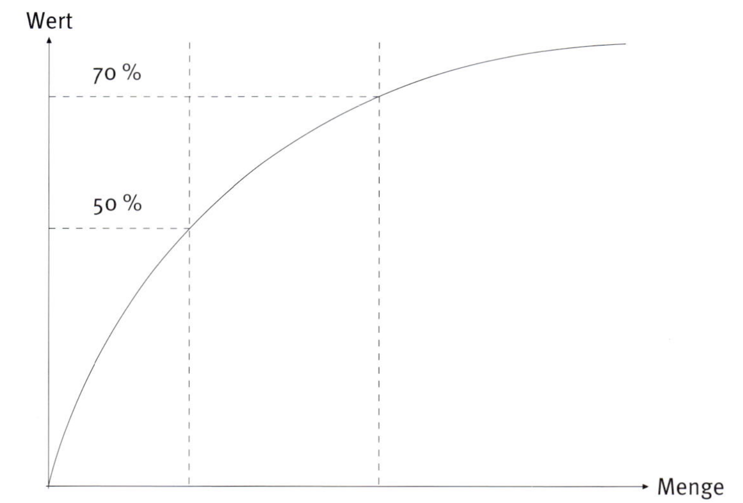

Graphische Darstellung der ABC-Analyse

Ergebnis der ABC-Analyse ist die Erkenntnis, welche Güter wie zu behandeln sind. A-Materialien sollten zum Beispiel häufig bestellt werden, um den Bestandswert zu minimieren. Der Sicherheitsbestand wird bei diesen Gütern gesenkt, eine Just-in-time-Belieferung ist hier sinnvoll. Die A-Materialien bieten das größte Kostensenkungspotenzial.

Die C-Materialien stellen wie gesagt das Gegenteil der A-Materialien dar, das heißt, es sollten großzügige Sicherheitsbestände vorgehalten werden. Die

Kontrolle des Lagerbestandes kann vernachlässigt werden, und es werden größere Bestellmengen bestellt. Für B-Materialien lassen sich kaum Regeln aufstellen, denn einige B-Materialien lassen sich eher zu den A- und einige eher zu den C-Artikeln zuordnen.

Optimale Bestellmenge und Bestellungsabwicklung

Das oberste Ziel der Beschaffung ist es, die optimale Bestellmenge zu finden. Diese ist als der Schnittpunkt zwischen Bestell- und Lagerkosten definiert. Die Gesamtkosten sind an diesem Punkt am geringsten. Dies wird in folgendem Schaubild deutlich:

Bestell- und Lagerkosten

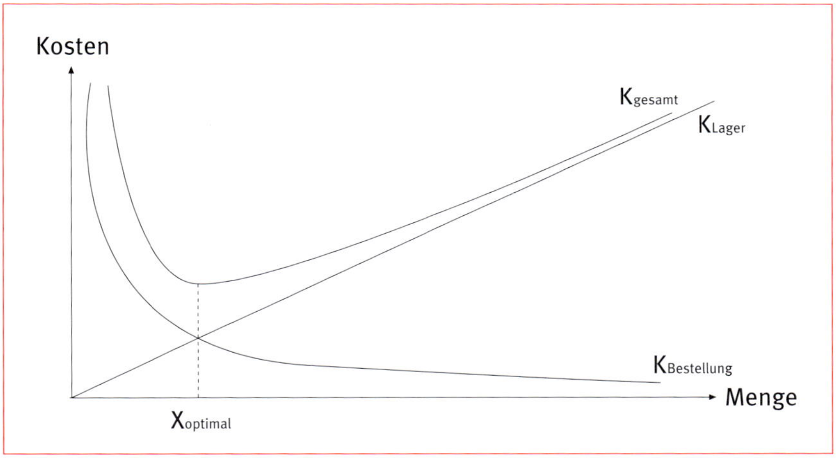

Ermittlung der optimalen Bestellmenge

Die Kosten der Bestellung sinken mit wachsender Stückzahl, da Lieferanten Mengenrabatte vergeben. Die optimale Bestellmenge kann mathematisch ermittelt werden. Die Berechnung soll hier aus Platzgründen und wegen des Erklärungsbedarfs jedoch vernachlässigt werden.

Kritik an der Bestimmung der optimalen Bestellmenge wirft die Frage auf, ob das Unternehmen überhaupt genügend Lagerkapazität hierfür vorweisen kann. Auch die Frage, ob der Lieferant die optimale Menge liefern kann, ist zu klären. Bei der Berechnung wurde außerdem ein linearer Verlauf des Absatzes vorausgesetzt, was in der Realität nicht realisierbar ist.

Lagerkapazität und Lieferkapazität

Bisher wurden der Bedarf analysiert, die richtigen Bezugsquellen ermittelt, die Art der Materialbereitstellung festgelegt und die optimale Bestellmenge bestimmt. Anschließend wird der bestmögliche Lieferant ermittelt.

Dies geschieht anhand folgender Kriterien:

Ermittlung des besten Lieferanten

- Entfernung
- Terminzuverlässigkeit
- Mengenzuverlässigkeit
- Lieferzeit
- Reklamationen
- Qualität
- Marktmacht
- Beratung und Service

Nach diesen Kriterien werden die Lieferanten bewertet und anschließend miteinander verglichen. Auf diese Weise kann der beste Lieferant ermittelt werden.

Nachdem die Ware bestellt wurde und der Lieferant die Bestellung angenommen hat, mithin ein Kaufvertrag zustande gekommen ist, wird anschließend die Ware vom Lieferanten geliefert.

Die Mitarbeiter im Wareneingang haben nun folgende Aufgaben:

Prüfung des Wareneingangs

1 Zunächst überprüfen sie den Lieferschein: Sie gleichen die angelieferte Ware mit der auf dem Lieferschein aufgelisteten Ware ab.
2 Anschließend erfolgt die Wareneingangsprüfung. Das bedeutet, die Ware wird auf Vollständigkeit und Qualität überprüft.
3 Danach wird die Ware eingelagert bzw. an die betreffenden Abteilung weitergeleitet.
4 Sind diese Wareneingangsaufgaben erledigt, kümmern sich die Mitarbeiter in diesem Bereich um die Waren, die zum Lieferanten zurückgeschickt werden müssen, weil sie die Wareneingangsprüfung nicht erfolgreich bestanden haben.

Lagerplatzsysteme

Bei der Lagerung wird in feste und freie Lagerplatzsysteme unterschieden. Bei der Lagerung nach festen Lagerplätzen ist jedem Teil ein bestimmter Lagerplatz zugeordnet. Das bedeutet, dass kein EDV-System notwendig ist, da der Lagerplatz von jedem Teil bekannt ist. Nachteilig an diesem Lagerplatzsystem sind sowohl die schlechte Raumnutzung als auch die weiten Transportwege. Bei einem freien, auch chaotisch genannten Lagerplatzsystem werden die Teile dort gelagert, wo gerade Platz ist, das heißt, die Teile liegen nicht immer am selben Platz. Dadurch wird der Raum optimal ausgenutzt, und die Transportwege können durch eine geschickte Einteilung minimiert werden. Voraussetzung ist allerdings ein EDV-System, damit nachvollzogen werden kann, an welchem Platz welche Ware lagert. Eine Lagerhaltung nach festen Lagerplätzen macht bei Materialien, die bestimmte Lagertechniken benötigen, Sinn, so wird zum Beispiel TK-Ware wie Spinat im Tiefkühllagerhaus gelagert, wohingegen frisches Gemüse wie Kohlrabi und Spargel in einem Kühlhaus gelagert werden muss. Die Lagerplätze der gleichartigen Artikel können aufgrund der Lagervoraussetzungen untereinander getauscht werden, nicht aber die zwischen unterschiedlichen Artikelgruppen.

Lagertechniken

Innerhalb eines Lagerplatzes kann der Artikel entweder nach der LIFO- oder nach der FIFO-Methode gelagert werden. Die Last-in-first-out-Methode, kurz LIFO, bedeutet, dass die Ware, die zuletzt eingelagert wird, auch zuerst wieder ausgelagert und somit verkauft wird. Diese Methode wird bei nicht verderblichen Gütern angewendet. Die weitaus häufiger angewendete Methode, die First-in-first-out-Methode, kurz FIFO, besagt, dass die Ware, die zuerst eingeliefert wurde auch wieder zuerst ausgelagert, das heißt verkauft, wird. Diese Methode wird bei verderblichen Gütern angewendet; so wird in der Gastronomie Frischmilch nach ihrem Haltbarkeitsdatum gelagert und entnommen. Die länger haltbare Milch steht immer weiter hinten, damit die nicht ganz so lange haltbare Milch, die vorn steht, zuerst entnommen und verbraucht wird.

LIFO- und FIFO-Methoden

Funktionen und Arten der Lagerhaltung

Die Aufgaben der Lagerhaltung sind vor allem folgende:
- Sicherungsfunktion
- Zeitausgleich
- Mengenausgleich
- Spekulationsfunktion
- Umformungsfunktion

Aufgaben der Lagerhaltung

Die Sicherungsfunktion besagt, dass es die Aufgabe der Lagerhaltung ist, die Lieferbereitschaft zu gewährleisten. Zeitausgleich bedeutet, dass die Zeit zwischen der Beschaffung und dem zeitlich späteren Absatz durch die Lagerhaltung überbrückt wird. Einen Ausgleich zwischen der beschafften und der nach und nach benötigten Absatzmenge zu schaffen, ist die Aufgabe des Mengenausgleichs. Anhand der Spekulationsfunktion können entweder Preisvorteile zum Beispiel in Form von Mengenrabatten ausgenutzt werden, oder es wird vor einer erwarteten Preissteigerung auf Vorrat eingekauft. Die Aufgabe der Umformungsfunktion ist es, das Sortiment zusammenzustellen bzw. Lagergüter zu veredeln. Veredeln bedeutet reifen, zum Beispiel beim Wein.

Lagerhaltung ...

Lager können auf mehrere Arten unterschieden werden:

1 Unterscheidung nach der Organisationsform in zentrale und dezentrale Lager.

... zentrale/ dezentrale

Bei der zentralen Lagerung werden die gesamten Warenvorräte eines gastgewerblichen Betriebes an einem Ort gelagert. Vorteilhaft sind dabei die niedrigen Raum- und Verwaltungskosten, die gute Übersicht und Kontrolle über den gesamten Lagerbestand sowie der geringe Bestellaufwand. Bei einer dezentralen Lagerung hingegen werden die Warenvorräte an verschiedenen Orten gelagert (zum Beispiel Küche, Restaurant). Eine schnelle Belieferung der Gäste sowie kurze Transportwege sprechen für ein dezentrales Lagersystem.

2 Unterscheidung nach dem Ort der Lagerung in offene und geschlossene Lager.

... offene/ geschlossene

In einem offenen Lager wird die Ware im Freien aufbewahrt. Dies ist nur bei bestimmter Ware, zum Beispiel bei Gartenmöbeln, möglich. Ein geschlossenes Lager ist bei witterungsempfindlicher Ware notwendig, zum Beipiel Mehl und Zucker. Beides wird in einem Trockenlagerraum geschützt aufbewahrt.

3 Unterscheidung nach dem Einsatz der Datenverarbeitung in manuelle und mechanisierte Lagerung.

... manuelle/ mechanisierte

Bei der manuellen bzw. mechanisierten Lagerung wird die Ware von Hand und mit Hilfe von Maschinen, zum Beispiel Gabelstapler, gelagert und entnommen. Wird die Ware nur durch Maschinen ohne den Einsatz menschlicher Arbeit gelagert und entnommen, so spricht man von der automatisierten Lagerung.

4 Unterscheidung nach der Art der Lagerung in systematische und chaotische Lagerung.

... systematische/ chaotische

Bei einer systematischen Lagerhaltung wird auf festen Plätzen gelagert, bei einer chaotischen Lagerhaltung hingegen wird nach freien Plätzen gelagert. Vorteilhaft an der chaotischen Lagerung ist die enorme Platzersparnis, allerdings setzt diese Form der Lagerhaltung den Einsatz von Datenverarbeitung voraus.

5 Unterscheidung nach der Lagereinrichtung in Regal- und Bodenlager.

Regal-/Bodenlager

Bei der Regallagerung wird die Ware in Regalen aufbewahrt (zum Beispiel Marmelade, Gewürze), und bei der Bodenlagerung wird die Ware auf dem Boden abgestellt (zum Beispiel Kartoffeln).

6 Unterscheidung nach dem Eigentümer der Lagerräume in Eigen-, Fremd- und Kommissionslager.

Eigen-/Fremdlager

Beim Eigenlager sind die Lagerräume Eigentum des Hotels/Restaurants, beim Fremdlager sind die Lagerräume in fremdem Eigentum (zum Beispiel gemietete Container bei Bankettveranstaltungen).

Gründe für die Fremdlagerung können sein:

Fremdlagerung

- keine Erweiterungsmöglichkeiten des bisherigen Lagers
- Standortvorteile (zum Beispiel Kundennähe beim Partyservice)
- Dienstleistungsangebot des Lagerhalters (zum Beispiel Inventur, Warenpflege)
- gegebenenfalls kostengünstiger als Eigenlagerung

Kommissionslager

Allerdings besteht bei der Fremdlagerung die Möglichkeit des direkten Kundenkontaktes nicht. Bei einem Kommissionslager bzw. Konsignationslager wird die Ware des Unternehmens (= Kommittenten) beim Kunden (= Kommissionär) gelagert. Der Kommissionär hat das Recht, unverkaufte Ware an den Kommittenten zurückzugeben; damit hat der Kommissionär kein Absatzrisiko. Der Vorteil besteht in der schnellen Lieferung des Kommissionärs.

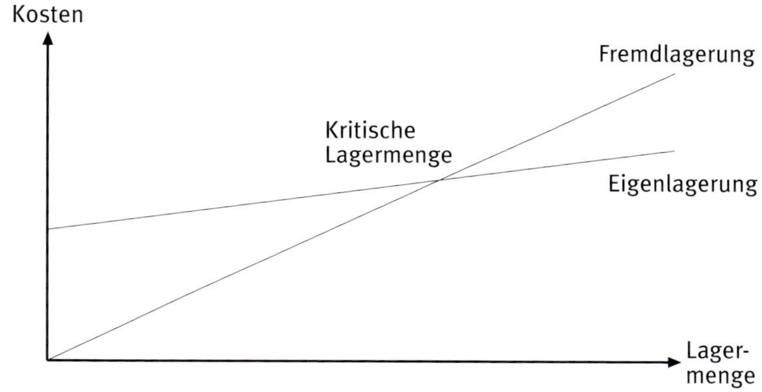

Kostenentwicklung bei Fremd- und Eigenlagerung

Speziallager

7 Unterscheidung nach der Art des Lagergutes: Ein Speziallager dient der Lagerung von bestimmten Waren, zum Beispiel wird Tiefkühlkost in speziellen Kühlräumen bzw. -behältern gelagert.

Lagerkennziffern

Mit Lagerkennziffern kann das Unternehmen die Lagerung der Güter überprüfen und gegebenenfalls anschließend optimieren.
Zu große Lagerbestände führen zu zusätzlichen Lager- und Zinskosten. Dabei steigt das Lagerrisiko, zum Beispiel kann Ware verderben. Zu kleine Lagerbestände dagegen können zu Störungen in der Küchenproduktion oder zu Gästeverlusten führen. Mit einem optimalen Lagerbestand sollte die größte Wirtschaftlichkeit im Lager erreicht werden.

Wichtige Lagerkennziffern sind:

$$\varnothing \text{ Lagerbestand} = \frac{\text{Anfangsbestand} + \text{Endbestand}}{2}$$

$$= \frac{\text{Anfangsbestand} + 12 \text{ x Monatsbestand}}{13}$$

Der durchschnittliche Lagerbestand gibt an, wie hoch die Vorräte im Laufe eines Geschäftsjahres sind.

Wert des durchschnittlichen Lagerbestandes = Menge x Einstandspreis

$$\text{Lagerumschlagshäufigkeit} = \frac{\text{Wareneinsatz (kg, Stück, m)}}{\varnothing \text{ Lagerbestand}}$$

Die Lagerumschlagshäufigkeit gibt an, wie oft der durchschnittliche Lagerbestand in einem bestimmten Zeitraum (meist ein Jahr) umgesetzt wurde.

Waren-/Materialeinsatz (=Abgänge)
= Anfangsbestand + Zugänge – Endbestand

Der Waren- bzw. Materialeinsatz ist die Menge bzw. Anzahl der verkauften Waren.

$$\varnothing \text{ Lagerdauer} = \frac{360 \text{ Tage}}{\varnothing \text{ Lagerumschlagsfähigkeit}}$$

Die durchschnittliche Lagerdauer gibt an, wie viele Tage ein Lagergut im Durchschnitt gelagert wird.

$$\text{Lieferbereitschaft} = \frac{\text{sofort lieferbare Mengen}}{\text{insgesamt nachgefragte Mengen}}$$

Der Lieferbereitschaftsgrad (=Servicegrad) gibt an, wie viel der bestellten Waren das Unternehmen sofort liefern kann.

$$\text{Terminzuverlässigkeit} = \frac{\text{Anzahl termingerechter Lieferungen}}{\text{Gesamtzahl Lieferungen}}$$

Die Terminzuverlässigkeit gibt an, in welchem Umfang das Unternehmen termingerecht liefert.

$$\text{Lagerzinssatz} = \frac{\text{Marktzinssatz x Ø Lagerdauer}}{\text{360 Tage}}$$

Der Lagerzinssatz dient der Berechnung der (kalkulatorischen) Zinsen für das in den durchschnittlich gelagerten Vorräten gebundene Kapital.

$$\text{Lagerzinsen} = \text{Wert des Ø Lagerbestandes x Lagerzinssatz}$$

$$= \frac{\text{Ø Lagerbestand x Lagerzinssatz x Einstandspreis}}{100}$$

$$\text{Meldebestand} = \text{eiserner Bestand} + (\text{Tagesabsatz x Lieferzeit})$$

Der Meldebestand ist der Lagerbestand, bei dessen Erreichen neu bestellt werden muss. Der eiserne Bestand (=Sicherheitsbestand) ist der Bestand, der ständig auf Lager sein muss, um auch bei unvorhergesehenen Störungen eine reibungslose Abwicklung des Betriebsgeschehens zu ermöglichen.

$$\text{Höchstbestand} = \text{eiserner Bestand} + \text{Wareneingang}$$

Der Höchstbestand wird beim Eintreffen neuer Waren erreicht. Er darf aus Kosten- und Platzgründen nicht überschritten werden. Der optimale Lagerbestand bringt eine möglichst hohe Lieferbereitschaft und möglichst geringe Lagerkosten in Einklang.

LEISTUNGSERSTELLUNG

Die „gastgewerbliche Leistung"

Im Gastgewerbe haben wir im Kleinen alle Bereiche unserer volkswirtschaftlichen Produktionssektoren abgebildet. In der Küche haben wir eine „industrielle" Produktion (Fertigung von Speisen) und im Restaurant neben der Dienstleistung einen Handelsbetrieb, in dem wir zum Beispiel Getränke einkaufen und wieder verkaufen. Im Hotel schließlich produzieren wir überwiegend Dienstleistungen (Zimmer bereitstellen und Beratung).
Bei der Produktion von Sach- und Dienstleistungen werden betriebswirtschaftliche Produktionsfaktoren eingesetzt. Dies sind (nach Erich Gutenberg):

Produktionsfaktoren

1 Elementarfaktoren
  > ausführende Arbeit
  > Betriebsmittel
  > Werkstoffe
2 Dispositiver Faktor
  > Planung
  > Organisation
  > Zielsetzung

Ausführende Arbeit

Bei der ausführenden Arbeit handelt es sich um die menschliche Arbeitsleistung der betrieblichen Mitarbeiter (Koch, Köchin, Restaurantfachmann und -fachfrau oder Hotelfachmann und -fachfrau oder angelernte Arbeitskräfte). Die Arbeitsleistung kann allerdings auch von außen über Dienstleistungsunternehmen beschafft werden, zum Beispiel Reinigungsarbeiten im Küchen- und Zimmerbereich.

Betriebsmittel

Betriebsmittel sind die Gebäude, Einrichtungen und Arbeitsgeräte, die zur Erstellung der betrieblichen Leistung eingesetzt werden. Diese Gebrauchsgüter stellen für das Unternehmen das Leistungspotenzial dar. Sie bestimmen praktisch die Kapazitätsgrenzen des gastgewerblichen Unternehmens.

Werkstoffe

Werkstoffe sind Verbrauchsgüter und werden in Roh-, Hilfs- und Betriebsstoffe unterteilt. Rohstoffe sind die Hauptbestandteile eines Produktes, zum Beispiel das Kalbfleisch für das Wiener Schnitzel. Sie sind auch der Hauptkostenfaktor für neu zu entstehende Produkte. Hilfsstoffe sind Nebenbestandteile der neu zu erstellenden Leistung. Sie gehen ebenfalls in das neue Produkt ein, zum Beispiel Gewürze, Öl und Essig. Betriebsstoffe gehen nicht direkt in das Produkt ein. Sie werden aber zur Herstellung benötigt, dazu zählen unter anderem Strom, Wasser und Gas.

Die eingekauften elementaren Produktionsfaktoren müssen nunmehr so kombiniert werden, dass daraus ein neues Produkt entsteht. Dazu benötigen wir den dispositiven Faktor. Das sind die Geschäftsleitung und die Führungskräfte, die den Produktionsprozess leiten, planen, organisieren und überwachen.

Dispositiver Faktor

Leistungsmerkmale und Leistungsprogramm

Wenn wir eine gastgewerbliche Leistung betrachten, können wir dies nicht nur an der Küchenleistung (zum Beispiel Wiener Schnitzel) oder der Beherbergungsleistung (zum Beispiel Doppelzimmer) festmachen, sondern müssen auch andere Faktoren berücksichtigen, die für den Gast die Leistung des gastgewerblichen Betriebes darstellen. So könnte sich aus der Sicht des Gastes das Produkt „Hotel/Restaurant" aus folgenden Komponenten zusammensetzen:

Umfang der gastgewerblichen Leistung

- Sachleistungen (Essen und Trinken)
- Nutzung von Bankettr äumen und Zimmern
- Dienstleistungen (Serviceleistungen wie Gäste-Wäscherei, Theaterkartenservice)
- Mitarbeiter des Hotels/Restaurants (Empfangschef, Zimmermädchen, Restaurantfachmann)
- Standort des Hotels/Restaurants (Gebäude, Lage, Infrastruktur)
- Ausstattung der Räumlichkeiten (Zimmer, Restaurant, Hotelhalle, Freizeitbereich)
- Idee und Konzeption des Unternehmens (Theaterhotel, Kunsthotel, Frauenhotel)
- Qualität der Hotel/Restaurantleistung (Eignung zur Erfüllung von Gästeanforderungen, Nutzen für den Gast in Form von Grund- und Basisnutzen, Zusatz- und Erwartungsnutzen und Überraschungsnutzen)

Aus dieser Vielzahl von Aspekten ist erkennbar, dass die gastgewerbliche Leistung vom Gast als Ganzes empfunden wird und er auch die gesamte Leistung beurteilt. Selbst wenn einzelne Aspekte der Leistung nicht optimal sind, kann der Gast zufrieden sein.

Total Quality Management

Total Quality Management (TQM) ist ein strategisches Marketing-Management-Konzept, das eine durchgehend gute Qualität für den gastgewerblichen Betrieb erreichen will. Qualität wird hierbei wertorientiert verstanden, es geht um die subjektive Wahrnehmung von Produkt- oder Dienstleistungseigenschaften durch den Gast (Preis-Leistungsverhältnis). Dabei ist zu bedenken, dass die unterschiedliche Wahrnehmung von Qualitätseigenschaften durch die Gäste und die Mitarbeiter die Formulierung von Anforderungen an die Qualität eines Dienstleistungsunternehmens erschweren. Zur Umsetzung eines TQM-Konzeptes sind Motivation, Einstellung und Verhalten der Mitarbeiter von zentraler Bedeutung. Die Mitarbeiter müssen deshalb intern kommunizieren und aus Fehlern lernen. Die Verantwortung tragen die Führungskräfte eines Unternehmens.

Qualitäts-Management

Es werden folgende Instrumente eingesetzt:

Instrumente

- innerbetriebliches Vorschlagswesen
- Einsatz von Qualitätszirkeln (eigenständige Arbeitsgruppen)
- externes Vorschlagswesen (Entwicklung von Problemlösungen gemeinsam mit den Gästen)

Das 14-Stufen-Konzept von Edward Deming:

14-Stufen-Konzept zur Qualitätssicherung

1. Verfolgen Sie ständig das Ziel, Ihre Produkte und Dienstleistungen zu verbessern.
2. Leben Sie nach der neuen Philosophie, Fehler nicht mehr zu tolerieren.
3. Schaffen Sie die Masseninspektion ab! „Qualität kann man nicht in ein Produkt hineinprüfen!“
4. Hören Sie auf, Ihre Zulieferer nach Preiskategorien auszuwählen. Senken Sie stattdessen Ihre Gesamtkosten, indem Sie mit einem einzigen Zulieferer arbeiten (und von ihm statistische Qualitätsbeweise fordern).
5. Verbessern Sie ständig Planung, Produktion und Dienstleistungen.
6. Schulen Sie alle Mitarbeiter, möglichst durch training on the job.
7. Passen Sie den Führungsstil dem neuen Qualitätsmanagement an.
8. Fördern Sie Kommunikation und Produktivität, um Vorbehalte abzubauen.
9. Beseitigen Sie Abteilungsegoismus.
10. Schaffen Sie die Spruchbänder und Plakate mit den üblichen Ermahnungen für die Belegschaft ab.
11. Schaffen Sie Mengenquoten für die Beschäftigten und Mengenziele für das Management ab und formulieren Sie stattdessen Qualitätskriterien.
12. Beseitigen Sie Hindernisse, die den Mitarbeitern ihre Freude und ihren Arbeitsstolz nehmen. Schaffen Sie die jährlich ausgegebenen Belohnungen ab. Belohnen Sie stattdessen gezielt Qualitätsleistung.
13. Entwickeln Sie ein intensives Lernprogramm zur Selbstentwicklung jedes einzelnen Mitarbeiters.
14. Sorgen Sie dafür, dass jeder im Unternehmen daran arbeitet, den Wandel in der Organisation zu bewältigen.

Zur Realisierung der marktorientierten Qualitätsziele ist es erforderlich, dass dem Hotel/Restaurant Informationen über die gästerelevanten Kriterien der Dienstleistungsqualität und ihrer Beurteilung vorliegen. Die zentrale marktorientierte Aufgabe des Qualitätsmanagements ist es daher, diese Gästeanforderungen durch Methoden der Marktforschung und der internen Kommunikation zu ermitteln und in Anforderungen an die Qualität der gastgewerblichen Dienstleistung umzusetzen.

Ermittlung von Qualitätsanforderungen

Wirtschaftlicher Wareneinsatz und Wareneinsatzkontrolle

Die Kostenartenstruktur eines gutbürgerlichen oder gehobenen Restaurants zeigt, dass der Wareneinsatz (WE) mit 30 Prozent eine der großen Belastungen des gastronomischen Betriebes ist. Aus diesem Grund ist in diesem Bereich eine strikte Kostenkontrolle unerlässlich.

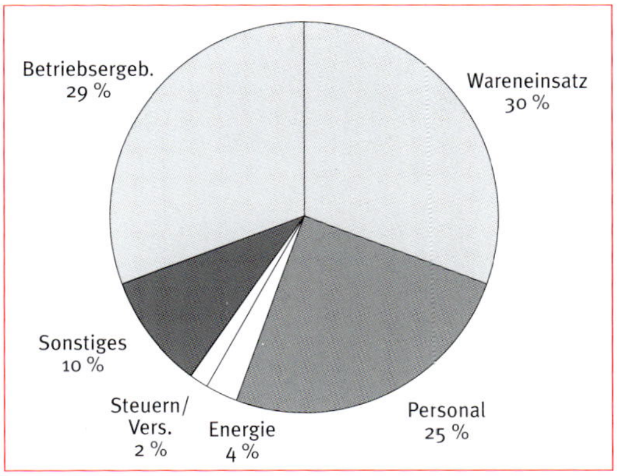

Der Wareneinsatz macht also fast ein Drittel des Umsatzes aus. Zur Durchführung einer Warenkontrolle müssen zunächst der Soll- und der Ist-Wareneinsatz ermittelt werden. Der Soll-Wareneinsatz gibt an, welcher Wareneinsatz durch den Verkauf der Restaurantartikel in einem bestimmten Zeitraum entstanden sein sollte. Dafür muss von jedem Verkaufsartikel der Wareneinsatz (Rezeptur, Kalkulation) und die Verkaufsstatistik aus der Restaurantkasse für den betreffenden Zeitraum bekannt sein.

Soll-Wareneinsatz

Der Soll-WE errechnet sich dann wie folgt:

Soll-WE = WE je Artikel x Anzahl der Verkaufsartikel

Die folgende Tabelle zeigt diesen Zusammenhang:

Artikel	**Anzahl der Verkaufsartikel**	**Einzel-Soll-WE**	**Gesamt-Soll-WE**
Schweineschnitzel	108	2,90	313,20
Paprikaschnitzel	64	3,20	204,80
Jägerschnitzel	112	3,60	403,20
Schweinerückensteak	43	3,30	141,90
Schweinelendchen	109	5,20	566,80
Zwiebelrostbraten	64	5,30	339,20
Rumpsteak	16	5,70	91,20
Räuberspieß	51	7,50	382,50
Entrecôte	20	5,60	112,00
Filetgulasch	44	7,80	343,20
Lendenschnitten	14	7,90	110,60
T-Bone-Steak	7	8,20	57,40
Kalbssteak natur	11	4,40	48,40
Kalbsschnitzel	12	4,60	55,20
Wiener Schnitzel	15	4,30	64,50
Cordon-bleu	43	5,20	223,60
Geschnetzeltes	71	5,10	362,10
Kalbssteak au four	8	5,50	44,00
Schweinekammsteak	34	4,80	163,20
Grillteller	154	4,90	754,60
Holzfällersteak	55	7,30	401,50
Husarenspieß	43	6,90	296,70
Pfeffersteak	37	8,20	303,40
Summe	**1 135**		**5 783,20**

Ist-Wareneinsatz

Der Ist-Wareneinsatz gibt den tatsächlichen Warenverbrauch, einschließlich zum Beispiel Verderb und Diebstahl, innerhalb einer Periode an. Dazu müssen alle Wareneinkäufe des Zeitraums wertmäßig erfasst werden. Weiterhin müssen alle Rücksendungen sowie der Privat- und Personalverbrauch festgehalten werden. Zum Beginn und zum Ende des Zeitraums ist jeweils eine Inventur notwendig.
Danach errechnet sich der Ist-Wareneinsatz wie folgt:

	Anfangsbestand laut Inventur
+	Warenzugang der Periode
–	Rücksendungen
–	Personalverpflegung, Eigenverbrauch, Repräsentation
–	Endbestand laut Inventur
=	Ist-Wareneinsatz

Angenommen, der Ist-Wareneinsatz beträgt nach der Berechnung 5 950,00 Euro, dann ergibt sich eine Differenz von 166,80 Euro: Es werden mehr Waren verbraucht wurden als aufgrund der Rezepturen notwendig. In diesem

Fall beträgt die Abweichung 2,88 %. In der Praxis wird eine Toleranz festgelegt, zum Beispiel ± 1,5 Prozent. Liegt die Abweichung unterhalb dieser Grenzen, wird nichts unternommen. Liegt allerdings, wie in unserem Fall, das Ergebnis darüber, dann muss nach den Ursachen geforscht werden.

Abweichungen des Ist- vom Soll-Wert

Die Ursachen für eine Abweichung des Ist- vom Soll-Wareneinsatz können sein:

1 Im Verkauf:
- Die ausgegebenen Waren werden am Büffet und am Küchenpass nicht kontrolliert.
- Ware wird von Mitarbeitern gestohlen.
- Die Privatentnahmen werden nicht festgehalten.
- Die Verkaufszahlen werden nicht richtig eingegeben bzw. nicht richtig erfasst.
- Der Verkauf hat sich zugunsten von Artikeln mit hohen Wareneinsätzen verschoben (Veränderung beim Sales-Mix).
- Die Umsätze werden nicht richtig oder überhaupt nicht erfasst.

2 Bei der Warenannahme:
- Die Qualität der Waren wird nicht kontrolliert.
- Die Wareneingänge werden nicht in der Lagerkartei erfasst.
- Die Wareneingänge werden unsachgemäß behandelt.
- Es wurde mehr geliefert als ursprünglich bestellt.

3 In der Produktion:
- Einzelne Betriebsmittel (zum Beispiel der Backofen) funktionieren nicht richtig und verursachen Ausschuss.
- Beim Mise en place (Vorbereitungsarbeiten) wird zu viel vorbereitet.
- Produktionsreste werden nicht weiter verwertet.
- Rezepturen sind nicht vorhanden bzw. werden nicht beachtet.
- Bei der Küchenproduktion werden Waren verschwendet.
- Produzierte Waren werden von Mitarbeitern gestohlen.
- Privatentnahmen werden nicht festgehalten.

4 Im Einkauf:
- Angebote werden nicht verglichen, dadurch ist der Einkauf zu teuer.
- Schwankende Einkaufspreise werden in Kalkulation nicht berücksichtigt.
- Es wird zu viel oder zu wenig eingekauft.
- Es findet kein Abgleich zwischen Lieferscheinen und Rechnungen statt.
- Es findet keine Lieferschein- und Rechnungskontrolle statt.
- Die Verantwortlichkeit der Mitarbeiter ist nicht geregelt.
- Der Kontakt zu den Lieferanten ist schlecht.

5 Bei der Lagerung:
> Die Ware wird falsch einsortiert und bei Bedarf nicht gefunden.
> Es herrschen unzureichende Lagerbedingungen.
> Die Lagerware wird nicht auf das Verfalldatum kontrolliert.
> Lagerware wird von den Mitarbeitern gestohlen.
> Privatentnahmen werden nicht festgehalten.
> Es finden kein Warenabgangskontrollen statt.

6 Bei der Kalkulation und Kontrolle:
> Einkaufspreisänderungen werden in der Verkaufskalkulation nicht berücksichtigt.
> Privatentnahmen werden nicht festgehalten.
> Das Personalessen wird nicht erfasst.
> Beim Zählen der Inventurbestände und beim Eintragen in der Lagerkartei kommt es zu Irrtümern.
> Es fehlen interne Kontrollinstrumente, um Betrug zu verhindern.
> Es findet keine kurzfristige Wareneinsatzkontrolle statt.

Rezepturen als Wareneinsatzkontrolle

Ein grundlegendes Instrument zur Wareneinsatzkontrolle sind Rezepturen. Allerdings ist dieses Instrument in der Praxis umstritten. Deshalb sollen hier die Anforderungen, Inhalte, Vor- und Nachteile dargelegt werden.

Anforderungen an Rezepturen

Damit Rezepturen für eine Wareneinsatzkontrolle brauchbar sind, müssen sie folgenden Anforderungen genügen:

- Die Materialbezeichnungen einschließlich der Firmennamen oder des Markenbegriffs müssen kurz und klar sein.
- Die Mengen müssen in Gramm, Kilo, Liter, Stück oder Bund angegeben werden, statt in Flaschen, Dosen oder Glas; geringwertige Hilfsstoffe wie Gewürze werden pauschal angeführt.
- Der Warenzustand ist anzugeben, das heißt, es muss klar sein, ob es sich beispielsweise um frische Ware (Fk-Frischkost), Tiefkühlkost (Tk), Konserven (Ds) oder Trockenwaren (gtr) handelt.
- Die verwendeten Rohstoffe werden genau benannt, zum Beispiel beim Rindfleisch Bulle, Rind, Ochse, Angus jeweils mit Teilstückangabe wie Oberschale, Bug oder Hüfte, statt nur „Rindfleisch".
- Die Zubereitungsanleitungen und Arbeitshinweise müssen knapp, klar und leicht verständlich abgefasst sein.
- Die Arbeitsschritte müssen chronologisch aufgeführt werden.
- Die Materialpreisangaben sind Einkaufshilfen, die einen Kalkulationsvergleich ermöglichen.
- Angaben über Anrichteweisen, Garnituren oder Beilagen dürfen nicht fehlen.

Inhaltlich müssen in einer Rezeptur folgende Punkte enthalten sein:

Angaben in Rezepturen

1 Genaue Bezeichnung des Gerichts
2 Karteinummer, Kurzbenennung
3 Betriebsname
4 Datum der Erstellung
5 Kalkulationsmengen
6 Zutaten mit Artikelnummern
7 Preise der Zutaten pro Einheit
8 Gesamtpreise der Zutaten je Kalkulationsmenge
9 Arbeitszeit (Bankett)
10 Kalkulationshilfen
11 Zubereitung
12 Anrichteweise

Die Vorteile einer Rezeptkartei liegen auf der Hand:

Vorteile einer Rezeptkartei

1 Sie bietet jederzeit Informationen über Art und Zusammensetzung eines Gerichts.
2 Die standardisierte Herstellung ist auch bei unterschiedlichen Mitarbeitern möglich.
3 Bei Personalwechsel sind keine zeitraubenden Erklärungen notwendig.
4 Sie bieten eine gute Kalkulationsgrundlage, wenn die Preise immer angepasst werden.
5 Sie enthält Merkblätter für seltene, saisonorientierte Gerichte und Spezialitäten.
6 Sie bietet Schulungsmaterial für den Nachwuchs.
7 Sie ist ein Kontrollinstrument gegenüber den Mitarbeitern.
8 Sie ist Voraussetzung für die Wirtschaftlichkeitskontrolle.
9 Sie erleichtert die Warendisposition.

Nachteile einer Rezeptkartei

Unabhängig davon müssen die Nachteile einer Rezeptkarte ernst genommen werden. Vor allem ist mit den Mitarbeitern darüber zu reden. Nur wenn der Koch sich mit der Rezeptur identifiziert, kann er damit auch umgehen.
Die wichtigsten Nachteile der Rezeptkartei sind:

- Die Kreativität der Mitarbeiter wird unterdrückt.
- Die Bequemlichkeit der Mitarbeiter wird unterstützt.
- Viele Köche empfinden die Rezeptur als „Zwangsjacke“.

MARKETING

Absatzmarktforschung

Absatzmarktforschung ist die Ermittlung und Analyse von Informationen, die zur Lösung von Marketingproblemen beitragen. Zunächst wird der Informationsbedarf (Forschungsziel) festgelegt. Dabei kann zwischen den folgenden Zielen gewählt werden:

Analyse von Informationen

- Exploration
- Beschreibung (deskriptiv)
- Erklärung (explikativ)
- Ableitung von Gestaltungsempfehlungen (normativ)

Exploration ist die Entdeckung bzw. Feststellung eines Problems. Lautet das Ziel Beschreibung, so wird das entdeckte Problem so genau wie möglich beschrieben. Bei der Zielsetzung Erklärung wird nach den Ursachen gesucht. Lautet das Ziel hingegen Ableitung von Gestaltungsempfehlungen, so werden mögliche Lösungen gesucht.

Primärerhebung

Werden die Informationen an ihrem Entstehungsort gesammelt, so handelt es sich um eine Primärerhebung, die in vier Schritten erfolgt:

1. Planung einer Studie
2. Feldarbeit
3. Auswertung der Daten
4. Darstellung der Ergebnisse

Bei der Planung werden die Ziele, die Zielgruppen, der Zeitraum der Studie, die Projektmitarbeiter usw. festgelegt. Im zweiten Schritt erfolgt dann die Datenerhebung, das heißt, es werden Interviews geführt und Versuche durchgeführt. Anschließend werden die ermittelten Daten untersucht und ausgewertet. Im letzten Schritt erfolgt dann eine Zusammenfassung mit anschließender Präsentation der Ergebnisse.

Eigenforschung und Fremdforschung

Die Primärerhebung kann entweder vom Unternehmen selbst (Eigenforschung) oder von einem unternehmensexternen Organ (Fremdforschung) durchgeführt werden. Im Unternehmen übernimmt diese Aufgabe entweder die Marketingabteilung oder eine Stabsstelle, die ausschließlich für solche Marketingforschungen zuständig ist.
Unternehmensexterne Organe können Marktforschungsunternehmen, Werbeagenturen oder Unternehmensberatungen sein. Dies ist eine klassische make-or-buy-Entscheidung.

Die Vorteile der Eigenforschung sind wie folgt zu beschreiben:

Eigenforschung

- Die gewonnenen Ergebnisse der Forschung bleiben im Unternehmen.
- Das Risiko der Indiskretion ist geringer als bei Fremdforschung.
- Es gibt keine Kommunikationsprobleme mit externen Instituten.
- Alle Mitarbeiter kennen das Forschungsproblem aus eigener Anschauung.

Die Vorteile der Fremdforschung liegen in folgenden Bereichen:

Fremdforschung

- Die Forscher sind in keiner Weise betriebsblind.
- Fremdforschung wird objektiver durchgeführt als Eigenforschung.
- Es besteht die Möglichkeit, Spezialisten einzusetzen.
- Das methodische Fachwissen ist auf dem aktuellen Stand.
- Es besteht die Möglichkeit der Kostenersparnis, zum Beispiel wenn mehrere Unternehmen einen Fragebogen eines externen Institutes gemeinsam nutzen.

Sekundärforschung

Von der Primärforschung ist die Sekundärforschung zu unterscheiden. Hierbei werden bereits vorhandene Daten ausgewertet. Dadurch wird Zeit und Geld gespart. Allerdings kann die Konkurrenz diese Daten ebenfalls nutzen. Das größere Problem besteht aber darin, dass die Daten meist veraltet sind. Die Daten der Sekundärforschung stammen aus folgenden Quellen:

- Internes und externes Rechnungswesen
- Absatzstatistiken
- Berichte von Außendiensten
- Statistische Ämter
- Forschungsinstitute

Marktsegmentierung

Durch die Marktsegmentierung wird der Gesamtmarkt in einzelne Untergruppen, so genannte Marktsegmente, aufgeteilt. Dadurch ist es einfacher, die betreffenden Zielgruppen direkt anzusprechen.
Die Aufteilung in Marktsegmente erfolgt nach folgenden Kriterien:

- Verhaltensorientierte Kriterien
- Psychographische Kriterien
- Sozialdemographische Kriterien
- Geographische Kriterien

Verhaltensorientierte Kriterien

Verhaltensorientierte Kriterien sind unter anderem Preisverhalten, Mediennutzung, Einkaufsstättenwahl und Produktwahl. Beim Preisverhalten unterscheiden sich die Käufer durch die Preisklassen, in denen sie einkaufen, und durch den Kauf bzw. Nichtkauf von Sonderangeboten. Das Kriterium der Mediennutzung unterscheidet die Käufer nach der Art und Anzahl der genutzten Medien und der Intensität, in der diese Nutzung erfolgt. Bei gastronomischen Betrieben wird unterschieden nach dem Vorzug, der bestimmten Betriebsformen gegeben wird sowie nach der Geschäftstreue bzw. dem Wechsel des Geschäfts. Das Kriterium Produktwahl trennt schließlich noch in Käufer bzw. Nichtkäufer, Markentreue bzw. Markenwechsel und Viel- bzw. Wenigkäufer.

Psychographische Kriterien

Psychographische Kriterien sind allgemeine Persönlichkeits- und produktspezifische Merkmale. Allgemeine Persönlichkeitsmerkmale beinhalten den Lebensstil der einzelnen Personen, ihre Interessen, Aktivitäten und allgemeinen Einstellungen. Außerdem spielen die soziale Orientierung sowie die Risikoneigung eine Rolle. Produkt- bzw. leistungsspezifische Merkmale geben Auskunft über Wahrnehmungen, Motive, Nutzenvorstellungen, spezifische Einstellungen und Kaufabsichten bezüglich eines Produktes oder einer Leistung.

Sozialdemographische Kriterien

Sozialdemographische Kriterien trennen in demographische und sozioökonomische Merkmale. Zu den demographischen Merkmalen zählen Geschlecht, Alter, Familienstand, Größe des Haushaltes, Anzahl der Kinder usw. Die sozioökonomischen Merkmale hingegen geben Auskunft über Beruf, Ausbildung, Studium und Einkommen.

Geographische Kriterien

Die geographischen Kriterien schließlich informieren über makrogeographische und mikrogeographische Merkmale. Die mikrogeographischen Merkmale befassen sich mit der direkten Umgebung der betreffenden Personen, zum Beispiel Straße, Wohngebiet und Ortsteil; die makrogeographischen Merkmale beziehen das weitere Umfeld mit ein, zum Beispiel die Stadt, die Region und das Land.

Absatzpolitisches Instrumentarium

Das absatzpolitische Instrumentarium, auch Marketing-Mix genannt, klärt die Frage, welche Instrumente in welchem Umfang eingesetzt werden, um das Marketingziel zu erreichen. Dabei werden vier Bereiche näher betrachtet:

1 Produktpolitik (product)
2 Preispolitik (price)
3 Kommunikationspolitik (promotion)
4 Distributionspolitik (place)

Es müssen immer alle vier Aspekte in die Überlegungen einbezogen werden, um ein Produkt auf den Markt zu bringen. Dabei sollte auf die Wirkungsbeziehungen der einzelnen Instrumente untereinander geachtet werden. Diese können im Hinblick auf das Ziel in Harmonie, in Konflikt oder in Indifferenz zueinander stehen.

Zielrichtung

Produktpolitik

Die Produktpolitik, auch Programm- oder Sortimentspolitik genannt, befasst sich mit der Gestaltung der Produkte und Leistungen, des Programms sowie mit Diversifikationen. Die Produktpolitik kann in drei Bereichen tätig werden. Entweder werden neue Produkte oder Leistungen entwickelt, oder vorhandene Produkte oder Leistungen werden verändert oder eliminiert, das heißt vom Markt genommen.

Bei der Produkt- und Leistungsgestaltung sind mehrere Ebenen, auf die der Gast achtet, zu berücksichtigen:

Kriterien der Produktgestaltung

- Problemadäquanz
- Convenience
- Sicherheit
- Wirtschaftlichkeit
- Umweltfreundlichkeit
- Anmutungsqualität
- Packungsgestaltung
- Kennzeichnung bzw. Markierung

Bei der Problemadäquanz wird untersucht, inwieweit das Produkt zur Problemlösung beiträgt: Inwieweit führt zum Beispiel ein Dampfreiniger in der Küche zu einem guten Reinigungsergebnis? Dabei werden folgende Eigenschaften untersucht:

Problemadäquanz

1. Funktionale Angemessenheit
   Das heißt, der Grundnutzen muss erfüllt werden (Beispiel: Der Dampfreiniger muss reinigen).
2. Ergonomische Gestaltung
   Das heißt, das Produkt muss den körperlichen Gegebenheiten angepasst sein (Beispiel: Der Mitarbeiter muss das Gerät im Stehen bedienen können).
3. Kompatibilität
   Das heißt, das Gerät muss gewisse technische Anforderungen erfüllen (Beispiel: Das Gerät muss einen Schukostecker haben, der in jede normale Steckdose passt).

4 Individualisierbarkeit des Angebots
(Beispiel: Das Gerät kann mit Zubehörteilen und Erweiterungen individuell zusammengestellt werden.)
5 Komplexität
Das heißt, die Bedienung des Produktes sollte nicht zu kompliziert sein, da dies die Kunden abschreckt.
6 Darreichungsform
Das ist die Form, in der das Produkt auf den Markt gebracht wird (Beispiel: Medikamente in Form von Tabletten, Dragees, Spritzen, Kapseln oder als Saft).
7 Haltbarkeit
Das heißt: Wie lange hält das Gerät, bis es durch ein neues ersetzt werden muss? Hat es Sollbruchstellen?

Convenience

Convenience ist englisch und heißt übersetzt „Bequemlichkeit“. Hierbei wird auf Folgendes geachtet:
1 Verwendungsreife
(Beispiel: Der Aufwand für die Zubereitung einer Fertigpizza muss minimal sein.)
2 Flexibilität
(Beispiel: Computer sind für viele Zwecke nutzbar.)
3 Reparaturfreundlichkeit
(Beispiel: Die Reparaturstellen sollten zugänglich sein.)

Sicherheit

Der Punkt Sicherheit bezieht sich auf folgende Kriterien:
1 Bedienungssicherheit
(Beispiel: Von einem Elektrogerät darf der Benutzer keinen Stromschlag bekommen.)
2 Störungssicherheit
(Beispiel: Der Reservierungscomputer darf beim Check-Out nicht ausfallen.)
3 Diebstahlsicherheit
(Beispiel: Die Radiogeräte sind codiert.)

Wirtschaftlichkeit

Bei der Wirtschaftlichkeit eines Produkts wird zum Beispiel auf den Benzinverbrauch, auf die notwendigen Wartungsintervalle und vor allem auch auf die Unterhaltskosten geachtet.

Umweltfreundlichkeit

Das Kriterium Umweltfreundlichkeit bezieht sich auf die Herstellung und Entsorgung eines Produkts. Es zeigt sich aber häufig, dass Verbraucher nur dann auf Umweltfreundlichkeit achten, wenn sie dadurch auch einen Preisvorteil erzielen.

Die Anmutungsqualität äußert sich in:

Anmutung

1 Material
(Beispiel: Die Matratze darf nicht weich, soll aber bequem sein.)
2 Farbe
(Beispiel: Die Farbe Blau steht für Klarheit, Transparenz und Seriosität.)
3 Design
(Beispiel: Die Einrichtung eines Zimmers muss zeitgemäß sein.)

Bei der Packungsgestaltung achtet der Endverbraucher auf Folgendes:

Verpackung

1 Angemessenheit
(Beispiel: Zwanzig Gramm Chips in einer Packung sind zu wenig, zwei Kilogramm sind zu viel.)
2 Attraktivität
Das heißt, die Verpackung ist modern und ansehnlich gestaltet.
3 Entsorgungsfähigkeit
Das heißt, die Verpackung darf nicht zu viel Müll erzeugen.

Der letzte Punkt, die Kennzeichnung bzw. Markierung, betrifft folgende Aspekte:

Kennzeichnung

1 Herkunftsangabe
(Beispiel: Unser Fleisch ist vom Bauern nebenan!)
2 Gütesiegel
(Beispiel: Die Sportgeräte im Fitnessstudio tragen ein Gütesiegel.)
3 Marke
(Beispiel: Der Name des Produkts oder des Unternehmens wird auf einem Kleidungsstück genannt.)

Tiefe und flache Sortimente

Bei der Programmgestaltung überlegt sich das Unternehmen, ob es eher ein flaches oder ein tiefes Sortiment anbietet. Ein tiefes Sortiment umfasst viele verschiedene Arten eines Artikels, zum Beispiel zehn verschiedene Sorten Käse. Bei einem flachen Sortiment hingegen bietet das Unternehmen möglichst viele verschiedene Artikel an, zum Beispiel bei einem Frühstücksbuffet ist von allem etwas vorhanden, aber nur eine Sorte pro Artikel (einmal Käse, einmal Wurst, einmal Schinken, einmal Ei usw.).

Diversifikation

Diversifikation bedeutet, dass ein Unternehmen versucht, zusätzlich weitere Produkte herzustellen bzw. zu vertreiben.
Es gibt drei Arten der Diversifikation:
- vertikale Diversifikation
- horizontale Diversifikation
- laterale Diversifikation

Ausgehend von einer Bierbrauerei heißt vertikale Diversifikation, eine eigene Gaststätte zu unterhalten oder Hopfen anzubauen: Es wird also entweder eine Fertigungsstufe zurück- oder eine Fertigungsstufe vorangegangen. Horizontale Diversifikation wäre die Herstellung eines Softdrinks. Das heißt, das Unternehmen bewegt sich in der gleichen Branche auf der gleichen Fertigungsstufe.

Beispiele für Diversifikation

Würde das Unternehmen zusätzlich Biergarnituren herstellen, so würde es sich um eine laterale Diversifikation handeln: Das Unternehmen würde in einer anderen Branche produzieren, die mit dem ursprünglichen Produkt nichts zu tun hat.

Preispolitik

Die Preispolitik befasst sich sowohl mit der Bildung von Preisen, dem Einsatz von Rabatten, mit Liefer- und Zahlungsbedingungen als auch mit der Kreditgewährung. Die Preispolitik zeichnet sich im Vergleich zu anderen Instrumenten des Marketing-Mix durch ihre Flexibilität aus, denn der Preis kann kurzfristig geändert werden, das Sortiment jedoch nicht. Der Preis stellt den monetären Gegenwert eines Gutes dar. Durch die Preistransparenz ist es dem Gast möglich, unmittelbar zu vergleichen. Allerdings ist der Preis auch durch seine Sensibilität gekennzeichnet:

Eigenschaften des Preises

1 Eine aggressive Preispolitik führt unter Umständen zu einem ruinösen Preiswettbewerb: Senkt ein Wettbewerber die Preise radikal, ziehen die Konkurrenten nach, und auf diese Weise entsteht ein Preis, der unter dem Einstandspreis liegt und auf Dauer alle Wettbewerber ruiniert.
   Um dieser Gefahr zu entgehen, bleiben den Wettbewerbern folgende Möglichkeiten:
   > die Unterordnung unter einen Preisführer; das heißt, ein kleiner Gastronom sieht regelmäßig bei der Konkurrenz nach den Preisen und passt die eigenen entsprechend an.
   > die Einhaltung branchenüblicher Kalkulationsverfahren; in der Gastronomie mit dem Kalkulationsfaktor 3,0 oder 3,5.
   > die Absprache (Kartell) mit den Mitbewerbern; das Bundeskartellamt greift aber bei Preisabsprachen ein, da Preiskartelle verboten sind.
2 Bei bestimmten Produkten zählt der Preis als Qualitätsindikator; das heißt, die Gäste verbinden mit einem hohen Preis eine hohe Qualität und mit einem niedrigen Preis eine niedrige Qualität.
3 Der Preis hat eine Art Einbahnstraßen-Charakter; das heißt, eine Preissenkung ist sehr schwer rückgängig zu machen, denn dann wird sie wie eine Preiserhöhung empfunden.

Um möglichst viel von einem Produkt abzusetzen, ist auch das Verhalten der Nachfrager in die Preisgestaltung einzubeziehen:

Nachfrage-orientierte Preisgestaltung

- Preiselastizität der Nachfrage: Wird der Preis gesenkt, steigt die Absatzmenge und damit der Umsatz. Wird der Preis erneut gesenkt, dann hat dies bei Marktsättigung keine Auswirkungen auf die Menge und damit sinkt der Umsatz, das heißt, der Preis muss wieder erhöht werden.
- Anhand einer Preisdifferenzierung wird ein identisches Produkt unterschiedlichen Kundengruppen zu unterschiedlichen Preisen angeboten; Beispiele sind Studentenrabatte, Nachttarife und Reimporte.
- Bei der Preisbündelung werden mehrere Produkte zusammen zu einem Preis verkauft. Dadurch kann der Kunde nicht mehr feststellen, ob einzelne Bestandteile teuer sind, zum Beispiel ein Hotel-Package mit Übernachtung, Eintrittskarten für ein Musical und Wellness-Gutschein.

Die preispolitischen Entscheidungen sind außer vom Gast und von den Kosten auch vom Konkurrenzumfeld abhängig. Dabei gibt es zwei Möglichkeiten für das Unternehmen, seinen Preis für ein neues Produkt anzusetzen:

Skimming- und Penetrations-Strategie

- Skimming-Strategie
- Penetrations-Strategie

Bei der Skimming-Strategie beginnt das Unternehmen von Anfang an mit hohen Preisen und schöpft den Markt ab. Allerdings kommen hierbei schnell neue Anbieter auf den Markt. Bei der Penetrations-Strategie hingegen bietet das Unternehmen das Produkt zu einem sehr niedrigen Preis an, um den Bekanntheitsgrad zu erhöhen. Dabei wird bei großem Absatz die Auslastung hoch sein, und die Stückkosten werden gering ausfallen.

Die Preispolitik lebt wie die anderen Instrumente auch von guten Ideen, deshalb sollen hier einige Preisideen genannt werden:

Ideen zur Preisgestaltung

- Zahlung nach Belieben
- kinderfreundliche Preise
- Kredit ohne Kreditkarte
- Company Rates
- Die zehnte Nacht gratis
- Happy Hours
- Schnupperferien zu Schnupperpreisen
- einfache Preise – weniger Probleme
- im Abo billiger
- Preis nach Alter
- Preis nach Größe
- Vorauszahlungsrabatt

Kommunikationspolitik

Die Kommunikationspolitik, die auch das Sprachrohr des Marketing genannt wird, dient dazu, die Marketingleistung bekannt zu machen. Sie beinhaltet:

- Werbung (W)
- Verkaufsförderung (VF)
- Public Relations (PR)
- Sponsoring
- Persönlicher Verkauf (PV)
- Event-Marketing
- Messen und Ausstellungen

Den ersten vier Instrumenten kommt die stärkste Bedeutung zu, deshalb wird im Folgenden nur darauf eingegangen.

Werbung

Werbung ist die bewusste Beeinflussung von Kunden durch den Einsatz spezifischer Kommunikationsmittel zur Erreichung eines bestimmten Absatzes. Dabei wird die Werbebotschaft mit Werbemitteln auf einem Werbeträger dargestellt. Die Werbebotschaft ist die Aussage, die der Zielgruppe vermittelt werden soll, zum Beispiel die Vorteile einer Dienstleistung. Werbemittel ist die Zusammenstellung von mehreren Kommunikationsmitteln zur Darstellung der Werbebotschaft. Kommunikationsmittel können Worte, Töne, Bilder und Symbole sein. Der Werbeträger schließlich ist das Medium, mit dem das Werbemittel an die Zielgruppe herangetragen wird, zum Beispiel Fernsehen, Zeitungen und Radio.

Verkaufsförderung

Ein weiteres wichtiges Instrument der Kommunikationspolitik ist die Verkaufsförderung. Sie ist die Werbung am Ort des Verkaufs und wird genutzt, wenn der Absatz kurzfristig gesteigert werden soll. Dies kann in Form von persönlichen und sachlichen Maßnahmen geschehen.

Maßnahmen zur Verkaufsförderung

Verkaufsförderung

persönliche Maßnahmen

gästeorientierte Maßnahmen
- Gästebehandlung
- Gästeberatung
- Verkaufsgespräch

verkäuferorientierte Maßnahmen
- Auftreten
- Fach-/Allgemeinwissen
- Marktkenntnisse
- Reklamationsabwicklung

sachliche Maßnahmen
- optische Mittel
- akustische Mittel
- geschmackliche Mittel
- gemischte Mittel
- Hilfen am Point-of-Sale

Um ein Unternehmen in der Öffentlichkeit gut darzustellen und dies langfristig zu gewährleisten, sind Public Relations notwendig. Die entsprechenden Maßnahmen können wie folgt aussehen:

Public Relations

PR-Maßnahmen

außerbetriebliche
- Haus- und Gästezeitschrift
- Geschäftsberichte und HV
- Pressekonferenz/-gespräch
- Pressemeldung/-notiz/-mappe
- Betriebsbesichtigungen/ToT
- Vorträge/Interviews
- (Kunst-)Ausstellungen
- Stiftungen
- PR-Anzeigen
- Küchenchef als PR-Mann

innerbetriebliche
- Mitarbeiterzeitschrift
- Mitarbeiterhandbuch
- Mitarbeiterschulung

Sponsoring

Das vierte wichtige Instrument der Kommunikationspolitik, das Sponsoring, beinhaltet die Förderung von Personen, Veranstaltungen, Institutionen usw. Diese Förderung geschieht durch Zuwendung von Mitteln oder Erbringen von Dienstleistungen. Auch beim Sponsoring ist der Zweck die Vermittlung der Marketingziele. Die bekannteste Art des Sponsoring ist das Sportsponsoring. Der große Vorteil des Sponsoring liegt in der Steigerung des Bekanntheitsgrades eines Unternehmens bzw. Produkts. Schlechte Leistungen der Sportler können indes auch nachteilige Wirkungen haben.

Distributionspolitik

Die Distributionspolitik befasst sich mit der Wahl des geeigneten Standorts und des geeigneten Absatzwegs sowie mit dem Kundenmanagement.

Standortwahl

Die Entscheidungen, die hier getroffen werden, sind von langfristiger Dauer. Bei der Standortwahl sind folgende Gesichtspunkte zu beachten:

1. Technische Erfordernisse müssen erfüllt sein, zum Beispiel die Verkehrsanbindung des Hotels/Restaurants durch einen nahe gelegenen Autobahnanschluss.
2. Die Kosten unter anderem für Pacht, Grundstücke, Energie und Arbeitskräfte müssen günstig sein.
3. Die Nähe zu den Kunden muss gewährleistet sein.
4. Bei der Standortwahl ist auch auf mögliche Subventionen und Steuervorteile zu achten.

5 Nur bei wenigen Produkten wird ein Standort aus Traditionsbewusstsein gewählt. Ein Beispiel hierfür sind die Kuckucksuhren, die vorwiegend im Schwarzwald verkauft werden.

6 Das Bauplanungsrecht beeinflusst die Wahl eines Standortes insoweit, als bei Beschränkungen in der Bauplanung der Standort nicht in Frage kommt, zum Beispiel wegen Auflagen beim Betreiben eines Biergartens.

Absatzwege

Die Produkte bzw. Dienstleistungen eines Unternehmens auf den Markt zu bringen und sie dort zu verkaufen, ist die Aufgabe der absatzwirtschaftlichen Organe. Es kommen folgende Absatzwege in Frage:

- Verkaufsorgane des Hotels/Restaurants
- betriebsfremde Absatzorgane
- Absatzhelfer
- Marktveranstaltungen
- Absatzmittler

Verkaufsorgane

Verkaufsorgane des Hotels/Restaurants sind die Mitarbeiter im Restaurant und am Empfang, im Verkaufsbüro, in der interne Reservierungszentrale und der Salesmanager. Sie stehen zu hundert Prozent unter der Regie des gastgewerblichen Betriebes, das heißt, das Hotel verkauft seine Produkte und Dienstleistungen nach den eigenen Vorstellungen.

Absatzorgane

Betriebsfremde Absatzorgane wie Reisebüros, Reiseveranstalter, Fremdenverkehrsbüros und eigenständige Hotelrepräsentanten schränken den Gestaltungsspielraum des Betriebes ein. Die Verkaufsorgane kaufen und verkaufen die Produkte und Leistungen in eigenem Namen und auf eigene Rechnung. Sie nutzen den Einkauf auch für eigene Leistungen.

Absatzhelfer

Zu den betriebsfremden Absatzorganen gehören auch die so genannten Absatzhelfer. Stammgäste, Taxifahrer, Journalisten und Sekretärinnen können den Verkauf der gastgewerblichen Leistung sehr fördern. Deshalb werden für diese Gruppen in den Hotels auch spezielle Veranstaltungen durchgeführt.

Marktveranstaltungen

Marktveranstaltungen sind Veranstaltungen wie Messen, Ausstellungen, Musterungen, Auktionen und Warenbörsen. Bei solchen Gelegenheiten ist es möglich, der Zielgruppe neue und bereits auf dem Markt eingeführte Produkte und Dienstleistungen in aller Ausführlichkeit vorzustellen, ohne die möglichen Kunden unnötig zu belästigen. Die Besucher solcher Veranstaltungen werden unverbindlich über das komplette Sortiment eines Unternehmens informiert.

Absatzmittler

Reisebüros und Fremdenverkehrszentralen sind Absatzmittler. Ihre Aufgabe ist es, den Endkunden (Gast) eine komplette Dienstleistung anzubieten. In der Reisebranche wäre das ein komplettes Paket mit allen Extras.

Absatzmittler, betriebsfremde Absatzorgane und Absatzhelfer stellen den indirekten Absatzweg dar, Verkaufsorgane des Hotels/Restaurants und Marktveranstaltungen den direkten Absatzweg.

Direkter Absatzweg

Der direkte Absatzweg besitzt folgende Vorteile:
1 Das Hotel/Restaurant ist unter anderem unabhängig von der Marktmacht der Reiseveranstalter.
2 Die Handelsspanne bleibt außen vor; das heißt, der Inklusivpreis ist niedriger oder der Gewinn höher.
3 Dem Gast fehlt der direkte Vergleich mit Konkurrenzleistungen.
4 Der Betrieb hat den direkten Kontakt zum Auftraggeber, wenn Auftraggeber und Gast nicht die gleichen Personen sind.

Indirekter Absatzweg

Auch der indirekte Absatzweg bringt Vorteile mit sich:
1 Verbundeffekte führen zu höherer Auslastung.
2 Der Hersteller kann das Risiko, zum Beispiel eine mangelnde Auslastung der Zimmer, an das Reisebüro weitergeben.
3 Der Distributionsgrad mit Absatzmittlern ist wesentlich höher.
4 Der Absatzmittler beteiligt sich an der Kundengewinnung und Kundenbetreuung.

Das Kundenmanagement unterscheidet zwischen Kunden und Nichtkunden. Bei den Kunden wird Kundenbindung angestrebt, bei den Nichtkunden Neuakquisition, das heißt Neugewinnung bzw. Rückgewinnung von abgewanderten Kunden. Beides kann persönlich, telefonisch oder mithilfe von Medien erreicht werden.

Marketingkontrolle

Der Marketing-Mix bedarf der regelmäßigen Kontrolle, um ihn den aktuellen Erfordernissen anzupassen.

Folgende Arten der Kontrolle sind möglich:
- ergebnisorientierte Kontrolle
- Marketing-Audit

Ergebnisorientierte Kontrolle

Die ergebnisorientierte Kontrolle unterscheidet submixerfolgsbezogene und gesamtmixerfolgsbezogene Kontrolle. Bei der submixerfolgsbezogenen Kontrolle erfolgt die klassische Werbeerfolgskontrolle, das heißt, es wird kontrolliert, inwieweit die Werbung zu einem Imagegewinn bzw. zu Absatzsteigerungen geführt hat. Die gesamtmixerfolgsbezogene Kontrolle überprüft hingegen den gesamten Marketing-Mix.

Marketing-Audit

Anhand eines Marketing-Audits erfolgt eine systematische, umfassende und regelmäßige Kontrolle der Marktfaktoren.

Dabei wird in folgenden Schritten vorgegangen:

1 Die Standards werden festgelegt; das heißt, es wird bestimmt, wie es sein sollte.
2 Die Abweichungen werden ermittelt.
3 Die Ursachen werden analysiert.
4 Aktion: Es wird nachgebessert, um die Standards zu erreichen.

PERSONALWIRTSCHAFT

Grundlagen der Personalwirtschaft

Das Personalwesen hat sich im Laufe der Zeit stark verändert. Noch in den sechziger Jahren glich es einer reinen Verwaltung von Gehältern und Urlaub. In den siebziger Jahren wurde das Betriebsverfassungsgesetz neu gestaltet. Der Betriebsrat erhielt mehr Einfluss, und die Mitarbeiter bekamen mehr Mitspracherechte. In den achtziger Jahren zogen die Computer in die Arbeitswelt ein, und eine erste Rationalisierunswelle setzte Arbeitnehmer in großem Umfang frei.

Bedeutungswandel der Personalwirtschaft

In den letzten Jahren hat der Faktor Personal zunehmend an Bedeutung gewonnen. Heute wissen die Arbeitgeber, dass die Mitarbeiter die wichtigste Ressource des Unternehmens sind. Der Grund dafür liegt in der zunehmenden Homogenität der Produkte und Dienstleistungen.

Der Bedeutungswandel der Ressource „Mitarbeiter“ in den vergangenen Jahren kann beispielhaft an den Verhältnissen in der Hotellerie beobachtet werden. Früher gab es teilweise nur ein Hotel in einem Ort. Wer dort übernachten wollte, musste dieses Hotel aufsuchen. Heute ist die Konkurrenz stark, in unserem Ort gibt es jetzt fünf Hotels. Eine Übernachtung ist in jedem dieser Hotels mehr oder weniger dasselbe: Der Gast erhält für sein Geld ein Zimmer mit Bett, Dusche, Sitzgelegenheit usw. Was den Unterschied ausmacht, sind die Menschen, die in diesem Hotel arbeiten. Fühlt der Kunde sich in einem Hotel wohl, kommt er immer wieder bzw. bezahlt für einen besseren Service auch gern etwas mehr.

Gestaltungsbereiche der Personalwirtschaft

Personalplanung

Personalbedarf

Bei der Personalplanung werden zukünftige Erfordernisse ermittelt und daraus resultierende Maßnahmen festgelegt, das heißt, das Unternehmen versucht seinen wichtigsten Produktionsfaktor – das Personal – langfristig zu sichern und ihn optimal einzusetzen. Hierfür erfolgt zunächst eine Zielbestimmung für die zukünftige Ausrichtung des Unternehmens. Auf dieser Grundlage wird dann überlegt, wie viele Arbeitskräfte für die künftig anfallende Arbeit benötigt werden (quantitativer Personalbedarf) und welche Qualifikationen die Mitarbeiter benötigen (qualitativer Personalbedarf).

Der quantitative Personalbedarf wird wie folgt ermittelt:

Quantitativer Personalbedarf

	Summe der Stunden aller Mitarbeiter
–	Stunden der Mitarbeiterinnen, die in Mutterschaftsurlaub sind
–	Stunden der Mitarbeiter, die bei der Bundeswehr/im Zivildienst sind
–	Stunden der Betriebsratsmitglieder
–	Stunden für politische Tätigkeit (zum Beispiel Stadtrat)
–	Krankheitstage
–	unbezahlter Urlaub
–	unentschuldigtes Fehlen
=	Summe der zur Verfügung stehenden Stunden

Zur Personalbedarfsplanung können die Trend-, die Regressionsanalyse und die Arbeitsplatzmethode als Hilfsmittel herangezogen werden. Alle drei Methoden haben das Ziel, den konkreten Stundenbedarf zu ermitteln: über Zukunftsprojektionen, aber auch über Kennzahlen aus der Produktions- und Organisationsplanung.

Nachdem die Anzahl der zur Verfügung stehenden Stunden feststeht, wird überlegt, ob diese Anzahl der Stunden für die künftig anfallende Arbeit ausreicht.

Qualitativer Personalbedarf

Zur Ermittlung des qualitativen Personalbedarfs werden die Arbeitsplatzanforderungen mit den Qualifikationen der Mitarbeiter verglichen.
Dazu wird für jeden Arbeitsplatz ein Anforderungsprofil erstellt, das vier Schritte umfasst.

1. Schritt:
   Alle Arbeitsinhalte werden zusammengestellt.
2. Schritt:
   Die Anforderungskriterien werden aus den Arbeitsinhalten abgeleitet.
3. Schritt:
   Problematische Arbeitssituationen werden beschrieben.
4. Schritt:
   Aus den problematischen Arbeitssituationen werden Anforderungskriterien abgeleitet.

In einem Anforderungsprofil sollten auch die Unternehmenskultur und die Eigenheiten des Unternehmens berücksichtigt werden. Damit wird sichergestellt, dass der neue Mitarbeiter auch in das Team passt.

Das folgende Beispiel zeigt das Anforderungsprofil für einen Hotelangestellten an der Rezeption:

Beispiel für ein Anforderungsprofil

1. Schritt: Arbeitsinhalte
   > Reservierungen entgegennehmen
   > Hotelzimmer einteilen
   > Kundenwünsche erfüllen
2. Schritt: Anforderungskriterien
   > Kommunikationsfähigkeit
   > Kreativität
   > Organisationsvermögen
   > Planungsvermögen
   > Menschenkenntnis
   > freundlich-verbindliches Auftreten
3. Schritt: problematische Arbeitssituationen
   > Zeitdruck, Stress
   > Beschwerden von unzufriedenen Kunden
4. Schritt: Anforderungskriterien
   > Belastbarkeit
   > Zuverlässigkeit
   > Flexibilität bei der Kundenbetreuung

Wird zukünftig mehr Personal als bisher benötigt, muss zusätzliches Personal eingestellt werden, wird weniger benötigt, muss die Zahl der Mitarbeiter entsprechend den Planungen verringert werden.

Personalentwicklung

Auch die Personalentwicklung spielt eine zunehmend größere Rolle im Personalwesen:

- Leistungsstarke Mitarbeiter müssen ausreichend gefordert und umfassend weitergebildet werden, um sie an das Unternehmen zu binden und damit die Zukunft des Unternehmens zu sichern.
- Leistungsschwächere Mitarbeiter müssen motiviert und durch individuelle Entwicklungsprozesse an die Ziele des Unternehmens herangeführt werden, oder sie müssen das Unternehmen verlassen.

Personalbeschaffung und Personalauswahl

Bei der Personalbeschaffung wird zwischen der internen und der externen Personalbeschaffung unterschieden.

Zu den internen Beschaffungsmöglichkeiten gehören:

Interne Personalbeschaffung

- innerbetriebliche Versetzung
- interne Stellenausschreibung
- Personalentwicklung
- Mehrarbeit
- Verlängerung der Arbeitszeit
- Verschiebung von Urlaub

Vorteilhaft an der internen Personalbeschaffung sind die geringen Beschaffungskosten, die bereits vorhandenen Betriebskenntnisse, die Bindung der Mitarbeiter an das Unternehmen durch die neu eröffneten Aufstiegschancen und die schnelle Umsetzung der Maßnahmen.

Stehen hingegen Ziele wie eine größere Auswahl oder die Einstellung eines „unbelasteten" Mitarbeiters ohne internes Wissen im Vordergrund, so kommen die externen Beschaffungswege in Frage:

Externe Personalbeschaffung

- Stellenausschreibung (Zeitung, Internet, Jobbörse, Hotelfachschule ...)
- Arbeitsamt
- Bewerberkartei („Blindbewerbungen")
- Personalleasing („Leiharbeitnehmer" sind bei einem Personalleasing-Unternehmen angestellt und werden von Unternehmen „ausgeliehen". Diese Mitarbeiter sind gewöhnlich kostenintensiver, aber bei Ausfall werden sie durch das Personalleasing-Unternehmen unverzüglich ersetzt.)

Prüfung der Bewerbungsunterlagen

Um den geeigneten Mitarbeiter für die zu besetzende Stelle auszuwählen, gibt es mehrere Möglichkeiten. Die Bewerbungsunterlagen werden analysiert und bewertet, anschließend werden bestimmte Bewerber zu einem Vorstellungsgespräch, einem Testverfahren und/oder zu einem Assessment-Center eingeladen. Bei der Analyse und Bewertung der Bewerbungsunterlagen werden das Anschreiben, die Schul- und Arbeitszeugnisse, der Lebenslauf und das Bewerberfoto geprüft. Dabei wird auf vorher festgelegte Kriterien geachtet, wie zum Beispiel Berufserfahrung, Fachkenntnisse, Sprachkenntnisse, Lücken im Lebenslauf, sauber und kurz verfasstes Anschreiben ...
Diese Kriterien können bei Massenbewerbungen auch als Ausschlusskriterien genutzt werden. Weiterhin sollte auf das äußere Erscheinungsbild, den Aufbau und den Stil des Anschreibens sowie den Bezug zur ausgeschriebenen Stelle und zum Unternehmen geachtet werden. Die Vorstellungsgespräche benötigen Zeit zur Vorbereitung. Der Personalverantwortliche, der das Vorstellungsgespräch führt, überlegt sich vorher, welche Erwartungen er an den Bewerber und das Gespräch hat und welche Fragen er dem Bewerber stellen möchte. Offene Fragen (W-Fragen = wer, was, warum ...) und vor

allem das Hinterfragen der Antworten führen zu einer besseren Einschätzung des Bewerbers. Grundsätzlich wird bei einem Vorstellungsgespräch das Vier-Augen-Prinzip angewendet, das heißt, es nehmen zwei Betriebsangehörige an dem Vorstellungsgespräch teil, da vier Augen mehr sehen als zwei.

Vorstellungsgespräch

Ein ideales Vorstellungsgespräch läuft wie folgt ab:
- Begrüßung des Bewerbers
- Informationen über den Bewerber sammeln
- Informationen über das Unternehmen und den Arbeitsplatz an den Bewerber weitergeben
- Verhandlung über die Vertragsinhalte (zum Beispiel Entgelt)
- Abschluss des Vorstellungsgesprächs

Ehrlichkeit sollte in einem Vorstellungsgespräch eine große Rolle spielen; es sollten keine falschen Versprechen abgegeben werden, ansonsten ist die Gefahr der Personal-Fluktuation groß.

Testverfahren

Die Eignung des Bewerbers kann durch verschiedene Testverfahren eingehend geprüft werden. Es kann entweder ein Leistungstest oder ein Persönlichkeitstest durchgeführt werden. In einem Leistungstest werden die Fähigkeiten und die Intelligenz des Bewerbers ermittelt. Mit einem Persönlichkeitstest wird versucht, versteckte Eigenschaften des Bewerbers zu entdecken.

Assessment-Center

Die aufschlussreichste Bewertung der Bewerber wird durch einen Eignungstest in Form eines Assessment-Center erreicht. Dabei werden sechs bis zwölf Bewerber durch vier bis acht trainierte Beobachter getestet. Hauptsächlich wird das Verhalten der Bewerber beobachtet und anschließend bewertet. Diese Trennung von Beobachtung und Bewertung ist sehr wichtig, um die Objektivität zu gewährleisten. Ein Assessment-Center kann aus einem oder mehreren Elementen bestehen. Mit einem Vortrag bzw. einer Präsentation kann herausgefunden werden, wie der Bewerber sich „verkaufen“ kann. In einer Gruppendiskussion können Fähigkeiten wie zum Beispiel Gesprächsführung und Durchsetzungsvermögen getestet werden.
Zur Erforschung des sozialen Verhaltens des Bewerbers eignet sich ein Rollenspiel. Wie gut ein Bewerber unter Stress und Zeitdruck arbeiten kann, wird durch Postkorbübungen sichtbar. Auch bei praxisorientierten Elementen, wie zum Beispiel einem Planspiel , wird das Verhalten der Bewerber deutlich. Da die Durchführung eines Assessment-Centers sehr kostspielig ist, findet diese Methode oft nur bei „wichtigen“ Positionen Anwendung.

Personalabbau

Unter Personalabbau wird die interne und externe Freisetzung von Personal verstanden. Ziel dieser Maßnahme ist die Beseitigung einer personellen Überdeckung in quantitativer, qualitativer, zeitlicher und räumlicher Hinsicht.

Beibehaltung bestehender Arbeitsverhältnisse

Die interne Personalfreisetzung ist ohne und mit Änderung der bestehenden Arbeitsverhältnisse möglich. Ohne bestehende Arbeitsverhältnisse zu gefährden, das heißt Mitarbeiter zu entlassen, hat der Arbeitgeber folgende Möglichkeiten, Arbeitszeit einzusparen:

- Abbau von Sonderschichten
- Abbau von Resturlaub und Überstunden
- Kurzarbeit, das heißt: Die Arbeitszeit wird vorübergehend herabgesetzt, aber nur, wenn vorher festgelegt wurde, dass die Arbeitszeit zu einem späteren Zeitpunkt wieder auf die betriebsübliche Arbeitszeit heraufgesetzt wird.
- Personalabbau durch Verzicht auf Ersatzeinstellungen (Ausnutzen der natürlichen Fluktuation): Mitarbeiter, die in Rente gehen oder aus anderen Gründen ausscheiden, werden nicht ersetzt.

Änderungen an bestehenden Arbeitsverhältnissen

Ein Personalabbau mit Änderungen an bestehenden Arbeitsverhältnissen ist möglich durch:

- Versetzungen
- Umschulungsmaßnahmen
- Auslaufen befristeter Verträge
- Ersatz von Vollzeitverträgen durch Teilzeitverträge
- Übernahmestopp für Auszubildende
- Änderungskündigungen mit herabgesetzten Bezügen
- Förderung des freiwilligen Ausscheidens von Mitarbeitern, wie zum Beispiel Aufhebungsverträge, vorzeitige Pensionierungen usw.
- Kündigungen, Massenentlassungen

Externe Personalfreisetzung tritt in Form von Einstellungsstopps, Abbau von Personalleasing (Zeitarbeiter) und Einstellungsstopps für Aushilfen auf.

Personalentwicklung

Personalentwicklung umfasst die Förderung, Motivation und Weiterentwicklung der einzelnen Mitarbeiter. Die Aufgabe der Personalentwicklung besteht in der Sicherung der so genannten Vier-R-Regel.

Die Vier-R-Regel besagt, dass der

- richtige Mitarbeiter mit den
- richtigen Qualifikationen zur
- richtigen Zeit am
- richtigen Ort sein muss.

Vier-R-Regel

Um den einzelnen Mitarbeitern die richtigen Qualifikationen anzueignen, ist es notwendig, die vorhandenen Fähigkeiten und Fertigkeiten der Mitarbeiter weiterzuentwickeln und auszubauen.

Mitarbeiterförderung

Die Mitarbeiter können entweder on the job, along the job oder off the job in ihren Fertigkeiten gefördert und weiterentwickelt werden.
Beim Lernen on the job erarbeiten die Mitarbeiter am Arbeitsplatz während ihrer Arbeit Wissen, während bei along the job parallel zur Tätigkeit gelernt wird, was nicht mit der Tätigkeit in Verbindung steht. Bei der dritten Möglichkeit, off the job, bilden sich die Mitarbeiter nach der regulären Arbeitszeit weiter, zum Beispiel in einer Abendschule.

Um die Fähigkeiten der Mitarbeiter weiterzuentwickeln, gibt es verschiedene Möglichkeiten:

Instrumente der Personalentwicklung

- Bei Beratungsgesprächen kann zum Beispiel der direkte Vorgesetzte den Mitarbeiter individuell fördern, indem er ihm Vorschläge unterbreitet und Alternativen zur bisherigen Arbeitsweise aufzeigt. Der Berater versucht dem Mitarbeiter zu verdeutlichen, wie die Arbeitsprozesse und Aufgaben optimal ablaufen.
- Beim Coaching hingegen werden keine Vorschläge gemacht, sondern der Coach gibt dem Mitarbeiter Hilfestellung zur eigenen Lösungsfindung. Meist eignet sich ein betriebsfremder Coach besser als der Vorgesetzte, da der Vorgesetzte häufig Vorschläge unterbreitet und so unbewusst zum Berater wird.
- Durch die Möglichkeit eines Auslandsaufenthaltes wird der Blickwinkel des Mitarbeiters erweitert, denn er lernt neue Methoden und Arbeitsweisen kennen.
- Das wichtigste Instrument der Personalplanung, die Entwicklungsplanung, sollte für jeden Mitarbeiter zum Zeitpunkt seines Eintritts in das Unternehmen beginnen und immer wieder überarbeitet werden. Mit einer Entwicklungsplanung kann individuell für jeden Mitarbeiter festgelegt werden, in welche Richtung er sich entwickeln soll. Ein Mitarbeiter, dem mit seinem Eintritt in das Unternehmen Perspektiven und Möglichkeiten aufgezeigt werden, wird sich mit dem Unternehmen identifizieren und sich langfristig binden.

Entgelt- und Anreizsysteme

Es gibt die Möglichkeit der monetären und der nicht monetären Entlohnung. Monetäre Entlohnung ist das Entgelt, das der Arbeitnehmer vom Arbeitgeber für seine erbrachte Leistung erhält. Dies kann in Form eines Zeitlohnes, eines Leistungslohnes oder einer Mitarbeiterbeteiligung erfolgen.

Zeitlohn

Beim Zeitlohn errechnet sich die Höhe des Gehaltes nach der Dauer der Arbeitszeit. Der Zeitlohn kann mit Leistungszulagen kombiniert werden, um die Leistungsbereitschaft der Mitarbeiter zu steigern. Bei dieser Form der Entlohnung wird unterschieden zwischen Akkord-, Prämien- und Pensumlohn. Beim Akkordlohn wird nach der hergestellten Menge in einer bestimmten Zeit bezahlt. Voraussetzung dafür ist die Messbarkeit und die Beeinflussbarkeit des Outputs.

Leistungslohn

Der Prämienlohn hingegen enthält einen Grundlohn, der leistungsunabhängig ist, und eine Zulage (Prämie) bei Erreichung quantitativer oder qualitativer Ziele. Beim Pensumlohn ist das Entgelt abhängig von der Leistung, die in Zukunft vom Arbeitnehmer erwartet wird. Die Schwierigkeit der Entlohnung nach Leistung liegt in deren Messbarkeit. Meist ist es sehr kompliziert, wenn nicht sogar unmöglich, die Leistung zu beurteilen. Wie zum Beispiel kann die Leistung eines Hotelangestellten an der Rezeption gemessen werden? Dieser Mitarbeiter ist doch angewiesen, sich eingehend um die Kunden zu kümmern und sie nicht schnellstmöglich abzuarbeiten.

Mitarbeiterbeteiligung

Eine Mitarbeiterbeteiligung kann in Form einer Erfolgs- oder einer Kapitalbeteiligung erfolgen. Bei einer Erfolgsbeteiligung werden die Mitarbeiter entweder am Ertrag, am Gewinn oder an der Leistung beteiligt. Bei einer Kapitalbeteiligung werden die Mitarbeiter am Eigenkapital oder am Fremdkapital beteiligt.

Nicht monetäre Entlohnungen umfassen alle Motivationsarten außer Geld. Dies betrifft zum Beispiel die Anzahl der Urlaubstage, die Sicherung des Arbeitsplatzes, die Arbeitszeiten oder die einfachste Art der Motivation, das Lob.

Cafeteriasystem

Eine weitere Form der Entlohnung, bei der monetäre und nicht monetäre Aspekte miteinander verbunden werden, ist das Cafeteriasystem. Dabei werden nicht mehr hundert Prozent vom Lohn ausbezahlt, sondern der Arbeitnehmer erhält zum Beispiel nur achtzig Prozent in Form von Lohn und die restlichen zwanzig Prozent in Form eines Dienstwagens oder einer Finanzierung für ein Auto, ein Haus oder dergleichen. Da der Wert, den ein Dienst-

wagen für einen Mitarbeiter besitzt, den monetären Wert des Wagens oft erheblich übertrifft, besitzt der Arbeitgeber mit diesem System ein wirksames Mittel der Mitarbeitermotivation ohne Lohnerhöhung.
In der folgenden Abbildung ist auf der linken Seite die herkömmliche Form der Entlohnung dargestellt und auf der rechten Seite die Entlohnung in Form eines Cafeteriasystems.

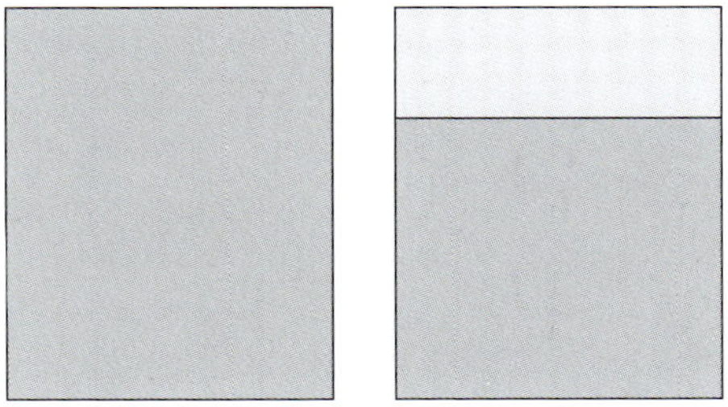

Aufbau eines Cafeteriasystems

Mitarbeiterführung

Führung

Führungskräfte spielen eine wichtige Rolle in einem Unternehmen. Ihre Aufgabe ist es einerseits, die Unternehmensziele umzusetzen, und andererseits, die Zusammenarbeit und Motivation im Team zu fördern. Diese beiden Vorgaben bilden oft einen so genannten Zielkonflikt, weil durch das Verfolgen des einen Zieles das andere vernachlässigt wird.

Motivation

Motivation spielt eine große Rolle bei der Mitarbeiterführung; sie kann intrinsisch oder extrinsisch erfolgen. Intrinsisch bedeutet, dass die Motivation von innen heraus kommt: Dem Mitarbeiter macht seine Arbeit Spaß. Extrinsisch hingegen beschreibt die Motivation, die von außen erfolgt: Der Mitarbeiter erledigt seine Aufgaben, weil er muss. Im Folgenden werden einige Motivationstheorien vorgestellt.

Es ist zu erkennen, dass der Wunsch nach gerechter Behandlung, interessanten Arbeitsinhalten, weitreichenden Entscheidungsbefugnissen, besseren Aufstiegschancen, nach Selbstverwirklichung in den Vordergrund rücken.

Bedürfnispyramide nach Maslow

Die Abbildung zeigt die Bedürfnispyramide, die der amerikanische Psychologe Abraham Harold Maslow entwickelt hat.

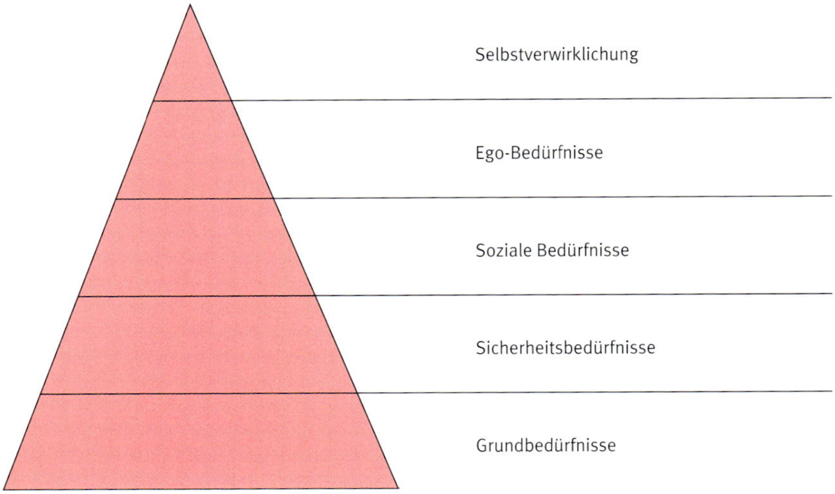

Maslows Bedürfnispyramide

Wandel von Bedürfnissen

Maslow ordnete die Bedürfnisse der Menschen fünf Ebenen zu. Auf der untersten Ebene stehen die Grundbedürfnisse. In Bezug auf ein Unternehmen drückt diese Ebene das Bedürfnis nach der Sicherheit eines Arbeitsplatzes und nach einem regelmäßigen Gehalt aus. Nachdem diese Bedürfnisse befriedigt sind, gelangt der Mensch auf die zweite Ebene der Sicherheitsbedürfnisse, auf der Dinge wie eine Betriebsrente oder eine Unfallversicherung eine Rolle spielen. Sind diese Bedürfnisse wiederum erfüllt, gelangt der Mensch auf die dritte Ebene und entwickelt soziale Bedürfnisse. Sie äußern sich unter anderem im Wunsch nach Weihnachtsgeld oder Teamarbeit. Die nächste Ebene betreffen die Ego-Bedürfnisse, wie zum Beispiel ein hohes Gehalt oder einen Audi A8 als Dienstwagen. Die letzte Ebene erreicht der Mensch erst, wenn die Bedürfnisse der vier vorhergehenden Ebenen gestillt sind. Diese letzte Ebene bezeichnet Maslow als Selbstverwirklichung. Das Bedürfnis nach Selbstverwirklichung kann zum Beispiel durch ein betriebliches Vorschlagswesen befriedigt werden. Grundaussage der Bedürfnispyramide ist, dass eine höhere Bedürfnisebene erst dann erreicht wird, wenn die darunter liegenden Bedürfnisse befriedigt sind.

ERG-Theorie

Die ERG-Theorie (Existence Relatedness Growth) ist eine abgewandelte Form von Maslows Bedürfnispyramide und besteht aus drei Ebenen. Die unterste Ebene wird Existence, Existenzbedürfnis, genannt. Die mittlere Ebene, Relatedness, steht für die Beziehungsbedürfnisse, und die oberste Ebene, Growth, bezeichnet die Wachstumsbedürfnisse.

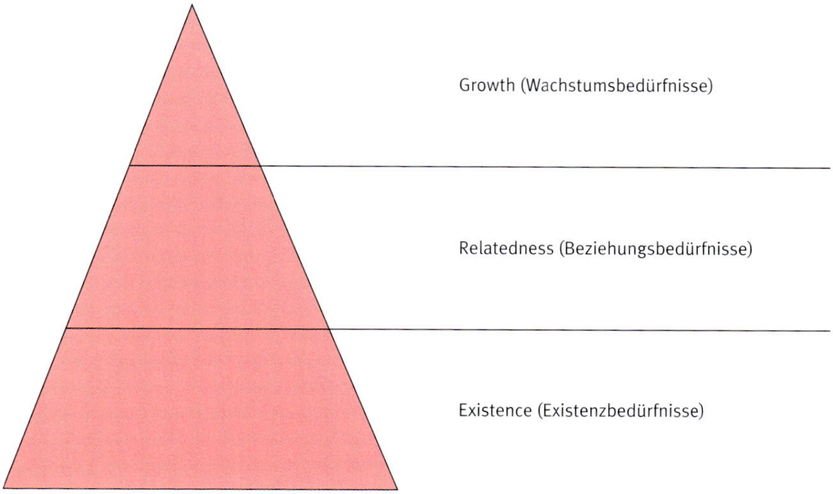

ERG-Theorie

2-Faktoren-Theorie von Herzberg

Die 2-Faktoren-Theorie des Amerikaners Frederick Herzberg besagt, dass Hygienefaktoren in ausreichendem Umfang gegeben sein müssen, damit keine Unzufriedenheit entsteht, und Motivatoren nur dann Zufriedenheit auslösen.

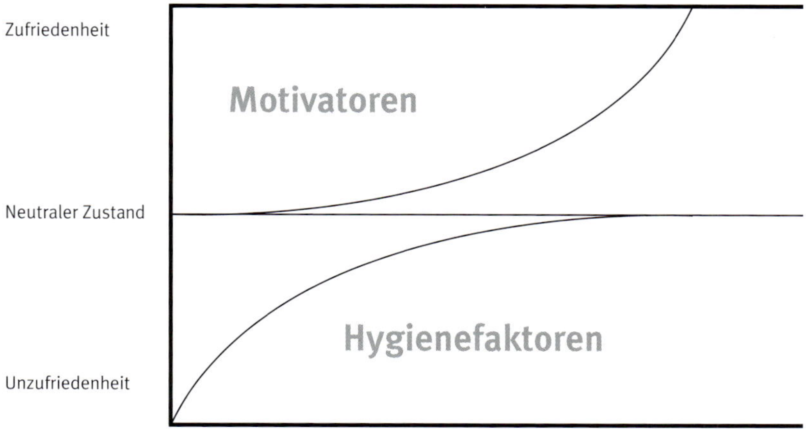

2-Faktoren-Theorie von Herzberg

Hygienefaktoren sind unter anderem Gehalt, Teamwork, Sicherheit des Arbeitsplatzes und Personalführung. Sind die Faktoren erfüllt, ist der Mitarbeiter weder unzufrieden noch zufrieden. Nach Herzbergs Theorie ist das Gehalt also keine Möglichkeit, Mitarbeiter zu motivieren. Erst Motivatoren wie Leistungserfolg, Anerkennung, Arbeitsinhalte, Verantwortung, Aufstieg und Entfaltung führen zur Zufriedenheit der Mitarbeiter.

Gleichgewichtstheorie von Adams

Die folgende Gleichung stellt die Kernaussage der Gleichgewichtstheorie von Jean S. Adams dar:

$$\frac{\text{input}_{\text{Person}}}{\text{outcomes}_{\text{Person}}} = \frac{\text{input}_{\text{andere Person}}}{\text{outcomes}_{\text{andere Person}}}$$

Leistung und Ertrag

Input umfasst alles, was der Mitarbeiter dem Unternehmen gibt, unter anderem Erfahrung, Intelligenz, Leistung, Ausbildung usw. Outcomes sind nach Adams zum Beispiel die Bezahlung, die Sicherheit des Arbeitsplatzes und die Sozialleistungen.

Input und outcomes müssen für den Mitarbeiter immer im Gleichgewicht sein, sonst fühlt er sich ungerecht behandelt und versucht diesen Missstand auszugleichen, indem er entweder sein input verringert (seine Leistung vermindert), mehr outcomes fordert, auf eine Vergleichsperson einwirkt (Mobbing), sich eine neue Vergleichsperson sucht, sich die Situation schön redet oder kündigt.

Theorie der Leistungsmotivation von Alkinson

Schlüsselwort: Erfolg

Nach der Theorie der Leistungsmotivation des von Alkinson wird die Stärke des Leistungsmotivs Ts durch drei Faktoren bestimmt. Dabei handelt es sich um die Stärke des Leistungsmotivs Ms, die Wahrscheinlichkeit des Erfolgs Ps und die Bedeutung des Erfolgs Is. Das „s“ steht dabei für das englische Wort success, zu deutsch Erfolg.

$$Ts = Ms \times Ps \times Is$$

Weiterhin unterscheidet Alkinson erfolgsmotivierte und misserfolgsmotivierte Personen. Erfolgsmotivierte Personen lernen demnach, um Erfolg zu haben.

Alkinsons Gleichung bezieht sich ausschließlich auf diese Personengruppe. Die misserfolgsmotivierten Personen hingegen verhalten sich nach dem Vermeidungsmotiv: Sie glauben, dass ihr Lernen keinen persönlichen Erfolg nach sich zieht.

VIE-Theorie von Vroom

Victor Harold Vroom sagt in seiner VIE-Theorie (Valenz-Instrumentalität-Erwartung), dass eine Handlung zu einem Handlungsergebnis führt und dieses Handlungsergebnis dann zu einem Endergebnis wird. Valenz steht für die Stärke, mit der eine Person einem Objekt oder einer Handlung den Vorzug gibt. Instrumentalität stellt die Einschätzung der Person bezüglich der Wahrscheinlichkeit, mit der das Ergebnis eintritt, dar, und Erwartung steht für die Wahrscheinlichkeit, mit der das Ergebnis tatsächlich eintritt.

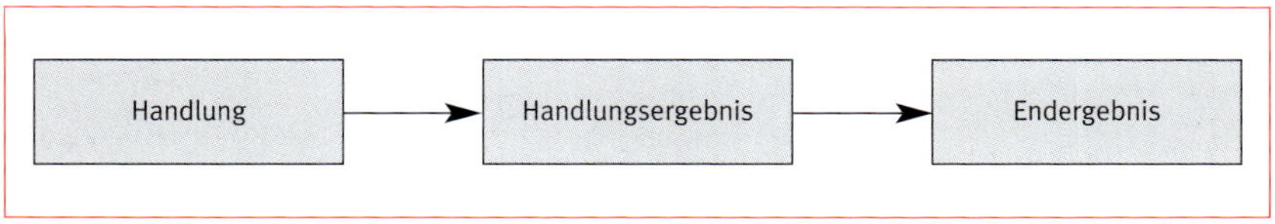

Die VIE-Theorie

Unter der Annahme, dass Lernen die Handlung darstellt, folgt aus dem Lernen ein Handlungsergebnis, die Note, und als Endergebnis schließlich das Diplom.

Motivationstheorie von Porter & Lawler

Leistung durch Zufriedenheit

Die Motivationstheorie von Lyman W. Porter und Edward E. Lawler enthält vier Schlüsselbegriffe:
- Anstrengung
- Leistung
- Belohnung
- Zufriedenheit

Durch Anstrengung wird eine Leistung erreicht, diese wird sowohl intrinsisch (die Person freut sich über die erbrachte Leistung) als auch extrinsisch (die Person wird von außen gelobt) belohnt, und aus diesen Belohnungen entsteht Zufriedenheit.

Führungstheorien

Neben den Motivationstheorien für die Mitarbeiter, kennt das Personalwesen einige Führungstheorien, die den Einfluss des Führungsverhaltens auf die Mitarbeitermotivation beschreibt bzw. erklärt. Nachfolgend werden einige wichtige Führungstheorien vorgestellt

Führungstheorie nach McGregor

Unterschiedliche Menschenbilder

Nach Aussage von Douglas McGregor liegen der Führung zwei Menschenbilder zugrunde. Die Menschen X sind faul, verabscheuen Arbeit, meiden Verantwortung und besitzen keinen Ehrgeiz. Die Menschen Y hingegen arbeiten gern, zeigen Eigeninitiative, suchen die Verantwortung und sind einfallsreich und kreativ. Das Bild, das sich ein Vorgesetzter von seinen Mitarbeitern macht, beeinflusst sein Führungsverhalten.

Idealtypische Führungsstile

Autoritär, kooperativ, laisser-faire

In der Literatur werden drei Führungsstile genannt:

- Der autoritäre Führungsstil lässt sich daran erkennen, dass der Vorgesetzte allein plant, entscheidet und kontrolliert. Die Mitarbeiter hingegen führen die angewiesenen Aufgaben lediglich aus.
- Beim kooperativen Führungsstil plant, entscheidet und kontrolliert der Vorgesetzte gemeinsam mit seinen Mitarbeitern.
- Führt die Führungskraft nur auf Anfrage und verhält sich ansonsten eher passiv, liegt der Führungsstil des Laisser-faire vor.

Für einen autoritären Führungsstil benötigt ein Vorgesetzter sowohl Durchsetzungsvermögen als auch Planungs- und Entscheidungsfähigkeiten sowie Fachkenntnisse. Der Vorteil dieses Führungsstils liegt in der schnellen Entscheidungsfindung. Ein kooperativer Führungsstil führt zur Motivation der Mitarbeiter und setzt Moderationsfähigkeit, Menschenkenntnis und Delegationsfähigkeit des Vorgesetzten voraus.

Kontinuumtheorie von Tannenbaum & Schmidt

Verhalten der Vorgesetzten

Die Kontinuumtheorie von Robert Tannenbaum und Warren H. Schmidt teilt die Führungsstile nach dem Verhalten der Vorgesetzten ein.

- Ein Vorgesetzter, der entscheidet, begründet, Fragen zulässt und vorläufige Entscheidungen präsentiert, führt autoritär.
- Bei einem kooperativen Führungsstil entscheidet der Vorgesetzte gemeinsam mit den Mitarbeitern
- Bei einem delegativen Führungsstil entscheiden die Mitarbeiter im vorgegebenen Rahmen.
- Demokratisch hingegen führt ein Vorgesetzter, wenn er die Mitarbeiter selbstständig entscheiden lässt.

Vorgesetzter = V / Mitarbeiter = M		
	V entscheidet V entscheidet + begründet V entscheidet + läßt Fragen zu V präsentiert vorläufige Entscheidung	autoritär
	V entscheidet gemeinsam mit M	kooperativ
	M entscheidet im vorgegebenen Rahmen	delegativ
	M entscheidet autonom	demokratisch/autonom

Kontinuumtheorie von Tannenbaum & Schmidt

Managerial-Grid-Modell von Blake & Mouton

Aufgaben- und Mitarbeiterorientierung

Das Managerial-Grid-Modell von Robert R. Blake und Jane S. Mouton baut auf einem zweidimensionalen Koordinatensystem auf, dessen x-Achse die Werte für die Aufgabenorientierung und dessen y-Achse die Werte für die Mitarbeiterorientierung angeben. Innerhalb dieses Bezugssystems können 81 Führungsstile bestimmt werden. Die Abbildung zeigt die fünf dominierenden Führungsstile.

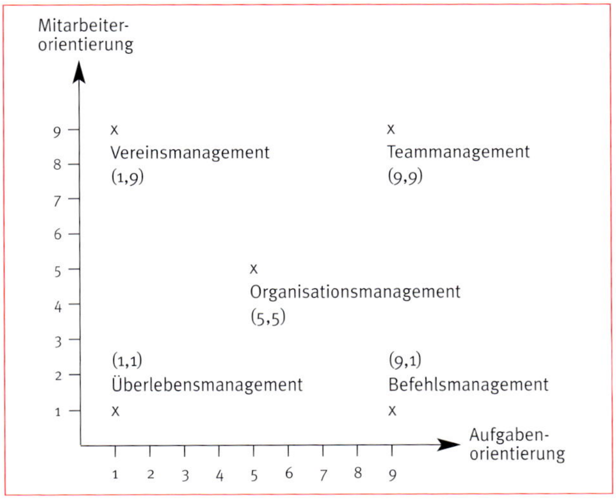

Managerial-Grid-Modell von Blake & Mouton

1,9 = Vereinsmanagement
Die Aufgabenorientierung ist sehr niedrig, und die Mitarbeiterorientierung ist sehr hoch. Bei diesem Führungsstil fällt der Vorgesetzte in die Vaterrolle. Große Arbeitsleistungen werden überdurchschnittlich belohnt, schwache Arbeitsleistungen hingegen extrem bestraft.

1,1 = Überlebensmanagement
Sowohl die Aufgaben- als auch die Mitarbeiterorientierung sind sehr schwach ausgeprägt. Der Vorgesetzte erledigt seinen Job mit dem geringstmöglichen Aufwand.

9,1 = Befehlsmanagement
Eine hohe Aufgabenorientierung wird mit geringer Mitarbeiterorientierung verbunden. Der Vorgesetzte entscheidet sich bei einem Zielkonflikt Mitarbeiter versus Unternehmensziele gegen die Mitarbeiter. Die Aufgaben stehen im Vordergrund. Um die Unternehmensziele zu erreichen, kontrolliert der Vorgesetzte sehr häufig.

5,5 = Organisationsmanagement
Sowohl die Aufgaben- als auch die Mitarbeiterorientierung sind mittelmäßig ausgeprägt. Die Führungskraft versucht den Zielkonflikt zu lösen, indem beide Ansprüche halbwegs erfüllt werden. Das heißt: Mittelmäßige Arbeit und ein akzeptables Betriebsklima halten sich die Waage.

9,9 = Teammanagement

Teammanagement als Ideal

Sowohl die Aufgaben- als auch die Mitarbeiterorientierung sind sehr hoch. Die Mitarbeiter sind engagiert, zeigen sehr viel Eigeninitiative und arbeiten gemeinsam an der Erreichung der Unternehmensziele. Dadurch entsteht ein vertrauensvolles Miteinander. Nach Blake und Mouton ist dieser Führungsstil anzustreben.

3-D-Theorie von Reddin

Das Modell von William J. Reddin baut auf dem Managerial-Grid-Modell auf, doch im Unterschied dazu geht es von drei statt von zwei Dimensionen aus. Zu den Kategorien „Mitarbeiterorientierung“ und „Aufgabenorientierung“ kommt die Kategorie „Erfolg“ hinzu.

3-D-Theorie von Reddin ›

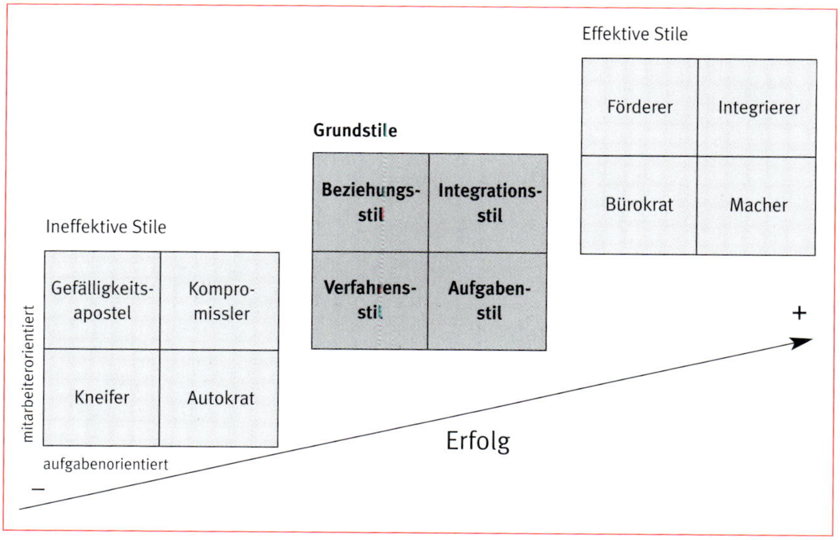

Die Y-Achse jedes Quadrats stellt die Mitarbeiterorientierung dar, die X-Achse die Aufgabenorientierung.
Das Modell besagt, dass eine Führungskraft für jede Situation einen passenden Führungsstil benötigt. Wenn Situation und Aufgabenstil sich entsprechen, hat der Vorgesetzte Erfolg. Wendet er in derselben Situation aber einen falschen Führungsstil an, bleibt der Erfolg aus.
Um den Anforderungen dieses Modells gerecht zu werden, benötigt eine Führungskraft Gespür für eine Situation, Flexibilität im Führungsstil und die Fähigkeit zum Situationsmanagement.

Situationsbezogener Führungsstil

Reifegrad-Modell von Hersey & Blanchard

Das Reifegrad-Modell von Paul Hersey und Kenneth Blanchard enthält ebenfalls die Dimensionen Mitarbeiterorientierung und Aufgabenorientierung. Im Unterschied zu den zwei oben beschriebenen Modellen nennt dieses Modell den Reifegrad eines Mitarbeiters als dritte Komponente.

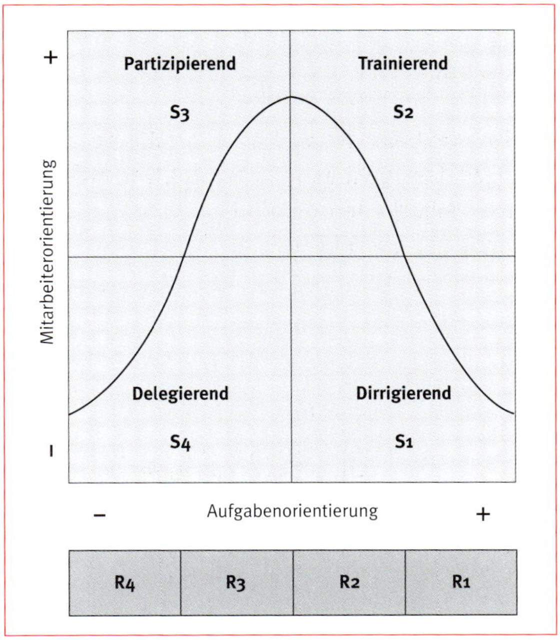

‹ *Reifegrad-Modell nach Hersey & Blanchard*

Die vier Reifegrade drücken die unterschiedliche Entwicklung der Mitarbeiter hinsichtlich Motivation und Fähigkeiten aus. Der Reifegrad 1 (R1) steht sowohl für mangelnde Motivation als auch für mangelnde Fähigkeiten. Ein Mitarbeiter mit dem Reifegrad 2 ist eine Stufe weiter, denn er ist motiviert.

Seine Fähigkeiten sind allerdings noch immer mangelhaft. Beim Reifegrad 3 sind die Fähigkeiten vorhanden, die Motivation ist aber eher mäßig. Jeder Vorgesetzte wünscht sich Mitarbeiter mit dem Reifegrad 4, denn sie sind hoch motiviert und überdurchschnittlich fähig. Da einen Vorgesetzten in der Realität jedoch Mitarbeiter jeden Reifegrades erwarten, ist es nötig, den Führungsstil an den jeweiligen Reifegrad der Mitarbeiter anzupassen. Ein Mitarbeiter mit dem Reifegrad 1 benötigt hohe Aufgaben- und geringe Mitarbeitermotivation. Dieser Führungsstil wird als dirigierend bezeichnet. Der Vorgesetzte muss dem Mitarbeiter spezifische Anweisungen geben und ihn ständig kontrollieren. Ein Mitarbeiter mit dem Reifegrad 2 will trainiert werden, d.h, dem Mitarbeiter müssen die Entscheidungen erläutert werden. Bei diesem Führungsstil sind Mitarbeiter- und Aufgabenorientierung gleichermaßen hoch, da dem Mitarbeiter sowohl Motivation als auch Fähigkeiten fehlen. Bei einem Mitarbeiter mit dem Reifegrad 3 ist eine hohe Mitarbeiterorientierung nötig. Die Aufgabenorientierung spielt keine große Rolle bei diesem partizipierenden Führungsstil, d.h, Ideen und Vorschläge sollten mit dem Mitarbeiter diskutiert und Entscheidungen sollten gemeinsam getroffen werden. Delegieren heißt Verantwortung und Entscheidungsbefugnisse abgeben. Dies ist bei Mitarbeitern mit dem Reifegrad 4 möglich, da sie fähig und hoch motiviert sind. Hersey und Blanchard bekräftigen mit diesem Modell ihre Forderung nach individuell auf die Mitarbeiter abgestimmten Führungsstilen, die er ermöglichen, jeden Mitarbeiter seinen Voraussetzungen entsprechend zu fördern und damit den Erfolg des Unternehmens zu sichern.

Mitarbeiterzentrierte Führungsstile

Management-by-Techniken

Weitere Modelle im Bereich der Mitarbeiterführung stellen die so genannten Management-by-Techniken dar.

Im Folgenden werden die drei wichtigsten vorgestellt:

Führung durch Zielvorgabe

- Management-by-Objectives bedeutet Führung durch Zielvorgabe. Bei diesem Führungsstil legen Vorgesetzte und Mitarbeiter gemeinsam die Ziele fest. Die Mitarbeiter arbeiten eigenverantwortlich an der Erreichung dieser Ziele. Vorteilhaft an diesem Führungsstil sind die Leistungsbezogenheit und die Eigeninitiative der Mitarbeiter. Dieses Modell hat aber auch Nachteile, denn die Mitarbeiter stehen unter einem hohen Leistungsdruck, und es ist schwierig, qualitative Ziele umzusetzen.

Führung durch Delegierung

- Management-by-Delegation ist die Übertragung von abgegrenzten Aufgabenbereichen auf die Mitarbeiter. Ziel ist die Entlastung des Vorgesetzten und die Motivation der Mitarbeiter. Voraussetzung für die Anwendung dieses Modells sind qualifizierte Mitarbeiter.

- Management-by-Exception heißt Führung nach dem Ausnahmeprinzip. Dabei entscheidet der Mitarbeiter im Normalfall selbst, nur in Ausnahmefällen greift der Vorgesetzte ein und nimmt dem Mitarbeiter die Entscheidung ab.

Führung durch Eigenverantwortung

Personalverwaltung

Nachfolgend werden die Verwaltungsaufgaben des Personalwesens erläutert. Ein wesentlicher Punkt hierbei ist die Lohn- und Gehaltsabrechnung.
Für die Berechnung des Nettolohnes wird in der Regel folgende Vorgehensweise angewendet:

Lohn- und Gehaltsabrechnung

	Grundlohn
+	Zuschläge (für Nachtarbeit, Überstunden usw.)
+	Prämien
+	Zulagen (für Gefahr, Lärm, Schmutz usw.)
+	vermögenswirksame Leistung des Arbeitgebers
=	Bruttolohn
–	Lohnsteuer
–	Solidaritätszuschlag
–	Kirchensteuer
–	Sozialversicherungsbeiträge
=	Nettolohn
–	gesamte vermögenswirksame Leistungen
–	sonstige Abzüge (für Bausparverträge, Pfändungen usw.)
=	auszuzahlender Lohn

Die Lohnsteuer ergibt sich aus der Lohnsteuertabelle.Sie teilt die einkommenssteuerpflichtigen Arbeitnehmer in sechs Steuerklassen ein:

Lohnsteuerklassen

1 Steuerklasse I
Zu dieser Steuerklasse zählen Ledige, Geschiedene, Verwitwete und dauerhaft getrennt lebende Ehegatten.

2 Steuerklasse II
Diese Steuerklasse schließt alle in Steuerklasse I genannte Arbeitnehmer ein, die mindestens ein Kind haben, das in ihrer Wohnung gemeldet ist.

3 Steuerklasse III
Zu dieser Steuerklasse zählen Verheiratete, wenn nur ein Ehegatte Arbeitnehmer ist, oder wenn beide arbeiten und ein Ehegatte Steuerklasse V gewählt hat.

Lohnsteuerklassen

4 Steuerklasse IV
Zu dieser Steuerklasse zählen Verheiratete, wenn beide Ehegatten Arbeitnehmer sind.

5 Steuerklasse V
Diese Steuerklasse schließt alle Verheirateten ein, wenn beide Ehegatten arbeiten und ein Ehegatte auf Antrag in Steuerklasse III eingestuft wird.

6 Steuerklasse VI
Diese Steuerklasse betrifft alle Arbeitnehmer, die mehreren Tätigkeiten nachgehen, sie gilt aber nur für die zweite und jede weitere Tätigkeit.

Lohnsteuerkarte

Die Steuerklasse kann aus der Lohnsteuerkarte entnommen werden. In der Lohnsteuertabelle lässt sich die Lohnsteuer je nach Steuerklasse und Bruttolohn ablesen. Der Solidaritätszuschlag beträgt 5,5 Prozent der Lohnsteuer. Auch die Kirchensteuer errechnet sich mit 8 bzw. 9 Prozent aus der Lohnsteuer. Die Sozialversicherungsbeiträge setzen sich aus den Beiträgen zur Kranken-, Pflege-, Renten- und Arbeitslosenversicherung zusammen und werden in der Praxis wie die Lohnsteuer aus einer Tabelle abgelesen.

Jedes Jahr erhält jeder einkommenssteuerpflichtige Arbeitnehmer von seiner zuständigen Gemeinde unentgeltlich eine Lohnsteuerkarte ausgestellt. Die Gemeinde trägt in die Lohnsteuerkarte Name, Anschrift, Steuerklasse und Zahl der Kinderfreibeträge ein. Der Arbeitgeber fügt die Angaben zu Beschäftigungsdauer, Bruttoarbeitslohn, einbehaltene Lohn- und Kirchensteuer, Arbeitnehmerbeiträge zur gesetzlichen Sozialversicherung sowie einbehaltenen Solidaritätszuschlag hinzu.

Freibeträge

Freibeträge sind Teile des Einkommens, die aus Gründen der Steuervereinfachung bei der Bestimmung der Lohnsteuer von der Besteuerung ausgeschlossen sind.
Der Grundfreibetrag zum Beispiel sorgt dafür, dass bis zu einem bestimmten Einkommen, dem so genannten Existenzminimum, keine Einkommen- bzw. Lohnsteuer anfällt.
Eine weitere Steuervereinfachung, der Kinderfreibetrag, besagt, dass sich das zu versteuernde Einkommen nach der Anzahl der Kinderfreibeträge richtet. Ein Kinderfreibetrag wird einem Arbeitnehmer zugeordnet, wenn sein Kind in seiner Wohnung gemeldet ist.
Weitere wichtige Freibeträge sind der Arbeitnehmer-Pauschalbetrag für Einkünfte aus nichtselbstständiger Arbeit, der Altersentlastungsbetrag ab Vollendung des 64. Lebensjahres, der Pauschalbetrag für Sonderausgaben, die Vorsorgepauschale und der Haushaltsfreibetrag, der von Haushalten mit mindestens einem Kind in Anspruch genommen werden kann.

Ein weiteres Arbeitspapier, das der Arbeitgeber neben der Lohnsteuerkarte benötigt, ist der Sozialversicherungsausweis. Dieser bescheinigt, dass der Arbeitnehmer versichert ist. In einigen Branchen, wie zum Beispiel in der Baubranche, sind die Arbeitnehmer verpflichtet, den Sozialversicherungsausweis ständig bei sich zu tragen.

Sozialversicherungsausweis

Bei Beendigung des Arbeitsverhältnisses ist der Arbeitgeber verpflichtet, dem Arbeitnehmer folgende Arbeitspapiere auszuhändigen:
- Lohnsteuerkarte
- Sozialversicherungsausweis
- Urlaubsbescheinigung
- Zeugnis

Der Arbeitnehmer hat das Recht, bei Beendigung des Arbeitsverhältnisses vom Arbeitgeber eine Bescheinigung zu erhalten, in der der im Kalenderjahr gewährte bzw. abgegoltene Urlaub aufgeführt ist. Des weiteren hat er Anspruch auf die Ausstellung eines Zeugnisses und kann sich diesbezüglich zwischen einem einfachen und einem qualifizierten Zeugnis entscheiden. Ein einfaches Zeugnis enthält lediglich Angaben über die Art und die Dauer der Beschäftigung. Ein qualifiziertes Zeugnis enthält darüber hinaus weitere Bewertungen zur Leistung und Führung des Arbeitnehmers. Die Tätigkeitsbeschreibung wird dabei in drei Bereiche unterteilt: Zunächst wird die Stellung in der Betriebshierarchie beschrieben, dann die berufliche Entwicklung mit Aufgabenschwerpunkten, und zuletzt werden die Vollmachten angegeben.

Zeugnis

Gesetzlich vorgeschrieben sind bei der Zeugniserstellung die Formalitäten. Ein Zeugnis muss maschinell auf einen Firmenbogen bzw. dem aktuellen Geschäftspapier im Format DIN A4 erstellt und ausgehändigt werden. Zudem muss es die Überschrift „Zeugnis“ tragen und darf einen Umfang von drei Seiten nicht überschreiten.

Inhaltlich müssen bei der Erstellung des Zeugnisses folgende Grundsätze beachtet werden:
1 Zeugnisse dürfen mit keinen geheimen Zeichen versehen werden, die der Beurteilung des Arbeitnehmers dienen.
2 Zeugnisse dürfen nur Tatsachen und Bewertungen enthalten, die für die Gesamtbeurteilung des Arbeitnehmers von Bedeutung sind.
3 Zeugnisse dürfen sich im Allgemeinen nur auf das dienstliche Verhalten erstrecken.
4 Zeugnisse dürfen keine unwahren Behauptungen enthalten – sie sollen jedoch wohlwollend abgefasst sein.

Nachfolgend ein Beispiel für ein qualifiziertes Zeugnis:

- Hotel Mustermann -

Zeugnis

Frau Sabine Müller, geboren am 10.12.1980 in Heidelberg, gehörte vom 01.10.2001 bis 31.03.2005 unserem Haus an.

Sie begann ihre Tätigkeit in der Abteilung Rezeption. Neben dem Telefondienst war Frau Müller für die Organisation der Zimmervergabe, die Erfüllung individueller Kundenwünsche sowie die Abrechnung und das Ein- und Auschecken der Hotelgäste zuständig.

Aufgrund ihrer Bewährung wurde Frau Müller mit Wirkung zum 01.01.2003 zur Reservierungsleiterin befördert. Neben den oben genannten Aufgaben war Frau Müller nun auch für folgende Aufgaben zuständig:

- Personalplanung
- Personalentwicklung
- Einteilung der Arbeitszeiten
- Allgemeine Führungsaufgaben

Frau Müller besitzt ein ausgezeichnetes, wesentlich über dem Durchschnitt liegendes Fachkönnen. Mit schneller Auffassungsgabe und Freude am selbstständigen Arbeiten erledigte sie alle Aufgaben fleißig und zuverlässig zu unserer vollsten Zufriedenheit. Sie war absolut vertrauenswürdig.

Ihr Verhalten gegenüber Kollegen, Kunden und Vorgesetzten war stets einwandfrei.

Auf eigenen Wunsch beendete Frau Müller aus familiären Gründe Ihre Tätigkeit. Wir bedauern ihr Ausscheiden und wünschen ihr für die Zukunft alles Gute.

Ort, Datum Unterschrift

ARBEITSRECHT

Grundlagen des Arbeitsrechts

Das Arbeitsrecht umfasst das Individualarbeitsrecht, das Kollektivarbeitsrecht und die Arbeitsgerichtsbarkeit.
Für das Arbeitsrecht gilt folgende Rangfolge der Rechtsquellen:

Rangfolge der Rechtsquellen

Das Rangprinzip besagt, dass auf einem niedrigeren Rang keine Regelungen getroffen werden dürfen, die auf einem höheren Rang verboten sind. Das bedeutet: Der Arbeitsvertrag darf keine Regelung enthalten, die gegen das Grundgesetz verstößt.

Das Günstigkeitsprinzip besagt, dass jeweils die Regel zur Anwendung kommt, die für den Arbeitnehmer die günstigste ist. Falls der Arbeitsvertrag bessere Regelungen (zum Beispiel Urlaubstage) enthält als der Tarifvertrag, so gilt die Regelung im Arbeitsvertrag.

Arbeitsvertrag

Abschlussfreiheit

Ein Arbeitsvertrag kommt, wie jeder Vertrag, durch zwei übereinstimmende Willenserklärungen zustande. Nach §§ 611 ff BGB ist der Arbeitsvertrag ein schuldrechtlicher Vertrag, das heißt: Durch den Abschluss eines Arbeitsvertrages wird der Arbeitnehmer verpflichtet, seine Leistung zu erbringen, und der Arbeitgeber hat diese Leistung zu vergüten. Bei Vertragsschluss herrscht Abschlussfreiheit, Formfreiheit und Gestaltungsfreiheit. Abschlussfreiheit bedeutet, dass es dem Arbeitgeber frei steht, ob und mit wem er einen Arbeitsvertrag schließt. Die Abschlussfreiheit ist durch Abschlussverbote, zum Beispiel mit Kindern, und durch Abschlussgebote, zum Beispiel Beschäftigung von Schwerbehinderten, eingeschränkt. Grundsätzlich bedarf ein

Arbeitsvertrag keinerlei Formvorschrift (Formfreiheit). Ist durch ein Gesetz aber Schriftform vorgegeben, so müssen Arbeitgeber und Arbeitnehmer den Vertrag schriftlich ausfertigen und unterschreiben. So müssen zum Beispiel Arbeitsverträge mit Wettbewerbsverboten nach Beendigung des Vertrags nach den Vorschriften des Handelsgesetzbuches schriftlich abgefasst werden. Auch die Vertragsinhalte sind frei von jeder Vorschrift. Diese Gestaltungsfreiheit ist aber zum Schutz des Arbeitnehmers durch Gesetze eingeschränkt, zum Beispiel in der Frage der Urlaubsansprüche, wo das Gesetz eine Mindestanzahl an Tagen vorschreibt.

Formfreiheit

Gestaltungsfreiheit

Als Arbeitgeber wird eine Person oder ein Unternehmen bezeichnet, wenn diese mindestens einen Arbeitnehmer beschäftigt. Ein Arbeitnehmer ist eine Person, die einen privatrechtlichen Arbeitsvertrag abgeschlossen hat und aufgrund dessen für eine gewisse Zeit unselbstständige Dienste leistet. Die Arbeitnehmereigenschaft ist wie folgt definiert:

Definition Arbeitnehmer

- Der Arbeitnehmer ist weisungsgebunden.
- Der Arbeitnehmer führt eine Tätigkeit aus, ohne eigenes Kapital zu investieren oder eine eigene Organisation zu haben.
- Der Arbeitnehmer ist meist an einen festen Arbeitsort und feste Arbeitszeiten gebunden.
- Der Arbeitnehmer gliedert sich in eine fremde betriebliche Organisation ein.
- Der Arbeitnehmer erhält im Krankheitsfall Lohnfortzahlung.
- Dem Arbeitnehmer wird Urlaub gewährt und Urlaubsgeld gezahlt.

Arbeitnehmer können Arbeiter und Angestellte, Auszubildende und arbeitnehmerähnliche Personen sein. Angestellte sind Personen, die überwiegend kaufmännische Büroarbeit leisten. Arbeiter sind alle Personen, die keine Angestellten sind. Personen, die sich in einem Berufsausbildungsverhältnis befinden, werden als Auszubildende bezeichnet, und arbeitnehmerähnliche Personen sind Erwerbstätige, die unabhängig für eine andere Person eine Arbeit leisten, die der eines Arbeitnehmers ähnlich ist.

Arbeitsvertrag – Rechte und Pflichten

Aus einem Arbeitsvertrag ergeben sich die Rechte und Pflichten für beide Vertragsparteien. Ein Arbeitnehmer ist verpflichtet, seine Arbeitsleistung zu erbringen. Außerdem ist er zur Verschwiegenheit in betriebsinternen Angelegenheiten verpflichtet und darf keine Nebentätigkeit annehmen, die die Haupttätigkeit gefährdet oder im Wettbewerb zu seiner Tätigkeit steht. Ebenso wenig darf er Schmiergelder annehmen. Der Arbeitgeber ist verpflichtet, dem Arbeitnehmer Entgelt für seine Leistung zu zahlen, den Arbeitnehmer und seine eingebrachten Sachen zu schützen und den Arbeitnehmer zu fördern. Dies beinhaltet insbesondere die Pflicht zur Zeugniserteilung.

Zur Nichtigkeit eines Arbeitsvertrages können folgende Sachverhalte führen:

Nichtigkeit des Arbeitsvertrages

- Geschäftsunfähigkeit gemäß §§ 104 ff BGB
- Verstoß gegen die Schriftformerfordernis gemäß § 125 BGB
- Verstoß gegen ein gesetzliches Verbot gemäß § 134 BGB
- Verstoß gegen die guten Sitten gemäß § 138 Abs. 1 BGB
- Wuchergeschäft gemäß § 138 Abs. 2 BGB

Ist ein Arbeitsvertrag nichtig, so wird zum Schutz des Arbeitnehmers für die Vergangenheit von einem so genannten faktischen Arbeitsverhältnis ausgegangen. Das heißt: Für die Vergangenheit wird der fehlerhafte Arbeitsvertrag behandelt, als sei er wirksam zustande gekommen.

Anfechtung des Arbeitsvertrages

Gründe für die Anfechtung eines Arbeitsvertrages können Irrtum (§ 119 Abs. 2 BGB) oder Täuschung (§ 123 BGB) sein. Einer Anfechtung wegen Irrtums geht eine Willenserklärung voraus, über deren Inhalt die Person im Irrtum war. Täuschung liegt vor, wenn die Abgabe der „Willenserklärung durch arglistige Täuschung oder widerrechtlich durch Drohung bestimmt worden ist" (§ 123 BGB). Die Anfechtung muss unverzüglich erfolgen, das heißt innerhalb von zwei Wochen, nachdem die Vertragspartei den Grund für die Anfechtung erfahren hat.

Individuelles Arbeitsrecht

Das Individualarbeitsrecht umfasst alle Einzelregelungen zwischen einem Arbeitnehmer und dem Arbeitgeber – im Gegensatz zum Kollektivarbeitsrecht, das alle Gesamtregelungen einschließt, die für mehrere oder alle Arbeitnehmer getroffen werden. Das Individualarbeitsrecht betrifft unter anderem die Regelungen hinsichtlich des Urlaubs, der Arbeitszeit sowie des Lohns bzw. Gehalts. Dabei werden u.a. folgende Gesetze berührt:

Gesetzliche Grundlagen

- Betriebsverfassungsgesetz BetrVG
- Berufsbildungsgesetz BBiG
- Arbeitnehmerschutzgesetz ArbSchG
- Arbeitssicherheitsgesetz AsiG
- Arbeitszeitgesetz ArbZG
- Bundesurlaubsgesetz BUrlG
- Mutterschutzgesetz MuSchG
- Sozialgesetzbuch (SGB) Neuntes Buch (IX): Rehabilitation und Teilhabe
- behinderter Menschen (ehemals Schwerbehindertengesetz SchwbG)
- Jugendarbeitsschutzgesetz JArbSchG
- Kündigungsschutzgesetz KSchG

Berufsbildung

Das Berufsbildungsgesetz nennt unter anderem die Rechte und Pflichten von Auszubildenden und Ausbildenden, sowie die Voraussetzungen zur Eignung einer Ausbildungsstätte. Zum 01. August 2004 wurde die Ausbildereignungsverordnung für fünf Jahre außer Kraft gesetzt, das heißt, Betriebe, die keinen Mitarbeiter beschäftigen, der die Ausbildereignungsprüfung bei der IHK abgelegt hat, dürfen ab August trotzdem ausbilden.

Arbeitnehmer-Schutz

Das Arbeitnehmerschutzgesetz nennt die Pflichten von Arbeitnehmern und Arbeitgebern. Pflichten des Arbeitgebers (Auswahl, §§ 4 und 12 ArbSchG):

- Der Arbeitgeber hat die Arbeit so zu gestalten, dass eine Gefährdung für Leben und Gesundheit möglichst vermieden wird.
- Der Arbeitgeber muss Gefahren an ihrer Quelle bekämpfen.
- Der Arbeitgeber muss die Arbeitnehmer über Sicherheit und Gesundheitsschutz bei der Arbeit während ihrer Arbeitszeit ausreichend und angemessen unterweisen.

Pflichten der Arbeitnehmer (Auswahl, § 15 ArbSchG):

- Die Arbeitnehmer müssen gemäß den Unterweisungen und Weisungen des Arbeitgebers für ihre Sicherheit und Gesundheit bei der Arbeit sorgen.
- Die Arbeitnehmer müssen die ihnen zur Verfügung gestellten Geräte vorschriftsgemäß verwenden.

Arbeitssicherheit

Das Arbeitssicherheitsgesetz besagt unter anderem, dass der Arbeitgeber einen Betriebsarzt sowie Fachkräfte für Arbeitssicherheit bestellen muss, wenn die Zahl der Arbeitnehmer dies erfordert.

Arbeitszeit

Die Arbeitszeit des Arbeitnehmers darf normalerweise acht Stunden nicht überschreiten und darf höchstens auf zehn Stunden verlängert werden. Außer dieser Regelung beinhaltet das Arbeitszeitgesetz Angaben über Ruhepausen, Ruhezeiten zwischen Arbeitsniederlegung und Arbeitsbeginn sowie besondere Regelungen zur Sonn- und Feiertagsruhe.

Urlaub

Das Bundesurlaubsgesetz enthält Regelungen über den Anspruch auf Urlaub, die Dauer sowie den Zeitpunkt des Urlaubs. Außerdem ist in diesem Gesetz festgehalten, wie hoch das Urlaubsentgelt ausfällt und wie der Urlaub bei Erkrankung zu handhaben ist.

Schutzgesetze

Die Mutterschutz-, Schwerbehinderten- und Jugendarbeitsschutzgesetze enthalten Vorschriften zu Arbeitszeiten, Pausenregelungen und Kündigungsfragen für die jeweilige Zielgruppe. So darf schwangeren Frauen nicht gekündigt werden.

Das Kündigungsschutzgesetz schließt alle Regelungen rund um das Thema Kündigung ein. Es gibt zwei Arten der Kündigung:

Kündigung

- die ordentliche Kündigung
- die außerordentliche Kündigung

Bei der ordentlichen Kündigung müssen Fristen und -termine eingehalten werden. Vor jeder Kündigung durch den Arbeitgeber ist der Betriebsrat anzuhören. Eine ordentliche Kündigung durch den Arbeitgeber ist möglich als:

Ordentliche Kündigung

- betriebsbedingte Kündigung
- personenbedingte Kündigung
- verhaltensbedingte Kündigung

Eine betriebsbedingte Kündigung erfolgt, wenn dringende betriebliche Erfordernisse, zum Beispiel Absatzschwierigkeiten und Rationalisierung, einer Weiterbeschäftigung des Arbeitnehmers entgegenstehen. Sozial ungerechtfertigt ist eine betriebsbedingte Kündigung, wenn bei der Auswahl des betreffenden Arbeitnehmers soziale Gesichtspunkte, wie zum Beispiel Alter und Familienstand, außer Acht gelassen werden.

Eine personenbedingte Kündigung ist nur durch Gründe wie mangelnde Eignung, mangelnde Anpassungsfähigkeit oder Nachlassen der Arbeitsfähigkeit sozial gerechtfertigt.

Die verhaltensbedingte Kündigung ist nur dann sozial gerechtfertigt, wenn schwer wiegende Gründe, zum Beispiel ständige Unpünktlichkeit oder Arbeitsverweigerung, im Verhalten des Arbeitnehmers liegen. Meist ist eine Abmahnung vor der Kündigung nötig.

Mit der außerordentlichen Kündigung ist es möglich, ein Arbeitsverhältnis mit sofortiger Wirkung, das heißt ohne Einhaltung von Kündigungsfristen, zu lösen. Voraussetzung: Es muss ein wichtiger Grund vorliegen. Wichtige Gründe können sein:

Außerordentliche Kündigung

- Beharrliche Arbeitsverweigerung
- Diebstahl
- Tätlichkeiten im Unternehmen
- Grobe Beleidigung von Vorgesetzten
- Betrügerische Angaben, Fälschungen

Eine weitere Kündigungsart ist die Änderungskündigung. Hierbei wird in beiderseitigem Einvernehmen gekündigt und anschließend ein neuer Arbeitsvertrag mit geänderten Bedingungen aufgesetzt.

Änderungskündigung

Fragerecht des Arbeitgebers

Zum individuellen Arbeitsrecht gehört auch das Fragerecht des Arbeitgebers, zum Beispiel bei der Einstellung eines Arbeitnehmers. Er darf zum Beispiel nicht nach Religionszugehörigkeit, früheren Erkrankungen, Vermögensverhältnissen, Gewerkschaftszugehörigkeit, Parteizugehörigkeit und Vorstrafen, soweit diese nicht einschlägig sind, fragen. Die Religions- und Parteizugehörigkeit darf nur in Tendenzbetrieben erfragt werden, das Vermögen nur bei leitenden Angestellten. Das Fragerecht des Arbeitgebers und die Pflicht des Arbeitnehmers zur wahrheitsgemäßen Beantwortung erfolgen nach dem Grundsatz von Treu und Glauben (§ 242 BGB). Wird eine zulässige Frage falsch beantwortet, kann der Arbeitgeber dies anfechten. Bei einer unzulässigen Frage ist der Arbeitnehmer jedoch von der Pflicht zur wahrheitsgemäßen Antwort entbunden. Davon unberührt ist die Pflicht des Arbeitnehmers, dem Arbeitgeber ungefragt Tatsachen zu offenbaren, die der Arbeitgeber im Zusammenhang mit der zu besetzenden Stelle unbedingt wissen muss.

Kollektives Arbeitsrecht

Betriebsverfassungsgesetz

Das kollektive Arbeitsrecht regelt die Beziehungen zwischen dem Arbeitgeber und den Arbeitnehmern als Gruppe. In diesem Zusammenhang ist auch das Betriebsverfassungsgesetz zu sehen, das auf drei Grundaussagen aufbaut:

1 Arbeitgeber und Betriebsrat sind verpflichtet, vertrauensvoll zusammenzuarbeiten.
2 Es besteht eine betriebliche Friedenspflicht.
3 Parteipolitische Aktivitäten im Betrieb sind verboten.

Das Betriebsverfassungsgesetz gilt für alle Arbeitnehmer mit Ausnahme der leitenden Angestellten.

Wahl des Betriebsrats

§ 1 BetrVG behandelt die Voraussetzung für die Aufstellung eines Betriebsrates. Demnach kann in einem Betrieb "mit in der Regel mindestens fünf ständigen wahlberechtigten Arbeitnehmern, von denen mindestens drei wählbar sind", ein Betriebsrat gewählt werden. Wahlberechtigt ist nach § 7 BetrVG jeder volljährige Arbeitnehmer des Betriebes, und wählen lassen kann sich jeder Wahlberechtigte, wenn er seit mindestens sechs Monaten im Betrieb tätig ist. Gewählt wird der Betriebsrat alle vier Jahre. Die Kosten für die Wahl trägt der Arbeitgeber. Dazu bestellt der noch amtierende Betriebsrat spätestens zehn Wochen vor Ablauf der Amtsperiode einen Wahlvorstand, der aus drei wahlberechtigten Arbeitnehmern besteht. Der Wahlvorstand führt eine geheime und unmittelbare Wahl in der Zeit vom 01. März bis

31. März durch. Zuvor werden von den wahlberechtigten Mitarbeitern oder Gewerkschaften Wahlvorschläge unterbreitet. Die Wahl muss entweder nach den Grundsätzen der Verhältniswahl oder nach den Grundsätzen der Mehrheitswahl erfolgen. Die Anzahl der Betriebsratsmitglieder hängt von der Arbeitnehmerzahl des Betriebes ab (§ 9 BetrVG).

Aufgaben des Betriebsrats

Die Aufgaben des Betriebsrates umfassen im Wesentlichen folgende Punkte:

- personelle Angelegenheiten (§§ 92 ff BetrVG)
- Berufsbildung (§§ 96 ff BetrVG)
- personelle Einzelmaßnahmen (§§ 99 ff BetrVG)

Bei wirtschaftlichen Sachverhalten hat der Betriebsrat nur begrenzte Mitwirkungsrechte, denn die Entscheidungsfreiheit bleibt hier prinzipiell dem Arbeitgeber vorbehalten.

Mitbestimmungs- und Mitwirkungsrecht

Im Hinblick auf die Tätigkeit des Betriebsrates unterscheidet das Betriebsverfassungsgesetz zwischen Mitbestimmungs- und Mitwirkungsrechten. In Bereichen, in denen Mitbestimmungsrechte bestehen, kann der Arbeitgeber Entscheidungen nur zusammen mit dem Betriebsrat treffen (siehe hierzu §§ 87, 95, 98 und 112).

In den Fällen hingegen, die lediglich ein Mitwirkungsrecht vorsehen, verbleibt die Entscheidungsgewalt beim Arbeitgeber (siehe hierzu §§ 80, 89, 92 und 102). Einigen sich Betriebsrat und Arbeitgeber nicht, entscheidet die Einigungsstelle im Rahmen einer Zwangsschlichtung. § 99 BetrVG nennt die einzige Ausnahme, in der der Betriebsrat sein Veto einlegen kann.

Tarifvertrag

Neben dem Betriebsverfassungsgesetz zählt auch das Tarifvertragsrecht zum kollektiven Arbeitsrecht. Ein Tarifvertrag besitzt drei Funktionen:

1. Mit der Schutzfunktion werden die einzelnen Arbeitnehmer geschützt.
2. Die Ordnungsfunktion sorgt für die autonome Ordnung des Arbeitslebens.
3. Die Friedensfunktion verhindert Arbeitskämpfe während der Laufzeit des Tarifvertrages.

Tarifverträge werden nach Haustarif- und Verbandstarifverträgen unterschieden. Bei einem Haustarifvertrag schließt ein einzelner Arbeitgeber einen Vertrag mit der Gewerkschaft. Bei einem Verbandstarifvertrag hingegen schließen mehrere Arbeitgeber in Zusammenschlüssen, so genannten Arbeitgeberverbänden, einen Vertrag mit der Gewerkschaft. Weiterhin gibt es Rahmentarif-, Lohntarif- und Manteltarifverträge. In Rahmentarifvertägen werden die Tätigkeiten der Arbeitnehmer einzelnen Lohngruppen zugeordnet. Der tatsächliche Lohn ergibt sich aber erst aus den Lohntarifverträgen. Die sonstigen Arbeitsbedingungen werden in Manteltarifverträgen festgehalten.

Grundsätzlich ist der Tarifvertrag nur für tarifgebundene Parteien gültig. Tarifgebunden ist, wer entweder als Arbeitgeber einen Tarifvertrag unterzeichnet hat oder als Arbeitnehmer der Gewerkschaft angehört.

Gültigkeit des Tarifvertrages

Das Tarifvertragsgesetz (TVG) sieht allerdings drei Ausnahmen vor:

- § 3 Abs. 2 TVG: Die im Tarifvertrag festgelegten Normen über betriebliche und betriebsverfassungsrechtliche Fragen gelten für den ganzen Betrieb bzw. für alle Betriebe.
- § 5 TVG: Auf Anfrage ist es möglich, eine Allgemeinverbindlichkeit des Tarifvertrages zu erklären. Damit werden Nicht-Tarifgebundene den Tarifgebundenen gleichgestellt.
- § 3 Abs. 3 TVG: Tritt ein Arbeitgeber während der Laufzeit des Tarifvertrages aus dem Arbeitgeberverband aus, so ist der Tarifvertrag trotzdem bis zum Ende seiner Laufzeit gültig.

Arbeitskampf

Wird von einer Tarifpartei der Abschluss eines neuen Tarifvertrages angestrebt, kommt es häufig zum Arbeitskampf. Ein Arbeitskampf ist die gemeinschaftlich durchgeführte Störung der Arbeitsbeziehung. Er kann entweder von Arbeitnehmern oder vom Arbeitgeber ausgelöst werden. Die rechtliche Grundlage des Arbeitskampfes ist Artikel 9 Abs. 3 des Grundgesetzes.

Der Staat muss sich während eines Arbeitskampfes neutral verhalten, das heißt, er muss im Notfall die schwächere Seite unterstützen und darf bei Arbeitskämpfen im öffentlichen Dienst nur eingreifen, wenn die Lage für die Bevölkerung unzumutbar wird. Streikt etwa die Müllabfuhr, so darf der Staat nur dann Beamte als Vertretung einsetzen, wenn die Müllberge unzumutbar groß sind. Staatliche Zwangsschlichtungen sind aber zu jeder Zeit verboten. Beamte, Soldaten und Richter dürfen nicht streiken. Auszubildende dürfen an einem Streik teilnehmen, solange das Ausbildungsziel nach § 1 BBiG nicht vernachlässigt wird: Solange sich noch ein Ausbilder im Betrieb befindet, sind die Auszubildenden zur Arbeit verpflichtet.

Die Arbeitnehmer können folgende Arten des Arbeitskampfes anwenden:

- Streik
- Boykott
- Abkehr
- Betriebsbesetzung

Streik

Der Streik ist ein zulässiges Arbeitskampfmittel. Bei einem Streik verweigern mehrere Arbeitnehmer gemeinschaftlich die Arbeitsleistung. Der Streik wird immer im Voraus geplant.

Uneinig sind sich die Gerichte über die Zulässigkeit eines Boykotts und einer Abkehr:

Boykott

- Ein Boykott ist eine Aufforderung durch den Arbeitgeber oder mehrere Arbeitnehmer an andere Unternehmen oder Verbraucher, mit der boykottierten Partei keine Verträge zu schließen, um ein Arbeitskampfziel zu erreichen.

Abkehr

- Bei Abkehr drohen die Arbeitnehmer dem Arbeitgeber mit der Auflösung ihrer Arbeitsverhältnisse, wenn der Arbeitgeber zum Beispiel die Aussperrung nicht zurücknimmt.

Betriebsbesetzung

Grundsätzlich besteht aber die freie Wahl des Kampfmittels, deshalb werden diese beiden Kampfmittel als zulässig anerkannt. Die Betriebsbesetzung hingegen ist eine unzulässige Möglichkeit des Arbeitskampfes, da streikende Arbeitnehmer den Betrieb für Lieferanten, Kunden und arbeitswillige Kollegen sperren und somit in das Eigentum des Arbeitgebers eingreifen.

Instrumente des Arbeitgebers

Auch dem Arbeitgeber stehen mehrere Möglichkeiten des Arbeitskampfes zur Auswahl:

- Durchhalten
- Betriebsstilllegung
- Suspendierende oder lösende Aussperrung
- Sperre
- Streikbruchprämie

Beim Durchhalten wartet der Arbeitgeber einfach das Ende des Streiks ab. Legt ein Arbeitgeber seinen Betrieb während der Zeit des Streiks still, so erhalten auch die Arbeitswilligen kein Entgelt. Bei einer Aussperrung sperrt der Arbeitgeber die Arbeitnehmer aus. Das Arbeitsverhältnis bleibt bei einer suspendierenden Aussperrung bestehen, bei einer lösenden Aussperrung wird es beendet. Die beiden letzten Möglichkeiten des Kampfes sind unzulässig: So ist es zum Beispiel nicht erlaubt, eine Sperre für die Einstellung von Gewerkschaftsmitgliedern zu verhängen.
Weiterhin ist es nicht rechtens, wenn der Arbeitgeber den Arbeitnehmern für die Nichtteilnahme an einem Streik so genannte Streikbruchprämien zukommen lässt.

Rechtmäßigkeit des Streiks

Um einen Streik rechtmäßig zu führen, müssen bestimmte Grundsätze eingehalten werden:

- Es darf nicht gegen die Friedenspflicht verstoßen werden.
- Ziel des Streiks muss der Abschluss eines Tarifvertrages sein.
- Die Gewerkschaft führt den Streik.

- Der Streik muss verhältnismäßig durchgeführt werden, das heißt, er darf nicht auf die Vernichtung des Streikgegners abzielen.
- Die Gewerkschaft hat bestimmte Richtlinien für die Führung eines Arbeitskampfes festgelegt. Diese sind einzuhalten.
- Ein Streik entbindet die Beteiligten von ihren Hauptleistungspflichten, das heißt, der Arbeitnehmer muss seine Arbeitsleistung nicht erbringen, und der Arbeitgeber muss kein Entgelt zahlen.

Sozialversicherungsrecht

Das Sozialversicherungsrecht befasst sich mit den Trägern, Leistungen, Beitragssätzen und Beitragsbemessungsgrenzen der vier Sozialversicherungen, als da sind:

1 Krankenversicherung
2 Rentenversicherung
3 Arbeitslosenversicherung
4 Pflegeversicherung

Beitragssätze

Die Beitragssätze betrugen im Jahr 2004:

- Im Durchschnitt 14 Prozent Krankenversicherung (jeweils 7 Prozent bezahlt der Arbeitnehmer bzw. der Arbeitgeber)
- 19,5 Prozent Rentenversicherung (jeweils 9,75 Prozent bezahlt der Arbeitnehmer bzw. der Arbeitgeber)
- 6,5 Prozent Arbeitslosenversicherung (jeweils 3,25 Prozent bezahlt der Arbeitnehmer bzw. der Arbeitgeber)
- 1,7 Prozent Pflegeversicherung (jeweils 0,85 Prozent bezahlt der Arbeitnehmer bzw. der Arbeitgeber)

Zum Schutz der Arbeitnehmer werden jedes Jahr Beitragsbemessungsgrenzen festgelegt. Ab einem bestimmten sozialversicherungspflichtigen Bruttolohn (Beitragsbemessungsgrenze) steigt der Versicherungsbeitrag mit steigendem Einkommen nicht mehr weiter an.

Beitragsbemessungsgrenzen

Im Jahr 2004 lagen die Beitragsbemessungsgrenzen bei folgenden Bruttoeinkommen:

- 3 487,50 Euro für die Kranken- und Pflegeversicherung
- 5 150,00 Euro für die Renten- und Arbeitslosenversicherung

Die Versicherungspflicht für die Krankenversicherung endet mit Erreichen der Beitragsbemessungsgrenze. Die anderen drei Sozialversicherungen sind Pflichtversicherungen für alle Arbeitnehmer.

Träger der Krankenversicherung sind die AOK, die IKK, die BKK sowie die Ersatzkassen. Die Rentenversicherung wird von der BfA, der Bundesversicherungsanstalt für Angestellte, und den LVA, den Landesversicherungsanstalten, getragen. Die Bundesagentur für Arbeit ist für die Arbeitslosenversicherung zuständig. Die Pflegeversicherung wird von den Pflegekassen der gesetzlichen Krankenkassen getragen.

Sozialversicherungsträger

Die Krankenversicherung erbringt folgende Leistungen:

Leistungen der ...

... Krankenversicherung

- Krankenhilfe umfasst alle Arten von Leistungen: ärztliche Behandlung einschließlich Kosten für Krankhausaufenthalte, Versorgung mit Arznei-, Verband-, Heilmitteln und Brillen, Körperersatzstücken, orthopädischen und anderen Hilfsmitteln, Zuschüsse zu den Kosten für Zahnersatz und Zahnkronen, häusliche Krankenpflege, Krankengeld; Hauspflege; Haushaltshilfe; Zuschüsse zu den Kosten für Kuren und andere Maßnahmen
- Mutterschaftshilfe sind Leistungen der gesetzlichen Krankenkassen an weibliche Mitglieder vor und nach der Entbindung.
- Familienhilfe ist die Unterstützung der Krankenkasse für unterhaltspflichtige Familienangehörige von Mitgliedern im Fall von Krankheit (Familienkrankenhilfe) oder Entbindung (Familienmutterschaftshilfe).

Die Leistungen der Rentenversicherung umfassen:

... Rentenversicherung

- Erwerbsunfähigkeitsrente
- Berufsunfähigkeitsrente
- Altersruhegeld
- Altersruhegeld für Frauen
- Altersruhegeld für Schwerbehinderte
- Altersruhegeld für Arbeitslose
- Hinterbliebenenrente
- Rente wegen Kindererziehung

Die Arbeitslosenversicherung gewährt folgen Leistungen:

... Arbeitslosenversicherung

- Ausbildungsmaßnahmen
- Fortbildungsmaßnahmen
- Umschulungsmaßnahmen
- Konkursausfallgeld
- Arbeitslosengeld
- Arbeitslosengeld II

Die Pflegeversicherung erbringt folgende Leistungen:

... Pflegeversicherung

- häusliche Pflege
- stationäre Pflege

FINANZWIRTSCHAFT

Zahlungsströme im Unternehmen

Man unterscheidet unterschiedliche Arten von Zahlungsströmen:

- Auszahlungen und Einzahlungen
- Ausgaben und Einnahmen
- Aufwendungen und Erträge
- Kosten und Leistungen

Auszahlungen und Einzahlungen

Auszahlungen sind Abgänge liquider Mittel pro Periode, das heißt, das Bargeld oder die Sichtguthaben der Unternehmen werden verringert. Einzahlungen sind das Gegenteil, denn durch Einzahlungen steigen die liquiden Mittel eines Unternehmens. Durch Einzahlungen bzw. Auszahlungen wird der Zahlungsmittelbestand eines Unternehmens erhöht bzw. gesenkt.

Ausgaben und Einnahmen

Unter Ausgaben wird der Wert verstanden, der alle zugegangenen Güter und Dienstleistungen einer Periode beinhaltet. Der Wert aller veräußerten Leistungen pro Periode, das heißt der Umsatz, wird Einnahmen genannt. Durch Einnahmen bzw. Ausgaben wird das Geldvermögen erhöht bzw. gesenkt. Unter Geldvermögen wird die Summe aus Kasse und Forderungen abzüglich der Verbindlichkeiten verstanden.

Aufwendungen und Erträge

Aufwand ist der Wert aller verbrauchten Güter und Dienstleistungen einer Periode. Der Wert aller erbrachten Leistungen pro Periode hingegen wird Ertrag genannt. Aufwand und Ertrag werden in betriebsbedingt und betriebsfremd unterschieden, das heißt, es gibt sowohl Aufwendungen und Erträge, die das eigentliche Geschäftsfeld des Unternehmens betreffen – diese werden betriebsbedingte Aufwendungen und Erträge genannt – als auch Aufwendungen und Erträge, die mit der Tätigkeit des Unternehmens nichts zu tun haben - diese werden betriebsfremde Aufwendungen und Erträge genannt. Die betriebsbedingten Aufwendungen und Erträge werden weiterhin in periodenbezogene und periodenfremde Aufwendungen und Erträge unterteilt. Periodenbezogen sind alle Aufwendungen bzw. Erträge, die die Periode der Geschäftstätigkeit des Unternehmens betreffen; periodenfremd sind alle Aufwendungen bzw. Erträge, die diese Periode nicht betreffen.

Kosten und Leistungen

Periodenbezogene Aufwendungen und Erträge werden auch Kosten und Leistungen genannt. Kosten sind der bewertete, leistungsbezogene Güterverzehr pro Periode. Die erbrachten Leistungen pro Periode, die ausschließlich die eigentliche betriebliche Tätigkeit beinhalten, sind Leistungen.

Der Zusammenhang zwischen Aufwendungen bzw. Erträgen und Kosten bzw. Leistungen wird in der folgenden Übersicht deutlich:

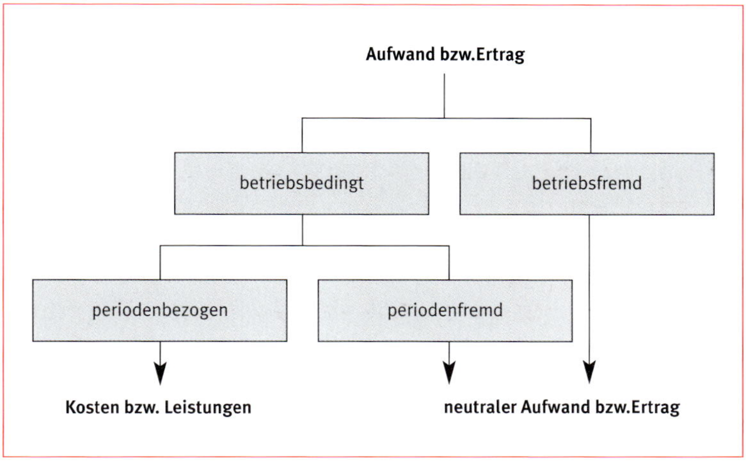

Aufwand – Ertrag und Kosten – Leistungen

Arten und Sonderformen des Zahlungsverkehrs

Es gibt drei Arten des Zahlungsverkehrs:
- Die bare Zahlung
- Die halbbare Zahlung
- Die bargeldlose Zahlung

Bare Zahlung

Bei der baren Zahlung, auch zweiseitiges Bargeldgeschäft genannt, wird kein Konto berührt, da der Käufer mit barem Geld beim Verkäufer bezahlt. Die Barzahlung unterscheidet die direkte Zahlung von der Postanweisung. Bei der direkten Zahlung übergibt der Käufer dem Verkäufer unmittelbar den Betrag, den er zahlen muss. Bei der Postanweisung hingegen zahlt der Kunde bei einer Filiale der Deutschen Post AG den Betrag ein, der dem Verkäufer anschließend bar ausbezahlt wird. Der Höchstbetrag einer Postanweisung liegt bei 1 533,88 Euro.

Halbbare Zahlung

Um ein einseitiges Bargeldgeschäft, eine so genannte halbbare Zahlung, handelt es sich, wenn entweder nur der Verkäufer oder nur der Käufer mit Bargeld in Berührung kommt. Der andere Geschäftspartner hat ein Konto. Die halbbare Zahlung unterscheidet folgende Möglichkeiten:
- Nachnahme (zum Beispiel im Versandhandel)
- Zahlschein
- Barscheck

Die Zahlung per Nachnahme ist ausschließlich bei der Deutschen Post AG möglich. Briefe und Postpakete werden bei dieser Zahlungsart nur gegen Zahlung des Rechnungsbetrages zuzüglich Nachnahmeentgelt an den Käufer ausgehändigt. Hier sind ebenso Höchstbeträge festgelegt (Brief: 1 533,88 Euro; Paket:3 579,04 Euro). Mit einem Zahlschein zahlt der Käufer den Rechnungsbetrag in bar bei einer Bank oder einer Filiale der Deutschen Post AG ein. Dieser Betrag wird dann auf das Konto des Verkäufers gutgeschrieben. Mit einem Barscheck kann ein Käufer seinen Rechnungsbetrag beim Verkäufer bezahlen. Den Barscheck erhält der Käufer statt Bargeld von seiner Bank.

Bargeldlose Zahlung

Bei der bargeldlosen Zahlung benötigen Käufer und Verkäufer ein Konto. Da keiner der beiden Geschäftspartner Bargeld benötigt, ist diese Zahlungsform schnell, billig und vor allem sicher. Man unterscheidet Zahlungen per Überweisung und Zahlungen per Verrechnungsscheck.

Überweisung

Bei der Überweisung erfolgt auf dem Konto des Käufers eine Lastschrift und auf dem Konto des Verkäufers eine Gutschrift.
Die Überweisung kennt mehreren Formen:

- Dauerauftrag
- Lastschriftverfahren
- Eilüberweisung
- Blitzgiro
- Sammelüberweisung

Ein Dauerauftrag wird für Zahlungen angelegt, die regelmäßig wiederkehren, die an den gleichen Empfänger gehen und deren Betrag stets gleich hoch ist, wie zum Beispiel die Miete für eine Wohnung.
Das Lastschriftverfahren ist für Zahlungen vorgesehen, die ebenfalls regelmäßig wiederkehren und an den gleichen Empfänger gehen, deren Betrag aber in der Höhe variiert, wie zum Beispiel die Telefonrechnung.
Die Eilüberweisung ist, wie der Name schon sagt, für dringende Zahlungen gedacht. Die Bank des Käufers sendet in diesem Fall die Gutschriftsanzeige direkt an die Bank des Verkäufers.
Benötigt ein Kunde besonders dringend Bargeld, so kann seine Bank die Auszahlung bei einer beliebigen Bank per Fax anordnen. Dieser Vorgang wird Blitzgiro genannt.
Bei einer Sammelüberweisung kann der Käufer an mehrere Verkäufer gleichzeitig eine Überweisung ausstellen. Damit spart er Zeit und Bankgebühren.

Electronic cash

Das meistgenutzte bargeldlose Zahlungssystem ist Electronic cash. Dabei bezahlt der Käufer mit einer ec-Karte, einer Kreditkarte, einer Bankkarte oder einer hauseigenen Kundenkarte. Voraussetzung ist, dass der Käufer eine solche Karte mit einem elektronisch lesbaren Magnetstreifen und der Verkäufer ein entsprechendes Kassensystem mit Magnetkartenleser besitzen. Das Kassensystem des Verkäufers ist online, das heißt über das Telefonnetz mit der Bank bzw. der Organisation, die die Karten ausgibt, verbunden. Dieses Kassensystem wird auch Point-of-Sale-System, kurz POS, genannt. Sowohl für den Käufer als auch für den Verkäufer ist dieses Zahlungssystem einfach und bequem zu handhaben. Außerdem ist es für beide Seiten sehr sicher, denn der Käufer muss kein Bargeld mit sich herumtragen, und dem Verkäufer garantiert das Kreditinstitut, das die Karte ausgibt, die Zahlung. Der Käufer muss bei einer Zahlung seine Geheimzahl (PIN) benutzen.

Point-of-Sale-System

Anders ist dies beim POZ-System, dem Point-of-Sale-System ohne Zahlungsgarantie. Hier benötigt der Käufer seine Geheimzahl nicht, eine Unterschrift genügt. In diesem Fall trägt das Unternehmen das Risiko des Zahlungseingangs allein. Das POZ-System wird aus Sicherheitsgründen zum 31.12.2006 eingestellt.

POZ-System

Ermittlung des Finanzbedarfs

Der Finanzbedarf, auch Kapitalbedarf genannt, ist die Differenz zwischen den kumulierten Ausgaben und den kumulierten Einnahmen. Um die Liquidität und damit die Existenz des Unternehmens langfristig zu sichern, ist es notwendig, den künftigen Finanzbedarf anhand eines geeigneten Instruments festzustellen und anschließend zu decken. Die Höhe des Finanzbedarfs hängt von der Höhe der Ausgaben und Einnahmen sowie dem zeitlichen Abstand zwischen den Ausgaben und den Einnahmen ab.

Dies wird am folgenden Beispiel deutlich:

Monat	Ausgaben singular	Ausgaben kumuliert	Einnahmen singulär	Einnahmen kumuliert	Finanzbedarf
Januar	1 000	1 000	0	0	1 000
Februar	2 000	3 000	0	0	3 000
März	3 000	6 000	1 000	1 000	5 000
April	1 000	7 000	2 000	3 000	4 000
Mai	2 000	9 000	2 000	5 000	4 000
Juni	1 000	10 000	2 000	7 000	3 000

alle Angaben in Euro

Im März ist der Finanzbedarf mit 5 000 Euro am höchsten, da erst ab März Einnahmen ins Unternehmen zurückfließen, wie auch die graphische Darstellung zeigt.

Finanzbedarf nach Olfert ›

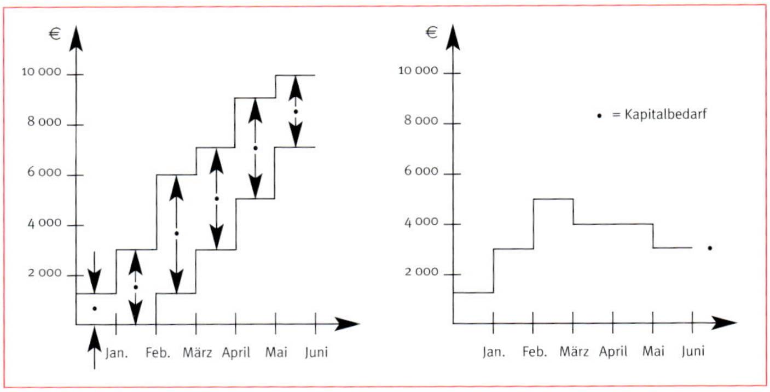

Der Finanzbedarf kann anhand von zwei Instrumenten ermittelt werden:

- Finanzplan
- Kapitalbedarfsrechnung

Der Finanzplan basiert auf Vergangenheitswerten. Aufgrund dieser Werte werden entsprechende Prognosen aufgestellt. Anwendung findet der Finanzplan bei der kontinuierlichen Finanzplanung. Dabei werden alle vorhergesagten Ausgaben den zukünftigen Einnahmen gegenübergestellt:

Grundgerüst eines Finanzplanes ›

	Januar		Februar		März	
	Plan	Ist	Plan	Ist	Plan	Ist
Zahlungsmittel-Anfangsbestand + Einnahmen – Ausgaben = Zahlungsmittel-Endbestand						

Der Finanzplan besteht aus vier Elementen:

- Zahlungsmittel-Anfangsbestand
- Einnahmen
- Ausgaben
- Zahlungsmittel-Endbestand

Diese vier Elemente werden als Ist- und Planwerte erfasst. Die jeweiligen Zahlungsmittel-Endbestände werden als Zahlungsmittel-Anfangsbestände im nächsten Monat angesetzt. Zur Erstellung eines Finanzplanes werden zunächst die zukünftigen Einnahmen und Ausgaben prognostiziert. Dabei müssen zukünftige Unsicherheiten in der Entwicklung der Zahlungsströme berücksichtigt werden.

Finanzpläne ...

Finanzpläne werden nach ihrer Fristigkeit unterschieden in:
- kurzfristige Finanzpläne
- mittelfristige Finanzpläne
- langfristige Finanzpläne

... kurzfristige

Kurzfristige Finanzpläne sind für die Prognose bis zur Dauer eines Jahres ausgelegt. Dies betrifft insbesondere die Liquiditätspläne. Diese Pläne stellen die Liquidität des Unternehmens von Tag zu Tag sicher.

... mittelfristige

Mittelfristige Finanzpläne haben einen Zeithorizont von einem bis vier Jahren. Diese Pläne stellen überwiegend strategische Pläne mit konkreten Maßnahmen dar, wie zum Beispiel Unternehmenserweiterungen.

... langfristige

Langfristige Finanzpläne hingegen sind für die Dauer von mehr als vier Jahren angelegt. Sie enthalten Aussagen über strategische Ausrichtungen des Unternehmens und Kapitalbindungspläne, wie zum Beispiel den Abbau von Verschuldung oder die Erhöhung des Eigenkapitals. Ihre Aufgabe ist somit die Optimierung des Verhältnisses von Eigen- zu Fremdkapital und die Sicherstellung der strukturellen Liquidität.

Eine häufig angewendete Struktur eines Finanzplanes ist die rollierende Finanzplanung. Hierbei wird in jedem Quartal der Finanzplan überprüft und angepasst.

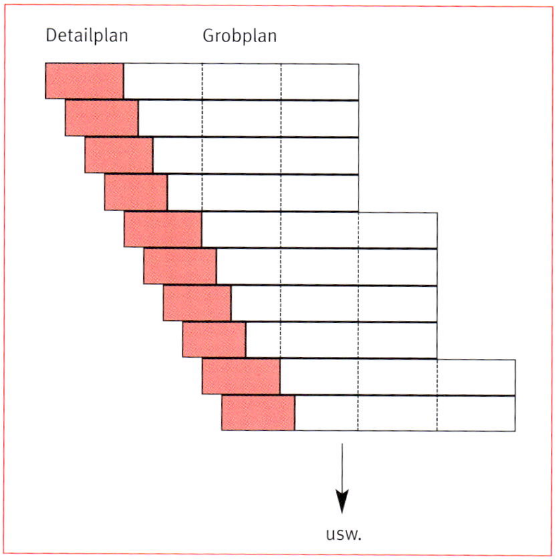

Rollierender Finanzplan (Olfert, Finanzierung, 9. Aufl., S.116)

Kapitalbedarfsrechnung

Die Kapitalbedarfsrechnung basiert entweder auf Näherungswerten, die in ähnlichen Unternehmen festgestellt wurden, oder auf Werten aus Marktforschungsergebnissen. Für Gründungen und Unternehmenserweiterungen ist sie ein geeignetes Instrument.

Anlage- und Umlaufvermögen

Anlage- und Umlaufvermögen stellen aufgrund ihrer Eigenschaften unterschiedliche Anforderungen an das benötigte Kapital, mit dem Gründungen und Erweiterungen finanziert werden sollen. Das Anlagevermögen dient zur Sicherstellung der Betriebsbereitschaft des Unternehmens, das Umlaufvermögen hingegen zur Durchführung des Leistungsprozesses. Deshalb benötigt das Anlagevermögen eine langfristige und das Umlaufvermögen eher eine kurzfristige Finanzierung. Bei der Kapitalbedarfsrechnung werden deshalb Anlagekapitalbedarf und Umlaufkapitalbedarf getrennt voneinander ermittelt. Da die Kapitalbedarfsrechnung für einmalige Gelegenheiten, wie zum Beispiel eine Unternehmensgründung, gedacht ist, erfolgt die Ermittlung des Bedarfs für beide Kapitalarten einmalig.

Der Anlagekapitalbedarf wird folgendermaßen berechnet:

  Anschaffungskosten für Anlagegüter
  (inkl. Transport, Montage, Grundbucheintragungen, ...)
+ Ausgaben für die Gründung
  (zum Beispiel Gebühren und Honorare für Rechtsanwalt, Notar, Makler, ...)
+ Ausgaben für die Ingangsetzung des Geschäftsbetriebes
  (zum Beispiel Kosten für Personalbeschaffung und -einführung, ...)

= Anlagekapitalbedarf

Umlaufkapitalbedarf

Zur Ermittlung des Umlaufkapitalbedarfs werden zunächst die durchschnittlichen täglichen Ausgaben und die Kapitalbindungsdauer des Umlaufvermögens bestimmt. Die durchschnittlichen täglichen Ausgaben für die Umlaufgüter setzen sich folgendermaßen zusammen:

- durchschnittlicher täglicher Werkstoffeinsatz
- durchschnittlicher täglicher (Fertigungs-) Lohneinsatz
- durchschnittlicher täglicher Gemeinkosteneinsatz

Die Kapitalbindungsdauer des Umlaufvermögens setzt sich aus folgenden Zeiten zusammen:

- Rohstofflagerdauer
- Produktionsdauer
- Lagerdauer für Fertigprodukte
- Kundenziel

Zur Berechnung des Umlaufkapitalbedarfs können zwei verschiedene Methoden angewendet werden, die kumulative oder die elektive Methode.

Berechnung des Umlaufkapitalbedarfs

Bei der kumulativen Methode errechnet sich der Umlaufkapitalbedarf aus dem Produkt der Kapitalbindungsdauer ohne das Lieferantenziel und die durchschnittlichen täglichen Ausgaben für Umlaufgüter. Bei dieser Methode werden die verschiedenen Zeitabstände der getätigten Ausgaben nicht berücksichtigt. Deshalb ergibt sich ein höherer Kapitalbedarf als der tatsächlich benötigte.
Eine genauere Methode stellt die elektive Methode dar. Dabei werden die unterschiedlichen Bindungsdauern von Lohn-, Werkstoff- und Gemeinkosteneinsatz beachtet.

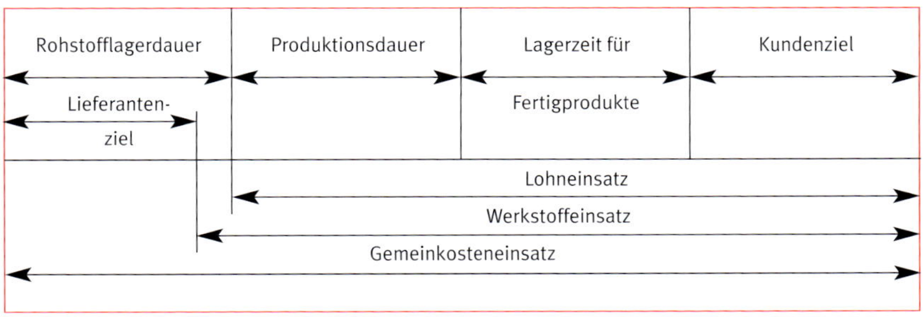

Elektive Methode (Finanzierung, 9. Aufl. Olfert, S 77)

Abschließend werden Anlagenkapitalbedarf und Umlaufkapitalbedarf zum Gesamtkapitalbedarf addiert.

Finanzierungsarten

Zur Deckung des Finanzbedarfs sind mehrere Finanzierungsarten möglich. Der Begriff Finanzierung bezeichnet alle Maßnahmen zur Bereitstellung von Kapital.

Unterscheidungskriterien

Die Finanzierungsarten lassen sich nach mehreren Kriterien unterteilen:

1 Unterteilung nach der Fristigkeit
  > Kurzfristige Finanzierung
  > Mittelfristige Finanzierung
  > Langfristige Finanzierung
2 Unterteilung nach dem Verhältnis von finanzieller Ausstattung und Finanzbedarf
  > Überfinanzierung
  > Unterfinanzierung
  > Bedarfsgerechte Finanzierung

Finanzierungsarten

3 Unterteilung nach dem Finanzierungsanlass
  > Gründungsfinanzierung
  > Erweiterungsfinanzierung
  > Umfinanzierung
  > Sanierungsfinanzierung
4 Unterteilung nach der Mittelherkunft
  > Innenfinanzierung
  > Außenfinanzierung
5 Unterteilung nach der Rechtsstellung der Kapitalgeber
  > Eigenfinanzierung
  > Fremdfinanzierung

In der folgenden Abbildung ist der Zusammenhang zwischen den Finanzierungsarten im Überblick dargestellt:

Überblick und Zusammenhang der Finanzierungsarten ›

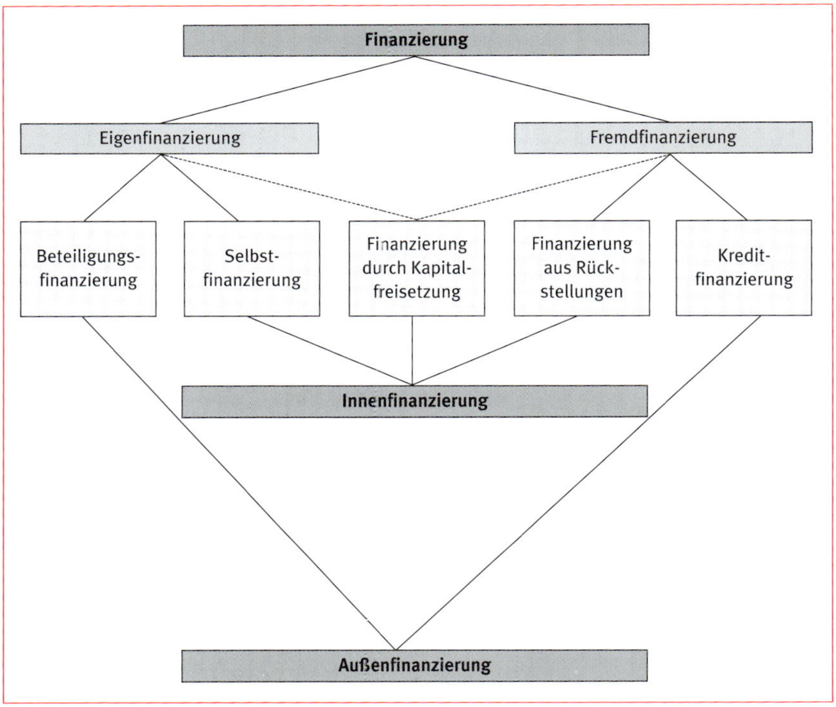

Im Hinblick auf die Mittelherkunft unterscheidet man die Außen- und die Innenfinanzierung. Die Außenfinanzierung ist die Kapitalbeschaffung von außerhalb des Unternehmens, die Innenfinanzierung die Kapitalbeschaffung aus Umsatzerlösen, das heißt, die Finanzierung erfolgt aus dem Unternehmen heraus.

Wird nach der Rechtsstellung der Kapitalgeber unterschieden, so wird in Eigen- und Fremdfinanzierung getrennt. Bei der Eigenfinanzierung bringen die Eigentümer des Unternehmens das Kapital zur Deckung des Finanzbedarfs selbst auf, bei der Fremdfinanzierung wird das benötigte Kapital nicht durch die Eigentümer finanziert; diese sind dann die Gläubiger.

Eigenfinanzierung

Vorteilhaft bei der Eigenfinanzierung ist, dass die Liquidität des Unternehmens nicht belastet wird, da keine festen Zins- und Tilgungsdienste erbracht werden müssen. Außerdem gewährt das Eigenkapital nur dann das Recht auf Gewinnanteil, wenn tatsächlich Gewinne erzielt wurden. Dies bedeutet, dass in Jahren, in denen das Unternehmen Verluste macht, die betriebliche Substanz nicht durch Gewinnausschüttung verringert bzw. wird. Ein weiterer Vorteil ist, dass das Kapital meist unbefristet zur Verfügung steht.

Fremdfinanzierung

Die Vorteile der Eigenfinanzierung entsprechen den Nachteilen der Fremdfinanzierung und umgekehrt. So besteht zum Beispiel der Vorteil in der Fremdfinanzierung darin, dass die Kapitalgeber in der Regel keinerlei Mitspracherecht besitzen. Beim Eigenkapital hingegen bestimmen die Kapitalgeber immer mit. Weiterhin wird bei der Fremdfinanzierung der Gewinn gemindert, da die Fremdkapitalzinsen als Betriebsausgaben abgezogen werden. Dies führt zu einer Senkung der Steuerabgaben.

Beteiligungsfinanzierung

Die Beteiligungsfinanzierung, die auch Einlagenfinanzierung genannt wird, stellt sowohl eine Eigen- als auch eine Außenfinanzierung dar. Eine bzw. mehrere Personen (zum Beispiel OHG, KG, AG) stellen dem Unternehmen vorübergehend oder dauernd Kapital zur Verfügung. Als Gegenleistung für die Kapitaleinlage erhalten die Geldgeber eine Gewinnbeteiligung. Allerdings beteiligen sich die Person(en) auch am Risiko.

Selbstfinanzierung

Auch die Selbstfinanzierung ist eine Eigenfinanzierung: Finanziert ein Unternehmen durch die Zurückhaltung von Gewinnen seinen Kapitalbedarf, spricht man von Selbstfinanzierung. Diese Form der Innenfinanzierung kennt die offene und die stille Selbstfinanzierung. Eine offene Selbstfinanzierung wird durch die Einbehaltung von Gewinnteilen aufgebracht, eine stille Selbstfinanzierung durch die Ansammlung von stillen Reserven.

Finanzierung durch Kapitalfreisetzung

Die Finanzierung durch Kapitalfreisetzung kann sowohl eine Eigen- als auch eine Fremdfinanzierung sein. In beiden Fällen jedoch stellt sie eine Innenfinanzierung dar. Kapital kann durch Pensionsrückstellungen (= Fremdfinanzierung), Vermögensumschichtungen, Abschreibungsrückflüsse bzw. Rationalisierungsmaßnahmen (= Eigenfinanzierung) entstehen.

Rückstellungen

Rückstellungen sind Fremdkapital, deshalb gehört die Finanzierung aus Rückstellungen zur Fremdfinanzierung. Da Rückstellungen im Unternehmen gebildet werden, um zukünftige Aufwandszahlungen mit unbekannter Höhe und unbekannter Fälligkeit (zum Beispiel für Garantien, Pensionen, schwebende Prozesse) abzudecken, stellt diese Finanzierungsart eine Innenfinanzierung dar.

Kredite

Bei der Kreditfinanzierung nimmt ein Unternehmen kurz- bzw. langfristige Kredite von Lieferanten, Banken, anderen Unternehmen u. Ä. in Anspruch. Dadurch stellt die Kreditfinanzierung eine Fremd- und Außenfinanzierung dar. Es gibt mehrere Formen dieser Finanzierungsart, zum Beispiel kurzfristige Lieferanten- und Bankkredite, Obligationen, Wandelschuldverschreibungen usw.

BETRIEBSWIRTSCHAFTLICHE AUSWERTUNG

Zentrales Controlling-Instrument

Die betriebswirtschaftlichen Auswertungen (BWA) werden aus den Daten der Finanzbuchhaltung gewonnen. Diese Basisauswertung erhält fast jedes kleine oder mittelständische Unternehmen jeden Monat entweder über ein Finanzbuchhaltungsprogramm oder vom Steuerberater.

Aufgabe der BWA

Die BWA bieten einen Überblick über den Erfolg des Unternehmens, die Kapitalstruktur und die betriebswirtschaftlichen Kennzahlen. Sie wird in Form einer Summen- und Saldenliste, der kurzfristigen Erfolgsrechnung (KER), der Liquiditätsrechnung, von Betriebsvergleichen und offenen Posten-Auswertungen durchgeführt. Eine wichtige zusätzliche betriebswirtschaftliche Auswertung bietet die DATEV in der Chefübersicht an. Aufgabe des gastgewerblichen Unternehmers ist es, sich die Ergebnisse anzusehen und angemessen darauf zu reagieren.

Frühwarnsystem

Die monatliche BWA wird, wie schon angedeutet, von der DATEV für den Klienten des Steuerberaters erstellt und enthält alle wichtigen Daten zur Unternehmenssteuerung. Die Zahlen der BWA müssen richtig interpretiert werden, damit der gastgewerbliche Unternehmer die betrieblichen Zusammenhänge erkennt und frühzeitig gezielt Fehlentwicklungen verhindern kann. Mit der richtigen Interpretation der Fibu-Zahlen erhält der Unternehmer schnell und einfach eine aktuelle Kosten- und Ertragsanalyse seines Hotels/Restaurants, aber auch der einzelnen Unternehmensbereiche oder von Gästesegmenten.

Instrumente des Controllings

Die betriebswirtschaftliche Auswertung kann für das betriebliche Controlling genutzt werden.
Instrumente des Controllings sind:
- Finanz- und Liquiditätsplanung
- Finanzbuchhaltung
- Budgetierung

Finanz- und Liquiditätsplanung

Die Finanz- und Liquiditätsplanung basiert auf der BWA und ist für das Controlling ein Instrument zur Planung und Steuerung des Unternehmens. Die Ist-Zahlen aus der BWA werden mit den Sollzahlen verglichen, und daraus wird die Personal- und Investitionsplanung abgeleitet. Das Unternehmen kann auch frühzeitig Liquiditätsengpässe erkennen und gegebenenfalls mit Gegenmaßnahmen reagieren.

Finanzbuchhaltung

In der Finanzbuchhaltung werden sämtliche betriebswirtschaftlichen Zahlungsströme abgebildet. Sie ist damit die Grundlage des Controllings.

Budgetierung

Die betriebliche Budgetierung ist ebenfalls eine Form der Unternehmenssteuerung. Die Budgets werden zeitlich nach Monaten, Quartalen und Gesamtjahr sowie nach Abteilungen oder Profit-Centern gegliedert. In diesen Bereichen werden die Erlöse und Kosten genau festgelegt. Bei Unter- bzw. Überschreitungen muss der Verantwortliche reagieren, um das Betriebsergebnis nicht zu gefährden.

Die Budgetierung und die Finanz- und Liquiditätsplanung müssen kurzfristig (möglichst monatlich) beobachtet werden, damit bei Fehlentwicklungen eine frühzeitige Reaktion möglich ist.

Da die Aufbereitung der BWA teilweise schwer verständlich ist, werden im Folgenden der Aufbau und einzelne Bereiche erläutert.

Aufbau der BWA

Eine betriebswirtschaftliche Auswertung besteht aus folgenden Teilen:

- Summen- und Saldenliste
- kurzfristige Erfolgsrechnung
- Bewegungsbilanz
- Liquiditätsrechnung
- Chefübersicht

Darüber hinaus können weitere Auswertungen bei der DATEV abgerufen werden: Grafiken, Einnahmen-Ausgaben-BWA, Kapitaldienstgrenze-BWA, Handwerks-BWA, weitere Branchen- und individuelle Lösungen sowie Lösungen zu Kostenrechnung und Betriebsvergleiche.

Summen- und Saldenliste

Die Summen- und Saldenliste (SuSa) als Grundauswertung der Fibu enthält eine vollständige Auflistung aller Sachkonten (zum Beispiel Anlagekonten wie Technische Anlagen und Maschinen und Konten des Umlaufvermögens wie Lebensmittel-Vorräte) und Personenkonten (Debitoren und Kreditoren) eines konkreten Hotel/Restaurant-Betriebes. Die SuSa geben einen Überblick über die einzelnen Konten. Inhaltlich werden die Anfangsbestände und die Veränderungen im Soll und im Haben des laufenden Monats und die kumulierten Jahreswerte aufgeführt. Die Listen sind hilfreich für Abstimmungs- und Kontrollarbeiten

Mit der SuSa können unter anderem folgende Fragen beantwortet werden:
1 Wie setzten sich Forderungen und Verbindlichkeiten zusammen?
2 Welche Umsätze wurden in welchen Bereichen gemacht?
3 Welche Investitionen bzw. Desinvestitionen (Freisetzung der in konkreten Vermögenswerten gebundenen finanziellen Mittel durch Verkauf) wurden getätigt?
4 Wie ist der Stand der Bank- und Geldkonten?

Kurzfristige Erfolgsrechnung

Die kurzfristige Erfolgsrechnung wertet die Ertrags- und Aufwandskonten eines konkreten Unternehmens aus. Dabei wird das vorläufige Ergebnis einer bestimmten Periode (zum Beispiel Monat) ermittelt. Hierfür müssen neutrale Vorgänge (zum Beispiel nicht abziehbare Vorsteuer oder Spenden) von betrieblichen Vorgängen getrennt werden. Das vorläufige Ergebnis wird für den aktuellen Monat und die kumulierten (aufgelaufenen) Werte (die so genannten Jahresverkehrszahlen) aufgeführt.
Weiterhin werden Relationen (Prozentzahlen) zwischen den Einzel- und Gesamtwerten (zum Beispiel Anteil der Speiseumsätze an den gesamten Umsatzerlösen) gebildet.

Betrieblicher Rohertrag

Ausgehend von den gesamten betrieblichen Umsatzerlösen wird durch Abzug des Wareneinsatzes der betriebliche Rohertrag ermittelt. Beim Gesamtkostenverfahren müssen noch die Bestandsveränderungen an fertigen und unfertigen Erzeugnissen berücksichtigt werden. Davon werden Personalkosten, Raumkosten, Steuern und Beiträge sowie sonstige Kosten abgezogen, um das Betriebsergebnis zu ermitteln.

Kurzfristiges Betriebsergebnis

Die aus dem kurzfristigen Betriebsergebnis gebildeten Kennzahlen lassen bestimmte Tendenzen erkennen und geben Aufschluss über den wirtschaftlichen Erfolg des Unternehmens. So kann beispielsweise das Verhältnis von Wareneinsatz und Umsatzerlösen ermittelt werden. Diese Kennziffer zeigt ob richtig kalkuliert wurde.

Die gewonnenen Zahlen geben Aufschluss über folgende Sachverhalte:
1 Muss der Kalkulationsfaktor bzw. -aufschlag verändert werden?
2 Wie hoch sind Gewinn und Umsatzrendite?
3 Wie hoch ist die Personalaufwandsquote (anteilige Personalkosten pro 100 Euro Gesamtleistung)?
4 Wie setzten sich die Kosten zusammen?

Kurz: Es ist auf einen Blick erkennbar, wie viel von jedem umgesetzten Euro an Gewinn übrig bleibt, das heißt, wie rentabel das Hotel/Restaurant arbeitet.

Bewegungsbilanz

Die Bewegungsbilanz zeigt dem Unternehmer, wie sich seine Bilanzpositionen im Vermögens- und Kapitalbereich vom Beginn des Kalenderjahres (evtl. Wirtschaftsjahres) bis zum Untersuchungszeitpunkt verändert haben. Da die aktive Seite einer Bilanz die Mittelverwendung und die passive Seite die Mittelherkunft zeigt, ist ersichtlich, wohin die Gewinne geflossen sind und wie die Verluste finanziert wurden. Diesbezügliche Leitfragen könnten lauten:

1 Wofür wurden die Mittel verwendet (Investition oder Privatentnahme)?
2 Wie wurden betriebliche Investitionen finanziert?
3 Wie wurden Verluste ausgeglichen (Gewinne oder private Einlagen)?

Die folgende Bewegungsbilanz stellt die Mittelverwendung und die Mittelherkunft einander gegenüber. Die Mittelverwendung drückt aus, wohin die Mittel geflossen sind: Wurde in das Anlage- oder Umlaufvermögen investiert, oder wurden Verbindlichkeiten vermindert? Die Mittelherkunft zeigt, woher die Mittel stammen. Sie können aus dem erwirtschafteten Gewinn, aus neuen Verbindlichkeiten oder aus eingegangenen Zahlungen der Gäste resultieren. Aus dem Beispiel ist leicht ersichtlich, wie die Investitionen in Sachanlagen und die Privatentnahmen finanziert wurden.

Bezeichnung	Mittelverwendung Erh. Aktiva/Mind. Passiva	Prozent	Mittelherkunft Erh. Passiva/Mind. Aktiva	Prozent
Anlagevermögen				
Sachanlagen	69 827,60	54,06 %		
Finanzanlagen				
Umlaufvermögen				
Vorräte				
Lebensmittel				
Getränke				
Forderungen L. u. L.	1 200,00	0,93 %		
Sonst. Vermög- Ggst			700,06	0,54 %
Kasse/Bank/Postbank			48 620,90	37,64 %
Wechsel/Schecks/WP	3 000,00	2,32 %		
Verbindlichkeiten L. u. L.			54 955,65	42,55 %
Verbindlichkeiten gegenüber Kreditinstituten	4 000,00	3,10 %		
Sonst. Verbindlichkeiten	2 936,00	2,27 %		
Umsatzsteuer			200,64	0,16 %
Wertb./Rückst./RAP	2 700,00	2,09 %		
Kapital				
Privat	45 500,00	35,23 %		
Rücklagen				
Vorl. Gewinn/Verlust			24 686,35	19,11 %
Summe Mittelverwend.	129 163,6c	100,00%		
Summe Mittelherkunft			129 163,60	100,00 %

Bewegungsbilanz ›

Die statische Liquidität soll über die Zahlungsfähigkeit des Unternehmens Auskunft geben. Dafür werden die Kassen- und Bankguthaben, die Forderungen und die Verbindlichkeiten sowie die Vorräte stichtagsbezogen ausgewertet. Die Zahlungsfähigkeit des Hotels/Restaurants wird in so genannten Liquiditätsgraden ausgedrückt, die verschiedene Positionen des Umlaufvermögens in Relation zu den kurzfristigen Verbindlichkeiten setzen. Es müssen allerdings auch Fälligkeiten von mittel- und langfristigen Verbindlichkeiten berücksichtigt werden.

Liquidation

Bei der Liquidität geht es nicht nur um die Frage der Zahlungsfähigkeit, sondern auch um das Problem der Rentabilität. Mittel, die auf dem Girokonto herumliegen, sollten besser angelegt werden, um die Rentabilität zu erhöhen. Auch die langfristige Liquidität darf nicht außer Acht gelassen werden. Es ist darüber hinaus zu bedenken, dass nicht alle Zahlungsverpflichtungen in der Bilanz stehen, zum Beispiel die Energiekosten und die Steuern.

Rentabilität

Die Erfahrung aus den Beratungen von JungunternehmerInnen zeigt, dass anfänglich die Buchhaltung meist selbst gemacht wird, jedoch nicht regelmäßig. Der Grund: Die Umsätze sind gering. Dies führt dazu, dass keine BWA für die Betriebsanalyse bzw. die Kontrolle der Unternehmenskosten angefertigt wird. Eine BWA kann aber auch durch die eigene Buchhaltung erstellt werden, indem die einzelnen Konten, zum Beispiel Miete und Bürokosten, monatlich den Umsätzen und Erlösen gegenübergestellt werden.

Betriebsanalyse

In vielen Fällen ist der einzelne Umsatz- oder Kostenwert eines Monats von eher geringer Aussagekraft. Deshalb ist es sinnvoll, sich die Entwicklung regelmäßig über mehrere Monate hinweg anzusehen. Um die Arbeit zu erleichtern, sollten die einzelnen Monatswerte in eine übersichtliche Tabelle übertragen werden. Das ermöglicht einen schnellen Überblick über die Entwicklung in den einzelnen Monaten und Quartalen.

Monatswerte vergleichen

Wichtige Kennziffern im Einzelnen

Die Liquidität, Rentabilität und Wirtschaftlichkeit hängen von den Zahlungsströmen (Einzahlungen, Auszahlungen, Einnahmen, Ausgaben, Erträge, Aufwendungen, Kosten und Leistungen) ab. Die Aussagekraft der Zahlen lässt sich durch die Bildung von Kennzahlen steigern. Kennzahlen sind Grund- oder Verhältniszahlen, die zwei oder mehr Einzelwerte in Beziehung zueinander setzen. Es gibt eine Vielzahl von Kennzahlen, einige bekannte und einfache Kennzahlen sollen hier erläutert werden.

Zahlungsfähigkeit

Die Zahlungsfähigkeit wird mithilfe des Liquiditätsgrades ermittelt. Allerdings sollten nicht nur die Kennzahlen aus dem aktuellen Jahr, sondern auch die Werte der vorherigen und der nächsten Periode herangezogen werden.

Ermittlung der Liquiditätsgrade ›

$$\text{Barliquidität} = \frac{[\text{flüssige Mittel}]}{[\text{kurzfristige Verbindlichkeiten}]} \times 100$$

$$\text{Liquidität 2. Grades} = \frac{[\text{flüssige Mittel u. kurzfristige Forderungen}]}{[\text{kurzfristige Verbindlichkeiten}]} \times 100$$

$$\text{Liquidität 3. Grades} = \frac{[\text{flüssige Mittel u. kurzfristige Forderungen u. Vorräte}]}{[\text{kurzfristige Verbindlichkeiten}]} \times 100$$

Die Barliquidität setzt die flüssigen Mittel (Kassenbestand, Bankbestände) ins Verhältnis zu den kurzfristigen Verbindlichkeiten (überzogene Girokonten, kurzfristige Verbindlichkeiten aus Lieferungen und Leistungen, kurzfristige Steuerverbindlichkeiten). Die Prozentzahl gibt an, zu wie viel Prozent die kurzfristigen Verbindlichkeiten durch Barmittel zu begleichen sind.

Die Liquidität 2. Grades nimmt zu den flüssigen Mitteln die kurzfristigen Forderungen hinzu. In diesem Fall werden Finanzmittel und Verbindlichkeiten mit gleichen Fristen gegenübergestellt. Sie sollte bei einem wirtschaftlich gesunden Betrieb bei etwa hundert Prozent liegen.

Die Liquidität 3. Grades erweitert den Zähler um die Vorräte (zum Beispiel Lebensmittel- und Getränkelager). Hintergrund dafür ist die Tatsache, dass gerade in der Gastronomie die Lebensmittel und auch die meisten Getränke relativ schnell umgeschlagen werden und damit zu Einzahlungen führen.

Vermögensstruktur

Die Kennzahlen zur Vermögensstruktur, die der Unternehmer auch teilweise allein ermitteln kann, beurteilen die Vermögenspositionen der Bilanz untereinander.

Kennzahlen zur Vermögensstruktur

$$\text{Anlageintensität} = \frac{\text{Anlagevermögen}}{\text{Gesamtvermögen}} \times 100$$

$$\textbf{auch} \quad \frac{\text{Anlagevermögen}}{\text{Umlaufvermögen}} \times 100$$

$$\text{Vermögenselastizität} = \frac{\text{Umlaufvermögen}}{\text{Anlagevermögen}} \times 100$$

$$\text{Umlaufintensität} = \frac{\text{Umlaufvermögen}}{\text{Gesamtvermögen}} \times 100$$

$$\text{Vorratsquote} = \frac{\text{Vorräte}}{\text{Gesamtvermögen}} \times 100$$

Die Anlageintensität ist naturgemäß in der Gastronomie nicht so hoch wie in der Hotellerie. Bei einem Hotelbetrieb, der dem Unternehmer gehört, sind durch Grundstücke und Gebäude sowie durch andere Anlagen bereits bis zu zwei Drittel des Gesamtvermögens gebunden. Eine hohe Anlageintensität beeinträchtigt in der Regel die Flexibilität eines Unternehmens. Hotelbetriebe haben deshalb hohe Fixkosten, die unabhängig von der Beschäftigung anfallen. Eine niedrige Vorratsquote weist darauf hin, dass die Lagerbestände niedrig gehalten werden. Unter Kostengesichtspunkten ist dies zu begrüßen, wenn dadurch die Produktion nicht gefährdet wird.

Kapitalstruktur und Investierung

$$\text{Eigenkapitalanteil} = \frac{\text{Eigenkapital}}{\text{Gesamtkapital}} \times 100$$

$$\text{Fremdkapitalanteil (=Anspannungskoeffizient)} = \frac{\text{Fremdkapital}}{\text{Gesamtkapital}} \times 100$$

Kennzahlen zur Kapitalstruktur

$$\text{Verschuldungskoeffizient} = \frac{\text{Fremdkapital}}{\text{Eigenkapital}} \times 100$$

$$\text{Investierung (Finanzierungskoeffizient) (Deckungsgrad 1)} = \frac{\text{Eigenkapital}}{\text{Anlagevermögen}} \times 100$$

$$\text{Anlagedeckung (Deckungsgrad 2)} = \frac{\text{(Eigenkapital + langfr. Fremdkapital)}}{\text{Anlagevermögen}} \times 100$$

$$\text{Quote des kurzfr./langfr. FK} = \frac{\text{kurzfr. o. langfr. Fremdkapital}}{\text{Gesamtkapital}} \times 100$$

Bei diesen Kennzahlen sind Rückschlüsse auf die Finanzierung möglich. Ein hoher Eigenkapitalanteil ist ein Zeichen für finanzielle Unabhängigkeit. Das Unternehmen kann einen Kreditbedarf bei den Banken einfacher realisieren. Die Quoten des kurzfristigen und langfristigen Fremdkapitals bringen eventuelle Umschuldungen zum Ausdruck. Es ist betriebswirtschaftlich sinnvoll, wenn Investitionen auch langfristig finanziert werden (Anlagedeckung).

Rentabilität

$$\text{Eigenkapitalrentabilität} = \frac{\text{(Jahresüberschuss – Unternehmerlohn)}}{\text{Eigenkapital}} \times 100$$

$$\text{Gesamtkapitalrentabilität} = \frac{\text{(Jahresüberschuss – Unternehmerlohn + FK-Zinsen)}}{\text{Gesamtkapital}} \times 100$$

$$\text{Umsatzrentabilität} = \frac{\text{Jahresüberschuss}}{\text{Umsatz}} \times 100$$

Der Jahresüberschuss (Gewinn) hat nur in Zusammenhang mit dem investierten Kapital eine Aussagekraft. Es sollte allerdings wegen der Vergleichbarkeit bei Personengesellschaften der Unternehmerlohn abgezogen werden. Der Unternehmer muss seinen Lohn aus dem Gewinn bestreiten. Die Eigenkapitalrentabilität sollte oberhalb der Fremdkapitalzinsen liegen. Während die EK-Rendite die Verzinsung der Einlagen der Gesellschafter zum Ausdruck bringt, gibt die Gesamtkapitalrentabilität die Zinsen für das Eigen- und Fremdkapital an.

Kapitalrentabilität

Sonstige Kennziffern

$$\text{Kapitalumschlagshäufigkeit} = \frac{\text{Betriebsumsatz}}{\text{Bilanzsumme}}$$

$$\text{Kapitalumschlagsdauer} = \frac{365}{\text{Kapitalumschlagshäufigkeit}}$$

$$\text{Return-on-Investment} = \frac{\text{Umsatz}}{\text{Bilanzsumme}} \times \frac{\text{Gewinn}}{\text{Umsatz}} = \frac{\text{Gewinn}}{\text{Bilanzsumme}}$$

Der Return-on-Investment (RoI) ist eine Kennzahl zur Erweiterung der Rentabilität und wird auch als Gewinnrate bezeichnet. Der RoI wird als Produkt aus der Kapitalumschlagshäufigkeit und der Umsatzrentabilität errechnet. Die Kennzahl bringt zum Ausdruck, wie viel Cent Gewinn je eingesetztem Euro erzielt wird. Der Cash-Flow (C-F), auch Kassenzufluss, ist eine Kennziffer zur Finanzkraft eines Unternehmens. Diese vereinnahmten Zahlungsmittel können für Investitionen, zur Schuldentilgung und zur Gewinnausschüttung verwendet werden. Es gibt allerdings in der Literatur keine eindeutige Definition, deshalb soll die Vorgehensweise der Deutschen Bundesbank (DBBk) zugrunde gelegt werden:

Return-on-Investment

	Jahresüberschuss (nach Steuern)
+	Abschreibungen
+	Veränderungen der Rückstellungen
+	Veränderungen der Sonderposten mit Rücklagenanteil
=	Cash-Flow der eigenerwirtschafteten Mittel
+/–	a.o. und betriebsfremde Aufwendungen/Erträge
=	Cash-Flow der gewöhnlichen Geschäftstätigkeit

$$\text{Cash-Flow-Quotient} = \frac{\text{Verbindlichkeiten}}{\text{Cash-Flow}}$$

$$\text{Cash-Flow-Umsatzrate} = \frac{\text{Cash-Flow}}{\text{Umsatzerlöse}} \times 100$$

Cash-Flow

Der Cash-Flow ist eine finanzielle Stromgröße, die den erwirtschafteten Periodenerfolg des Zahlungsmittelüberschusses angibt. Er bringt damit die Innenfinanzierungskraft eines Hotels/Restaurants zum Ausdruck. Die Kennziffer kann auf die Verbindlichkeiten und die Umsatzerlöse bezogen werden. Der C-F-Quotient gibt anschaulich die Schuldentilgungsdauer in Jahren an, falls der C-F in der entsprechenden Höhe bestehen bleibt. Dagegen gibt die Cash-Flow-Umsatzrate an, wie viel Prozent des Umsatzes dem Unternehmen als Finanzmittel zufließen.

Neben den klassischen Kennziffern, werden im Gastgewerbe häufig folgende Kennziffern verwendet:

$$\text{Gesamterlöse pro Tag} = \frac{\text{Gesamterlöse}}{\text{Öffnungstage}}$$

$$\text{Netto-Umsatz pro Mitarbeiter und Jahr} = \frac{\text{Nettoerlöse}}{\text{Anzahl der Mitarbeiter}}$$

Gesamterlöse

Die Gesamterlöse pro Tag geben Aufschluss über die Verteilung der Umsätze und lassen auslastungsstarke und auslastungsschwache Tage sofort hervortreten. Ähnliche Kennziffern sind die Gesamterlöse pro Zimmer, pro Tisch oder pro Stuhl. Der Netto-Umsatz pro Mitarbeiter ist abhängig von der Branche. Das Gastgewerbe als Dienstleister braucht einen Nettoumsatz zwischen 50 000 Euro und 60 000 Euro pro Mitarbeiter.

Die durchschnittliche Aufenthaltsdauer von Gästen wird in der Branche als Kriterium für die Art der Gäste und die Art des Hotels angesehen. Im Zusammenhang mit dem Yield-Management werden häufig drei weitere Größen verwendet:

$$\text{Occupancy} = \frac{\text{Belegte Zimmer}}{\text{Anzahl der Zimmer x Öffnungstage}} \text{ x 100}$$

Kennziffern zur Wirtschaftlichkeit

$$\text{Average Room Rate} = \frac{\text{Logiserlöse}}{\text{Belegte Zimmer}}$$

$$\text{REVPAR} = \text{Average Room Rate x Occupancy}$$

Diese Kennziffern bringen die Wirtschaftlichkeit eines Hotels zum Ausdruck.

Qualitative Daten

Genauso wichtig wie die quantifizierbaren Größen sind die qualitativen Daten, die Aufschluss geben können über die Qualität der Dienstleistung, den Servicegrad und die Gästezufriedenheit. Auch in diesem Zusammenhang können Kennzahlen gebildet werden, wie beispielsweise der Anteil an Stammgästen oder die Anzahl der Reklamationen pro hundert Gäste.

Die BWA und die Kennziffern geben Aufschluss über die Liquidität, Rentabilität und Wirtschaftlichkeit des gastgewerblichen Betriebes. Es ist daher wichtig, dass die Geschäftsleitung auf negative Entwicklungen sofort reagiert. Denn nur auf diese Weise können die Servicequalität und der gute Ruf des Hotels/Restaurants gesichert werden.

BWA und Betriebsvergleich

Funktion des Betriebsvergleichs

Der Betriebsvergleich ist eine systematische Gegenüberstellung von gastgewerblichen Größen zur Beurteilung wirtschaftlicher Sachverhalte. Der Unternehmensvergleich wird dabei zur Zielsetzung, Planung, Kontrolle und Steuerung des Betriebsgeschehens herangezogen.
Folgende Arten des Vergleichs sind denkbar:

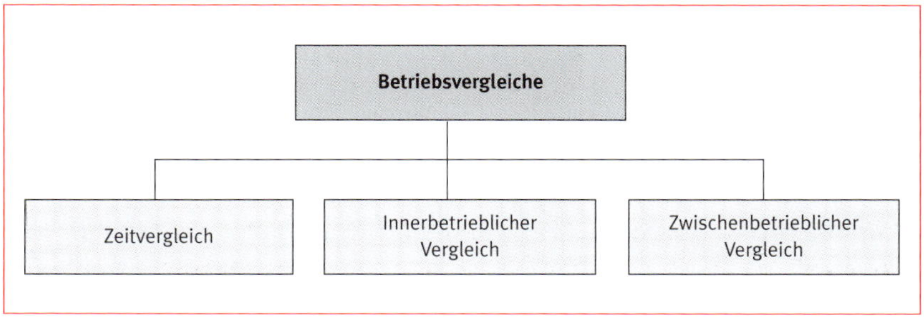

Zeitvergleich

Beim Zeitvergleich werden die Zahlen eines Betriebes aus verschiedenen Zeiträumen miteinander verglichen. Häufig wird dabei ein Soll-Ist-Vergleich herangezogen. Allerdings besteht dann das zu vergleichende Zahlenmaterial nicht nur aus tatsächlichen Größen unterschiedlicher Perioden, sondern es werden auch geplante Zahlen herangezogen. Diese Sollzahlen werden überwiegend aus Ist-Zahlen der Vergangenheit abgeleitet.

Innerbetrieblicher Vergleich

Bei einem innerbetrieblichen Vergleich werden betriebswirtschaftliche Größen aus verschiedenen Abteilungen oder Bereichen (zum Beispiel Bankett-Abteilung mit Partyservice) miteinander verglichen.

Zwischenbetrieblicher Vergleich

Der zwischenbetriebliche Vergleich umfasst die betriebswirtschaftlichen Zahlen verschiedener Unternehmen (zum Beispiel der selbstständigen Schlosshotels). Das Zahlenmaterial kann sich auf eine oder mehrere Rechnungsperioden, auf einen oder verschiedene Zeitpunkte beziehen.

Finanzwirtschaftliche Vergleiche

Da wir uns hier auf den innerbetrieblichen Vergleich der BWA beziehen, sollen auch die finanzwirtschaftlichen Vergleiche angesprochen werden, zum Beispiel Bilanzvergleiche, Liquiditätsvergleiche, Vermögens- und Kapitalstrukturvergleiche, Vergleiche der Investitionen und deren Deckung, aber auch der Vergleich von Aufwands- und Ertragsgrößen wie Kostenarten, Kostenstellen, Kostenträger und Erlöse. Ein Vergleich von Kennziffern ist ebenfalls möglich.

Bewertung der Ergebnisse

Das Ergebnis des Betriebsvergleichs besteht in der Interpretation des Zahlenmaterials. Die Vergleichsaussage darf allerdings weder leichtfertig verallgemeinern noch wegen ihres begrenzten Erkenntniswertes verleugnet werden. Bei der Gegenüberstellung und vor allem bei der Interpretation müssen die speziellen betrieblichen Bedingungen des eigenen Unternehmens berücksichtigt werden. Häufig ist die isolierte Betrachtung einer Vergleichsziffer nicht ausreichend. Es sollten deshalb mehrere Größen herangezogen werden. Die zwischenbetrieblichen Vergleiche erfordern in der Kostenrechnung die Berücksichtigung von kalkulatorischen Kosten, etwa den kalkulatorischen Unternehmerlohn für Eigentümer-Unternehmer.

Aus dem DATEV-Betriebsvergleich lassen sich Basisinformationen für die Analyse und Planung des Unternehmensgeschehens ableiten.
Diese Gegenüberstellung kann in folgenden Zeiträumen erfolgen:

- monatlich
- vierteljährlich
- jährlich

Zusätzlich kann eine Gesamtübersicht über alle Auswertungsarten erstellt werden. Die Auswertungen können auch graphisch in Balkendiagrammen aufbereitet werden und nach unterschiedlichen Kriterien erstellt werden, zum Beispiel nach Branchen, Umsatzklassen, Regionen und Sparten.
Gastgewerbliche Betriebe können für den zwischenbetrieblichen Vergleich in der Branche „Hotel- und Gaststättengewerbe" teilnehmen.
Die Durchschnittswerte aus den Vergleichsbetrieben der Branche sind besonders aufschlussreich, lassen aber keine Rückschlüsse auf die teilnehmenden Unternehmen zu.

Die Tabelle zeigt beispielhaft den Aufbau eines Betriebsvergleichs mit Branchenzahlen. Die Zahlen der Finanzbuchführung können, wie bereits beschrieben, auch nach anderen Gesichtspunkten ausgewertet werden.

	Eigener Betrieb		Durchschnitt vergleichbarer Betriebe		Abweichungen
	€	%	€	%	absolut/relativ
Erfolgsrechnung					
Umsatzerlöse	4 597 100,00	100,00%	4 617 500,00	100,00 %	– 20.400,00
Warenkosten	605 800,00	13,18 %		13,50 %	– 0,32 %
Waren–Rohgewinn	3 991 300,00	86,82 %		86,50 %	0,32 %
Kostenarten					
Personalkosten	1 695 300,00	36,88 %		35,50 %	1,38 %
Energieaufwand	261 900,00	5,70 %		6,00 %	– 0,30 %
Steuern/Vers./Beiträge	63 700,00	1,39 %		1,20 %	0,19 %
Betriebs– u.Verwaltungs–aufwand	722 400,00	15,71 %		15,30 %	0,41 %
Mieten/Pachten	756 100,00	16,45 %		16,20 %	0,25 %
Management/ Franchisegebühren	88 200,00	1,92 %		1,90 %	0,02 %
Leasingaufwand	24 000,00	0,52 %		0,40 %	0,12 %
Abschreibungen	67 300,00	1,46 %		1,10 %	0,36 %
GWG	2 345,00	0,05%		0,05 %	0,00 %
Instandhaltung	4 523,00	0,10 %		0,20 %	– 0,10 %
Sonstige Kosten	16 590,00	0,36 %		0,33 %	0,03 %
Gesamtkosten	**3 702 358,00**	**80,54 %**		**81,00 %**	**– 0,46 %**
Neutrales Ergebnis	– 6 629,00	– 0,14 %		– 0,15 %	0,01 %
Davon Zinsaufwand	10 294,00	0,22 %		0,22 %	0,00 %
Steuerliches Ergebnis	**282 313,00**	**6,14 %**		**6,00 %**	**0,14 %**
Kalkulatorische Kosten					
Kalk. Unternehmerlohn	90 00,00	1,96 %		1,90 %	0,06 %
Kalk. Lohn unentg. Mit.	0,00	0,00 %		0,30 %	– 0,30 %
Kalk. Zinsen	0,00	0,00 %		0,10 %	– 0,10 %
Kalk. Miete	3 500,00	0,08 %		0,07 %	0,01 %
Kalk. Afa	500,00	0,01 %		0,01 %	0,00 %
Kalk. Kosten gesamt	94 000,00	2,04 %		2,38 %	– 0,34 %
Betriebswirts. Ergebnis	**188 313,00**	**4,10 %**		**4,30 %**	**– 0,20**

Jahresbetriebsvergleich mit dem Beispiel: Ferien- u. Wellnesshotel - Pachtbetrieb

FINANZBUCHHALTUNG

Rechtlicher Rahmen

Die Finanzbuchhaltung kann grundsätzlich für die Unternehmensleitung, aber auch für außenstehende Personen wichtige Informationen liefern. Ursprünglich diente die Buchhaltung der Gedächtnisstütze des Hoteliers oder Gastronomen. Gerade bei der Abrechnung von Lieferanten (Kreditoren) und dem Einzug von offenen Rechnungen (Debitoren) ist die Buchhaltung sehr zweckmäßig. Später kamen Anforderungen des Gesetzgebers hinzu. Bis heute ist daraus ein Gesamtsystem entstanden, das wir als betriebliches Rechnungswesen bezeichnen.

Die Aufgaben des betrieblichen Rechnungswesens werden darin gesehen, das betriebliche Geschehen in vergleichbaren Zahlengrößen unter Beachtung gesetzlicher, zeitlicher und kostenmäßiger Nebenbedingungen darzustellen.

Betriebliches Rechnungswesen

Das betriebliche Rechnungswesen ist ein System zur zahlenmäßigen Ermittlung und Erfassung des Unternehmensgeschehens. Die gespeicherten und verarbeiteten Informationen geben Auskunft über wirtschaftliche und rechtliche Vorgänge im Hotel-Restaurant.
Im Einzelnen hat das betriebliche Rechnungswesen folgende Aufgaben:

1. Dokumentationsfunktion
   Nachprüfbarkeit von Daten, zum Beispiel Lagerbestände, Forderungen und Verbindlichkeiten am Stichtag, Rechenschaftslegung gegenüber den Interessenten
2. Informationsfunktion
   Rechenschaftslegung aufgrund von gesetzlichen Vorschriften gegenüber den Anteilseignern, dem Fiskus und den Gläubigern
3. Dispositionsfunktion
   Informationen für Planungsüberlegungen und Investitionsentscheidungen
4. Kontrollfunktion
   Wirtschaftlichkeits- und Rentabilitätskontrolle
5. Steuerungs- und Lenkungsfunktion
   Kurzfristige Erfolgsrechnung und Soll-Ist-Vergleich zur kurzfristigen Anpassung an die gesetzten Ziele

Es gibt eine Vielzahl von Gliederungsmöglichkeiten des betrieblichen Rechnungswesens in der Literatur. An dieser Stelle soll die traditionelle Vorgehensweise vorgestellt werden.

Die Teilbereiche des betrieblichen Rechnungswesens sind:

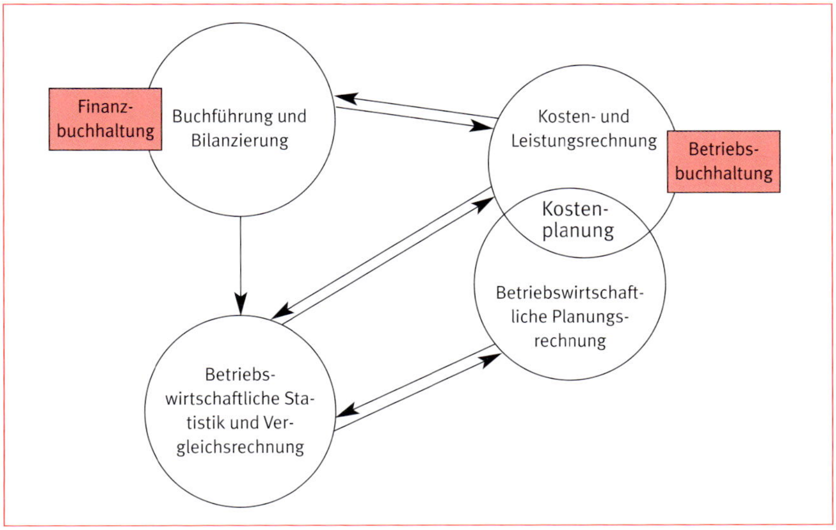

Teilbereiche des betrieblichen Rechnungswesens

Die Pfeile stellen in der Graphik die wichtigsten Informationsflüsse dar. Die Finanzbuchhaltung bleibt in diesem System die Quelle der wichtigsten Informationen und ist wegen des externen Charakters auch weitgehend gesetzlich (HGB, EStG) geregelt, während die Betriebsbuchhaltung, auch Kosten- und Leistungsrechnung (KLR) genannt, allein dem Hotelier oder Gastronomen dient und keinen gesetzliche Regeln unterliegt.
Beide Bereiche bedingen einander, zum Beispiel ist die Rohstoffbeschaffung und der Rohstoffverbrauch Grundlage beider Rechnungen. Die Kosten- und Leistungsrechnung wird im abschließenden Kapitel behandelt.
Das Handelsgesetzbuch (HGB) und das Steuerrecht (Abgabenordnung, Einkommenssteuergesetz) schreiben vor, wer zur Buchführung verpflichtet ist. Nach dem Handelsrecht sind sämtliche Vollkaufleute, also alle Gewerbetreibende, die im Handelsregister eingetragen sind, zur doppelten Buchführung verpflichtet. Weiterhin setzt die Abgabenordnung (AO) Umsatz und Gewinngrenzen nach Steuerrecht.

Buchführungspflichtige Personen

- nach Handelsrecht sämtliche Vollkaufleute
- nach Steuerrecht
  - > sämtliche Vollkaufleute
  - > alle Betriebe, für die eine Kriterium erfüllt ist
    - Umsatz › 350 000,00 Euro
    - Gewinn › 30 000,00 Euro

Buchführungspflichtige Personen nach § 141 AO

Wer diese Grenzen des Steuerrechts nicht überschreitet, braucht nur eine so genannte Überschussrechnung durchzuführen. Das heißt, er führt alle Einnahmen und betriebliche Aufwendungen auf und berechnet daraus den Überschuss (Gewinn oder Verlust).

Die Buchführungspflicht stellt an den Gewerbetreibenden folgende Anforderungen:

Anforderungen der Buchführungspflicht

Anforderungen

- **Handelsrechtliche Vorschriften**
  - > Buchführungspflicht § 238 HGB
  - > Aufstellung eines Inventars §§ 240, 241 HGB
  - > Aufstellung eines Jahresabschlusses §§ 242-245 HGB
  - > Bewertung von Vermögen und Schulden §§ 252-256 HGB
  - > formellen Vorschriften §§ 239, 246-251, 257-261 HGB
- **Steuerrechtliche Vorschriften**
  - > analog zum Handelsrecht
  - > Führung eines Warenein- und Warenausgangsbuches §§ 143, 144 AO

Der Buchführungspflichtige muss dabei die Grundsätze ordnungsmäßiger Buchführung beachten:

Grundsätze ordnungsmäßiger Buchführung

- Die Buchführung muss wahr und richtig sein, das heißt, die Ableitung aus Aufzeichnungen, Wertermittlung und Schätzungen muss nachvollziehbar sein (§ 238 HGB).
- Die Buchführung muss klar und übersichtlich sein, das heißt: Anwendung eines Kontenrahmens und Kontenplanes, keine Saldierung von Aktiv- und Passivposten bzw. Aufwands- und Ertragsposten (§§ 239,1; 246,2 HGB).
- Die Geschäftsfälle sind vollständig, richtig, zeitgerecht und sachlich geordnet zu buchen (§ 239,2 HGB).
- Der ursprüngliche Inhalt einer Buchung darf nicht unleserlich gemacht werden (§ 239,3 HGB).
- Die Buchführungsunterlagen müssen in geordneter Weise aufbewahrt werden (siehe Schaubild Seite 201, § 239,4 HGB).
- Es darf keine Buchung ohne Belege erfolgen (§ 147 AO, § 257 HGB).
- Die Kasseneinnahmen und Kassenausgaben sollen täglich festgehalten werden (§ 148,1 AO).
- Zu Beginn eines Handelsgewerbes und für den Schluss eines jeden Geschäftsjahres ist ein Inventar aufzustellen (§ 240 HGB).

Die Aufbewahrung der Unterlagen aus der Finanzbuchhaltung ist im Handels- und Steuerrecht explizit geregelt (siehe Graphik Seite 201).

Aufbewahrungspflichten

nach Handelsrecht

Unterlagen nach § 257 Abs. 1 HGB	aufzubewahren nach § 157 Abs. 4 HGB
· Handelsbücher, Inventare, Bilanzen, GuV-Rechnungen sowie Arbeitsanweisungen und Organisationsunterlagen · Buchungsbelege	10 Jahre
· empfangene Handelsbriefe · Wiedergaben der abgesandten Handelsbriefe	6 Jahre

nach Steuerrecht

Unterlagen nach § 147 Abs. 1 AO	aufzubewahren nach § 147 Abs. 3 AO
· Bücher und Aufzeichnungen, Inventare, Bilanzen, GuV-Rechnungen sowie Arbeitsanweisungen und sonstige Organisationsunterlagen · Buchungsbelege	10 Jahre Besonderheit: Ablaufhemmung
· empfangene Handelsbriefe · Wiedergaben der abgesandten Handelsbriefe · Sonstige Unterlagen, soweit sie für die Besteuerung von Bedeutung sind	6 Jahre Besonderheit: Ablaufhemmung

Quelle: Bornhofen, Manfred: Buchführung 1, 11. Auflage, Wiesbaden 1999

‹ Aufbewahrungspflichten in der Finanzbuchhaltung

Inventur und Inventar

Jeder Kaufmann ist nach Handels- und Steuerrecht verpflichtet, zu Beginn eines Handelsgewerbes (§ 240,1 HGB) und für den Schluss eines jeden Geschäftsjahres (§ 240,2 HGB) eine Bestandsaufnahme (Inventur, lat. invenire = vorfinden) durchzuführen. Die Inventur ist eine mengenmäßige Bestandsaufnahme aller Vermögensgegenstände und Schulden. Die Schulden können allerdings nur wertmäßig erfasst werden.

Wichtig: Buchführungspflichtige sind auch inventurpflichtig!

Durchführung der Inventur

Bei der Inventur kann nach Art und Verfahren unterschieden werden. Die typische und bekannte Art ist die körperliche Bestandsaufnahme. Durch Zählen, Messen oder Wiegen werden überwiegend im Lagerbereich die Warenbestände ermittelt. Die Wirtschaftsgüter des Vorratsvermögens sind in Inventurlisten vollständig festzuhalten. Diese Ist-Werte werden dann den Soll-Werten einer Lagerbuchführung gegenübergestellt. Weiterhin wird der sollmäßige Kassenbestand laut Kassenbuch durch Zählen der Geldscheine und des Münzgelds am Stichtag überprüft. Die in der Anlagenkartei verzeichneten Anlagegegenstände werden daraufhin untersucht, ob sie in der Realität überhaupt noch vorhanden sind und die zweckmäßige Funktion erfüllen. Bei der Buchinventur wird ein Vergleich der Debitoren und Kreditoren laut Personenkonten mit Saldenbestätigungen durchgeführt. Weichen Buchwerte und Inventurwerte voneinander ab, sind die Inventurwerte maßgeblich.

Buchinventur

Inventur (§§ 240, 241 HGB)

Arten der Inventur

- körperliche Inventur
- Buchinventur

Verfahren der Inventur

- Stichtagsinventur:
  zeitnahe körperliche Bestandsaufnahme
- zeitverschobene Inventur:
  vor- und nachverlegte körperliche Bestandsaufnahme
- permanente Inventur:
  laufende Bestandsaufnahme anhand der Lagerkartei
- Stichprobeninventur
  mit Hilfe mathematisch-statistischer Methoden

Die Wirtschaftsgüter sind grundsätzlich einzeln zu erfassen und zu bewerten. Allerdings gibt es in bestimmten Fällen auch die Möglichkeit der Gruppenbewertung und der Festbewertung.

Gruppenbildung

Bei der Gruppenbildung können gleichartige Wirtschaftsgüter des Vorratsvermögens (zum Beispiel alle Fette oder Öle) zusammengefasst und mit einem gewogenen Durchschnittswert angesetzt werden (§ 240 Abs. 4 HGB). Auf diese Weise dürfen auch annähernd gleichwertige Wirtschaftsgüter des Vorratsvermögens erfasst werden.

Festwertverfahren

Das Festwertverfahren greift für Roh-, Hilfs- und Betriebsstoffe. Der Wert dieser Gegenstände kann regelmäßig über einen längeren Zeitraum unverändert fortgeführt werden. Eine Inventur dieser Stoffe ist regelmäßig nur jedes dritte Jahr erforderlich (§ 240 Abs. 3 HGB).

Bewertung

Die Wirtschaftsgüter sind normalerweise mit den Anschaffungs- oder Herstellungskosten oder mit dem niedrigeren Teilwert zu bewerten (§ 6 Abs. 1 Nr. 2 EStG). In Ausnahmefällen ist bei vertretbaren Vorratsgütern, deren Einstandspreise Schwankungen unterliegen, auch ein geschätzter Durchschnittswert zulässig.

Bei den Inventur-Verfahren ist die Stichtagsinventur die Regelinventur. Als Erleichterung kommen auch die vor- oder nachverlegte Stichtagsinventur, die permanente Inventur und die Stichprobeninventur in Frage.

Stichtagsinventur

Die Stichtagsinventur ist für den Bilanzstichtag durchzuführen. Dies bedeutet nicht, dass am 31. 12. die gesamte Inventur in der Zeit ab Geschäftsschluss bis zum Beginn des neuen Jahres vorgenommen werden muss. Der gastgewerbliche Unternehmer kann vielmehr zeitnah, das heißt zehn Tage vor oder nach dem Stichtag, mit der Inventur beginnen und enden.
Die vor- oder nachverlegte Stichtagsinventur kann gemäß § 241 Abs. 3 HGB auf einen Tag innerhalb der letzten drei Monate vor dem Bilanzstichtag vorverlegt oder auf einen Tag in den ersten zwei Monaten nach dem Bilanzstichtag nachverlegt werden. Allerdings muss der Inventurwert des Aufnahmetags auf den Bilanzstichtag vor- oder zurückgerechnet werden.

Permanente Inventur

Die permanente Inventur wird für den Bilanzstichtag mithilfe einer Lagerbuchführung ermittelt. Mindestens einmal jährlich muss für jede Lagerposition zu einem beliebigen Zeitpunkt eine körperliche Bestandsaufnahme stattfinden. Die Lagerkartei muss so beschaffen sein, dass sie die Bestände nach Art, Menge und Wert angibt und laufend fortschreibt.

Stichprobeninventur

Die Stichprobeninventur nach § 241 Abs. 1 HGB erlaubt schließlich eine Inventur mit Hilfe anerkannter mathematisch-statistischer Methoden aufgrund von Stichproben. Die Stichprobeninventur beruht auf dem Gedanken, dass mit einer repräsentativen Stichprobe auf den Gesamtbestand geschlossen werden kann.

Die Inventurlisten müssen ausgewertet und bewertet werden. Daraus entsteht ein Inventar. Im Inventar werden alle Vermögensgegenstände und Schulden ihrer Art nach wert- und mengenmäßig aufgeführt.
Das Inventar ist staffelförmig wie folgt aufgebaut:

A. Vermögen
B. Schulden
C. Reinvermögen = Eigenkapital

Es gilt also immer die Gleichung:

Eigenkapital = Vermögen – Schulden

Die Vermögensgegenstände werden nach der Liquidität, die Schulden nach der Fristigkeit geordnet. In verkürzter Form könnte dies wie folgt aussehen:

Inventarliste

Inventar Hotel-Restaurant Holzer, Adorf Zum 31.12.2005 (Angaben in Euro)		
A. Vermögensgegenstände		
I. Anlagevermögen		
1. Grundstück Bergheimer Str. 25	150 500,00	
2. Gebäude Bergheimer Str. 25	950 000,00	
3. Technische Anlagen lt. Aufstellung	859 200,00	
4. Fuhrpark		
1 Audi A6 HD-Z 100	25 780,00	
1 Ford Transit HD-X 250	18 540,00	
5. Betriebs- und Geschäftsausstattung		
Küche lt. Aufstellung	48 590,00	
Restaurant lt. Aufstellung	125 600,00	
Hotel lt. Aufstellung	358 700,00	
Summe Anlagevermögen		**2 536 910,00**
II. Umlaufvermögen		
1. Vorräte Lebensmittel lt. Inventurlisten	12 340,00	
2. Vorräte alkholfreie Getränke lt. Inventurlisten	8 560,00	
3. Vorräte alkoholische Getränke lt. Inventurlisten	4 800,00	
4. Vorräte Spirituosen lt. Inventurlisten	1 850,00	
5. Forderungen gegenüber Gästen lt. Debitorenliste	4 230,00	
6. Bankguthaben Volksbank Kto.Nr. 123456	22 360,00	
7. Bankguthaben Sparkasse Kto.Nr. 789123	5 200,00	
8. Kassenbestand lt. Kassenbericht	1 250,00	
Summe des Umlaufvermögens		**60 590,00**
Summe der Vermögensgegenstände		**2 597 500,00**
B. Schulden		
I. Langfristige Bankkredite		
1. Kreditbank Kto.Nr. 456789	340 000,00	
2. Hypothekenbank Kto.Nr. 123789	1 450 000,00	
Summe der langfristigen Schulden		**1 790 000,00**
II. Verbindlichkeiten bei Lieferanten		
1. Großhandelsmarkt	12 560,00	
2. Getränkehändler Bruch	8 790,00	
3. Gemüsehändler Meier	1 230,00	
Summe der kurzfristigen Schulden		**22 580,00**
Summe der Schulden		**1 812 580,00**
C. Ermittlung des Reinvermögens		
Summe der Vermögensgegenstände		**2 597 500,00**
– Summe der Schulden		**1 812 580,00**
= Reinvermögen (Eigenkapital		**784 920,00**

Die einzelnen Positionen sind in der Praxis häufig viel stärker aufgegliedert. Das Inventar ist die Grundlage für die Erstellung der Bilanz.

Bilanz

Wenn im Inventar die Vermögensgegenstände und Schulden detailliert aufgezeichnet werden müssen, kann dies sehr umfangreich und unübersichtlich werden. Die Bilanz versucht gleichartige Positionen des Inventars zusammenzufassen und enthält nur noch Wertangaben. Traditionell wird die Bilanz in Kontenform dargestellt. Das Wort Bilanz stammt aus dem Italienischen: „bilancia“ ist die „Waage“ und bedeutet, dass die zwei Seiten der Bilanz immer gleich „schwer“, also ausgeglichen sein müssen. Auf der linken Seite (Aktivseite) werden die Vermögensgegenstände, auf der rechten Seite (Passivseite) das Eigenkapital und die Schulden aufgeführt. Wie beim Inventar werden die Positionen der Aktivseite nach der Liquidierbarkeit und die der Passivseite nach der Fristigkeit gegliedert.

Aktivseite und Passivseite

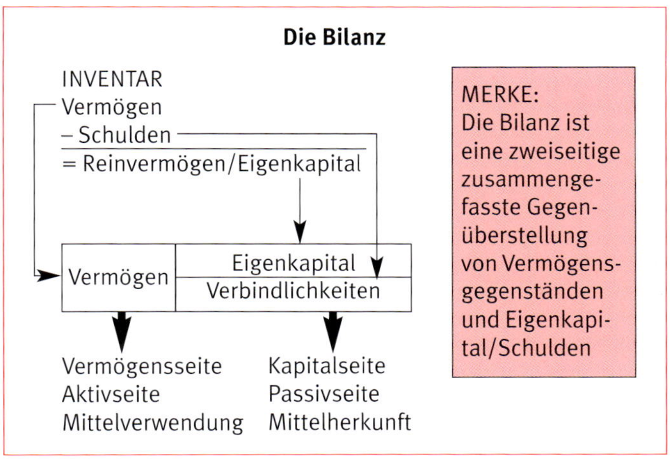

‹ *Struktur einer Bilanz*

Die Aktivseite zeigt darüber hinaus, wie die Finanzmittel verwendet wurden. Die Passivseite dagegen gibt an, von wem die Finanzmittel stammen. Das Eigenkapital errechnet sich als Differenz aus Vermögen und Schulden:

Summe der Aktiva = Summe der Passiva

Die Bilanzgleichung muss immer eingehalten werden. Dies lässt aber keinerlei Rückschlüsse auf den ökonomischen Zustand eines Hotels/Restaurants zu. Nur wenn die Schulden größer als das Vermögen sind, liegt eine Überschuldung vor, die bei Kapitalgesellschaften zur Insolvenz führt. Bei der Aufstellung der Bilanz sind die Gliederungsvorschriften des § 266,2 HGB zu beachten, das gilt grundsätzlich auch für die Steuerbilanz. Unternehmen, die nicht publizitätspflichtig sind, erstellen in der Regel eine Einheitsbilanz, die sich wegen der Steuerschuld an steuerrechtlichen Vorschriften orientiert. Zusätzlich bestehen in den §§ 238 ff HGB weitere Vorschriften zu einzelnen Positionen und zu Wertansätzen.

Bilanzgliederung lt. HGB

Bilanz

Aktiva	**Passiva**
A. Anlagevermögen I. Immaterielle Vermögensgegenstände 1. Konzessionen, gewerbliche Schutzrechte und ähnliche Rechte und Werte sowie Lizenzen an solchen Rechten und Werten 2. Geschäfts- oder Firmenwert 3. Geleistete Anzahlungen II. Sachanlagen 1. Grundstücke, grundstücksgleiche Rechte und Bauten einschließlich der Bauten auf fremden Grundstücken 2. Technische Anlagen und Maschinen 3. Andere Anlagen, Betriebs- und Geschäftsausstattung 4. Geleistete Anzahlungen und Anlagen im Bau III. Finanzanlagen 1. Anteile an verbundene Unternehmen 2. Ausleihungen an verbundene Unternehmen 3. Beteiligungen 4. Ausleihungen an Unternehmen, mit denen ein Beteiligungsverhältnis besteht 5. Wertpapiere des Anlagevermögens 6. Sonstige Ausleihungen	**A. Eigenkapital** I. Gezeichnetes Kapital II. Kapitalrücklage III. Gewinnrücklagen 1. Gesetzliche Rücklage 2. Rücklage für eigene Anteile 3. Satzungsmäßige Rücklagen 4. Andere Gewinnrücklagen
B. Umlaufvermögen I. Vorräte 1. Roh-, Hilfs- und Betriebsstoffe 2. Unfertige Erzeugnisse, unfertige Leistungen 3. Fertige Erzeugnisse und Waren 4. Geleistete Anzahlungen II. Forderungen und sonstige Vermögensgegenstände 1. Forderungen aus Lieferungen und Leistungen 2. Forderungen gegen verbundene Unternehmen 3. Forderungen gegen Unternehmen, mit denen ein Beteiligungsverhältnis besteht 4. Sonstige Vermögensgegenstände III. Wertpapiere 1. Anteile an verbundenen Unternehmen 2. Eigene Anteile 3. Sonstige Wertpapiere IV. Kassenbestand, Bundesbankguthaben, Guthaben bei Kreditinstituten und Schecks	**B. Rückstellungen** 1. Rückstellungen für Pensionen und ähnliche Verpflichtungen 2. Steuerrückstellungen 3. Sonstige Rückstellungen
C. Rechnungsabgrenzungsposten	**C. Verbindlichkeiten** 1. Anleihen, davon konvertibel 2. Verbindlichkeiten gegenüber Kreditinstituten 3. Erhaltene Anzahlungen auf Bestellungen 4. Verbindlichkeiten aus Lieferungen und Leistungen 5. Verbindlichkeiten aus der Annahme gezogener Wechsel und der Ausstellung eigener Wechsel 6. Verbindlichkeiten gegenüber verbundenen Unternehmen 7. Verbindlichkeiten gegenüber Unternehmen, mit denen ein Beteiligungsverhältnis besteht 8. Sonstige Verbindlichkeiten, davon aus Steuern, davon im Rahmen der sozialen Sicherheit
	D. Rechnungsabgrenzungsposten
Summe Aktiva	**Summe Passiva**

Die Bilanz muss nach § 242,1 HGB zum Beginn und für den Schluss eines jeden Geschäftsjahrs erstellt werden. Zur Erstellung der Schlussbilanz ist eine Inventur durchzuführen. Die jeweilige Bilanz muss unter Angabe des Ortes und es Datums persönlich unterschrieben werden. Inventar und Bilanz müssen zehn Jahre (§ 257 HGB) aufbewahrt werden.
Neben diesen Regelbilanzen gibt es noch eine Reihe von Sonderbilanzen, die zu bestimmten Anlässen erstellt werden:

Sonderbilanzen

- Umwandlungsbilanz: Wechsel der Gesellschaftsform
- Auseinandersetzungsbilanz: Liquidation des Unternehmens
- Fusionsbilanz: Verschmelzung von zwei Unternehmen
- Insolvenzbilanz

Bewertungsgrundsätze

Zur Erstellung einer Bilanz müssen rechtliche Vorschriften beachtet werden. Eine Bilanz, die auf handelsrechtlicher Basis (§§ 238 ff HGB) erstellt worden ist, wird als Handelsbilanz (HB) bezeichnet. Dagegen wird eine Bilanz, die den steuerrechtlichen Vorschriften entspricht, Steuerbilanz (StB) genannt (§ 60 Abs. 2 EStDV). In kleinen und mittleren Betrieben wird eine Einheitsbilanz erstellt, sie entspricht überwiegend steuerrechtlichen Vorschriften.
Die Wertansätze der Handelsbilanz sind für die Steuerbilanz maßgebend (§ 5 Abs. 1 EStG). Dieses Prinzip wird als Maßgeblichkeitsgrundsatz bezeichnet. Anders formuliert: Die Steuerbilanz wird aus der Handelsbilanz abgeleitet. In einigen Fällen schreibt das Steuerrecht zwingend abweichende Bewertungen vor. In diesen Fällen wird von einer Umkehrung des Maßgeblichkeitsgrundsatzes gesprochen. Das Steuerrecht verlangt vom Unternehmer, dass er nur dann bestimmte steuerliche Vergünstigungen (zum Beispiel erhöhte Absetzungen auf Anlagegüter, die Bewertungsfreiheit für geringwertige Wirtschaftsgüter) erhält, wenn er in der Handelsbilanz mit denselben niedrigeren Wertansätzen arbeitet.

Handelsbilanz und Steuerbilanz

Zusammenfassend ist festzustellen: Die handelsrechtlichen Wertansätze sind nach dem Maßgeblichkeitsgrundsatz für die Steuerbilanz bindend, es sei denn, das Steuerrecht schreibt zwingend andere Wertansätze vor.
Handels- und Steuerbilanz unterscheiden sich deshalb, weil sie unterschiedlichen Zwecken dienen. Die Handelsbilanz dient der Information des Unternehmers und der Rechenschaftslegung gegenüber Gesellschaftern, Gläubigern und Schuldnern. Während bei der Handelsbilanz der Grundsatz der Vorsicht herrscht, ist bei der Steuerbilanz die Ermittlung des steuerlichen Gewinns und damit die Besteuerung durch den Fiskus maßgebend.

Bei der Erstellung der Bilanz sind folgende Grundsätze zu beachten:

Bewertungsgrundsätze bei der Bilanzerstellung

Bewertungsgrundsätze

Bilanzidentität
Unternehmensfortführung
Einzelbewertung
Vorsichtsprinzip/Imparitätsprinzip
Periodengerechte Aufwands- und Ertragsabgrenzung
Bewertungsstetigkeit

Bilanzidentität

Der Grundsatz der Bilanzidentität (auch Grundsatz des Bilanzzusammenhangs oder der formellen Bilanzkontinuität genannt) besagt, dass die Eröffnungsbilanz des aktuellen Geschäftsjahres mit der Schlussbilanz des letzten Geschäftsjahres übereinstimmen muss (§ 252 Abs. 1 Nr. 1 HGB).

Unternehmesfortführung

Der Grundsatz der Unternehmensfortführung (auch Going-Concern-Prinzip genannt) geht davon aus, dass bei der Bewertung des Vermögens und der Schulden von der Weiterführung der gastgewerblichen Unternehmung auszugehen ist (§ 252 Abs. 1 Nr. 2 HGB). Würde dagegen die Liquidation der Unternehmung anstehen, hätte dies negative Auswirkungen auf den Wert der Vermögensgegenstände. So hat zum Beispiel eine eingebaute Theke in einem gastronomischen Betrieb eine hohen Wert bei der Fortführung, dagegen einen relativ niedrigen Wert beim Verkauf, da eine Sonderanfertigung anderweitig kaum zu gebrauchen ist.

Einzelbewertung

Der Grundsatz der Einzelbewertung verlangt, dass die Vermögensteile und Schulden grundsätzlich einzeln bewertet werden (§ 252 Abs. 1 Nr. 3 HGB). Es gibt natürliche Fälle, in denen eine Einzelbewertung aus praktischen oder tatsächlichen Gründen nicht möglich ist, zum Beispiel bei Gläsern und Besteck. Die Bilanzierung sieht dafür Erleichterungen vor, indem ein Verbrauchsfolgeverfahren (Fifo und Lifo) oder die Festbewertung herangezogen wird:

- Das Lifo-Verfahren (Last in – first out) ist steuerrechtlich für gleichartige Wirtschaftsgüter des Vorratsvermögens möglich. Die zuletzt eingegangen Vorräte werden als erste wieder verkauft (zum Beispiel Schuttgüter).
- Beim Fifo-Verfahren (First in – first out) werden die zuerst eingegangen Vorräte auch als Erstes wieder vom Lager genommen (zum Beispiel Lebensmittel).

Der Grundsatz der Vorsicht besagt, dass die Vermögensgegenstände und die Schulden behutsam zu bewerten sind (§ 252 Abs. 1 Nr. 4 HGB). Nicht realisierte Gewinne dürfen nicht ausgewiesen werden (Realisationsprinzip); Beispiel: Produzierte und konservierte Torten werden erst in der nächsten Periode zu einem höheren Preis verkauft werden. Dagegen sind nicht realisierte Verluste auszuweisen; Beispiel: produzierte und konservierte Torten können in der nächsten Periode nur zu einem niedrigen Preis (unter Herstellkosten) verkauft werden. Durch die Ungleichbehandlung von zukünftigen Gewinnen und Verlusten sprechen wir auch vom Imparitätsprinzip.

Vorsichtsprinzip

Durch verursachungsgerechte Zuordnung von Aufwendungen und Erträgen zu dem entsprechenden Geschäftsjahr wird der Grundsatz der periodengerechten Aufwands- und Ertragsabgrenzung realisiert. Dieser Grundsatz versucht Gewinnverschiebungen zu verhindern.

Periodengerechte Aufwands- und Ertragsabgrenzung

Der Grundsatz der Bewertungsstetigkeit verbietet ein ständiges Wechseln zwischen verschiedenen Bewertungsmethoden, zum Beispiel lineare, dann degressive und dann wieder lineare Abschreibung. Der Unternehmer muss zumindest für eine bestimmte Zeit einmal gewählte Bewertungsmethoden beibehalten, es sei denn, wirtschaftliche Gründe sprechen dagegen. Auch das soll Gewinnverlagerungen verhindern.

Bewertungsstetigkeit

Bilanzrechnung und Buchhaltung

Die Bilanz ist eine stichtagsbezogene Rechnung. Während des laufenden Jahres finden in einem gastgewerblichen Betrieb viele betriebliche Vorgänge statt, die aufgezeichnet werden müssen. Diese Zeitraumrechnung bezeichnen wir als Buchhaltung.

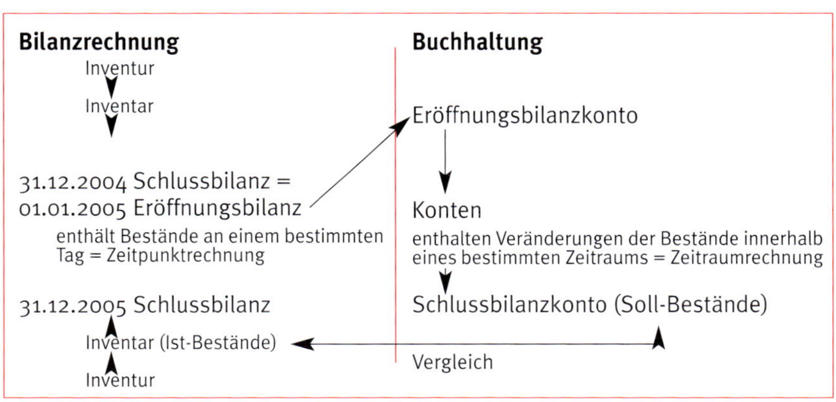

Verhältnis von Bilanzrechnung und Buchhaltung

Eröffnungsbilanz und Schlussbilanz

Das Eröffnungsbilanzkonto stellt lediglich ein Verrechnungskonto dar und ist seitenverkehrt zur Eröffnungsbilanz. Inhaltlich hingegen entspricht es der Eröffnungsbilanz. Im Gegensatz zur Bilanzrechnung werden in der Buchhaltung die Konten stärker differenziert, damit eine übersichtlichere Struktur entsteht, es wird also nicht nur ein Konto „Kassenbestand, Bundesbankguthaben, Guthaben bei Kreditinstituten und Schecks" geführt, sondern die einzelnen Kassen (zum Beispiel Restaurantkasse, Beherbergungskasse) und Bankkonten (zum Beispiel Sparkassen- und Volksbankkonto) werden aufgeführt. Beim Abschluss der Konten wird ein Abgleich zwischen den Beständen der Schlussbilanz und den errechneten Werten des Schlussbilanzkontos vorgenommen.

Doppelte Buchhaltung und deren Bücher

Die Buchhaltung kennt folgende Bücher:

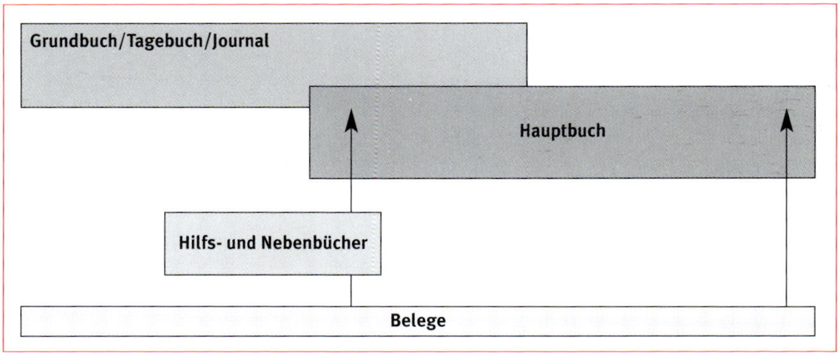

Belege

Für alle Geschäftsvorgänge im Betrieb müssen Belege vorhanden sein. Keine Buchung darf ohne Belege erfolgen. Die Belege werden zunächst in einem Grundbuch (auch Journal, Prima Nota, Tagebuch) chronologisch festgehalten und dann im Hauptbuch nach sachlichen Gesichtspunkten gebucht.

Nebenbücher

Den beiden zentralen Büchern der Buchführung sind häufig noch Nebenbücher vorgeschaltet:

- Geschäftsfreundebuch/Kontokorrentbuch (Debitoren, Kreditoren)
- Lagerbuch
- Lohn- und Gehaltsbuch
- Anlagebuch
- Wechselbuch
- Kassenbuch oder Kassenbericht

Das Wort „Buch“ darf heute nicht mehr wörtlich genommen werden. Die meisten Bücher werden heute in Loseblattform geführt. Die Nebenbücher sind eigene kleine Buchführungen für einen bestimmten Bereich, so zum Beispiel die Geschäftsfreundebücher, in dem die offenen Posten von Forderungen und Verbindlichkeiten verwaltet werden. Ihren Niederschlag finden diese Nebenbücher in den Sammelkonten „Forderungen“ und „Verbindlichkeiten“ des Hauptbuches.

Buchen in Bestandskonten im Hauptbuch

T-Konto

Ein Konto ist eine zweiseitige Rechnung, in dem die Geschäftsfälle des Hotels/Restaurants gebucht werden. Eine übliche Darstellung ist die T-Kontenform, die auch hier wegen ihrer Übersichtlichkeit verwendet wird. In der Praxis wird meist die Staffelform verwendet. Der horizontale T-Balken dient zur Bezeichnung des Kontos, zum Beispiel Kasse, Forderungen, Verbindlichkeiten. Die vertikale Linie trennt die Soll- von der Habenseite.

Die Sollbuchung heißt Lastschrift und die Habenbuchung immer Gutschrift. Jedes Konto muss einer bestimmten Bilanzposition zugeordnet werden können. Wenn es eine Position auf der Vermögensseite ist, dann sprechen wir von einem Aktivkonto, ansonsten von einem Passivkonto.

Das folgende Schaubild zeigt zuerst den Zusammenhang zwischen der Eröffnung und dem Abschluss eines aktiven Kontos.

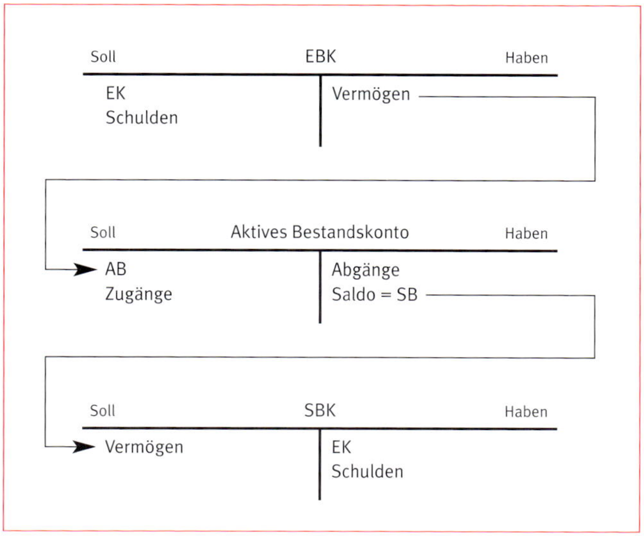

Aktives Bestandskonto

Diese Struktur der Konten ist für die Buchführung von außerordentlicher Bedeutung. Bei den Aktivkonten werden der Anfangsbestand (AB) und die Kontenzugänge auf der Sollseite (linke Seite) gebucht, die Kontenabgänge und der Schlussbestand hingegen auf der Habenseite (rechte Seite). Der Anfangsbestand wird immer auf der Kontenseite eingetragen, auf der er in der Bilanz steht. So werden beim Kassenkonto der Anfangsbestand und die Bareinnahmen auf der linken Seite belastet.
Dagegen werden die Entnahmen aus der Kasse und der Endbestand auf der rechten Seite gutgeschrieben.
Bei einem Passivkonto ist es genau umgekehrt:

Passives Bestandskonto

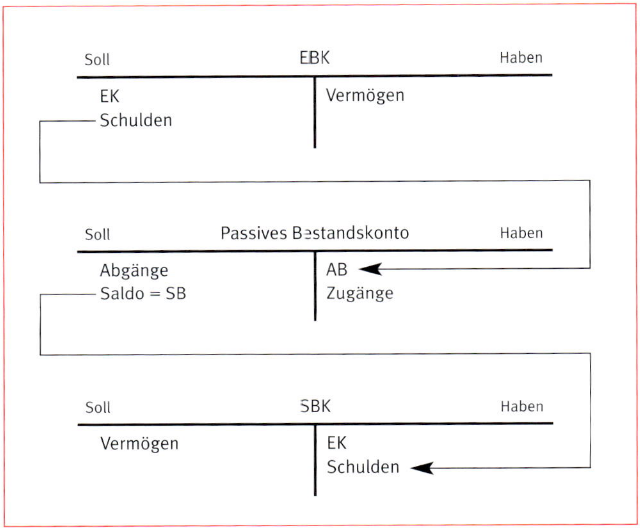

Der Endbestand eines Kontos wird dadurch errechnet, dass von der größeren Seite die kleinere Seite abgezogen wird. Dieser Vorgang heißt saldieren. Durch das Saldieren wird das Konto abgeschlossen.
Dadurch gilt auch für die Konten die Gleichung:

Soll = Haben

Aufbau der Konten

Alle Kontenarten besitzen demnach den gleichen Aufbau, sie unterscheiden sich nur durch die Seite, auf der der Anfangsbestand und die Zugänge bzw. die Abgänge und der Endbestand gebucht werden. Das Schlussbilanzkonto hat von der Struktur her das gleiche Aussehen wie eine Bilanz. Die Bilanz ist aber noch stärker zusammengefasst.

Führen des Grundbuches: Buchungssatz

Struktur von Buchungssätzen

In der Praxis wird zur Vorbereitung der Buchungen im Hauptbuch auf den Belegen ein Kontierungsstempel gesetzt, in dem die zu berührenden Konten genannt werden. Diese Kontenkombination wird im Grundbuch chronologisch aufgeführt.
Dieser Buchungssatz zeigt, welche Konten berührt werden und auf welcher Seite zu buchen ist. Als Erstes wird die Soll- und dann die Habenbuchung genannt. Beide Kontenberührungen werden mit dem Wörtchen „an" verbunden. Danach folgen die Beträge.

Sollkonto	**an**	**Habenkonto**	**Sollbetrag**	**Habenbetrag**
Vorräte	an	Verbindlichkeiten	1 500,00	1 500,00

Der Buchungssatz hat den Einkauf von zum Beispiel Lebensmitteln auf Ziel (Lieferantenverbindlichkeit) zum Inhalt.

Werden mehrere Konten im Soll und/oder Haben gleichzeitig berührt, dann hat der Buchungssatz folgendes Aussehen:

Sollkonto	**an**	**Habenkonto**	**Sollbetrag**	**Habenbetrag**
Verbindlichkeiten	an	Kasse	1 500,00	500,00
		Bank		1 000,00

In diesem Fall wurde die Lieferantenrechnung durch Barzahlung und Überweisung beglichen.

Vorüberlegungen

Als Hilfe zur Erstellung der Kontierung können vor jeder Buchung folgende Überlegungen angestellt werden.

Welche Konten werden berührt?	→ Kontenarten?
Um welche Kontenart(en) handelt es sich?	→ Aktive und/oder Passive Bestandskonten?
Liegt ein Zugang oder ein Abgang vor?	→ Nehmen die Konten zu oder ab?
Auf welchen Kontenseiten wird gebucht?	→ Soll- oder Habenseite?

Ein Buchungssatz kann nur unter Beachtung der Buchungsregeln und der getroffenen Vereinbarungen gebildet werden. Die oben beschriebene Vorüberlegung ist bei jedem Geschäftsfall erneut zu vollziehen. Nach einer kurzen Einarbeitungszeit laufen diese Gedankenschritte automatisch ab.

Das Prinzip der Doppik

Wie bisher zu erkennen war, werden alle Beträge doppelt gebucht, einmal im Soll und einmal im Haben. Wir sprechen deshalb auch von doppelter Buchführung oder dem Prinzip der Doppik.

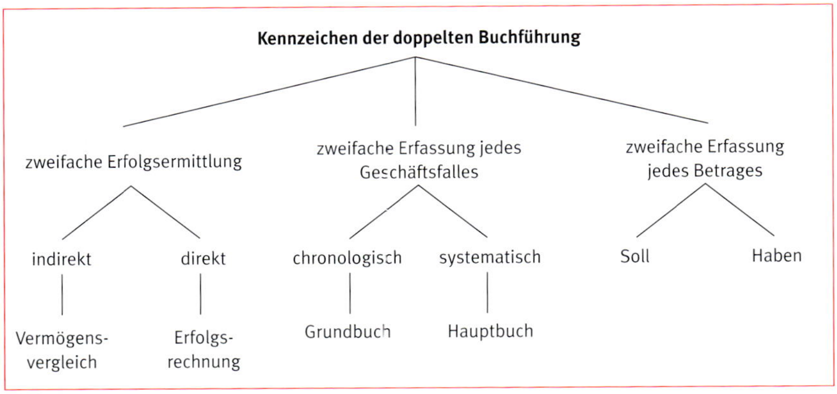

Erfolgsermittlung

Der Erfolg eines Unternehmens kann auf zweifache Art ermittelt werden. Eine Möglichkeit ist, das Reinvermögen (Eigenkapital) zum Beginn des Jahres mit dem Eigenkapital am Ende des Geschäftsjahres zu vergleichen. Der Zuwachs im Reinvermögen bringt den Erfolg eines Unternehmens zum Ausdruck. Neben dieser indirekten gibt es auch eine direkte Methode: Erfolgskonten.

Erfolgskonten

Wenn wir nur auf Bestandskonten arbeiten, kann kein Gewinn oder Verlust entstehen. Ein Hotel-Restaurant wird aber die Substanz des Betriebes erhalten und Gewinne erwirtschaften, damit das Unternehmen eine Zukunftschance hat. Deshalb müssen neben den erfolgsneutralen auch erfolgswirksame Geschäftsfälle eingeführt werden.

Erfolgswirksame Buchungen

Wie wir eben gesehen haben, wird der Erfolg über das Eigenkapitalkonto dokumentiert. Alle erfolgswirksamen Buchungen müssen deshalb letztendlich auf dem Eigenkapitalkonto landen. Ein Geschäftsfall, der zur Abnahme des Reinvermögens führt, wird als Aufwand (zum Beispiel Warenverbrauch) bezeichnet. Ein Wertzuwachs hingegen heißt Ertrag (zum Beispiel Verkaufserlöse). Da Aufwendungen das Eigenkapital mindern, werden sie dem Soll zugebucht, während Erträge das Eigenkapital mehren und damit dem Haben gutgeschrieben werden müssen.

Theoretisch könnten alle Erfolgsbuchungen direkt auf dem EK-Konto gebucht werden. Aus Gründen der Übersichtlichkeit und entsprechend dem Grundsatz des Saldierungsverbots von gleichartigen Erfolgskonten (zum Beispiel Zinsaufwand und Zinserträge) müssen für jede Aufwands- und Ertragsart eigene Konten eingerichtet werden.

Die Salden der Erfolgskonten werden auch nicht direkt auf das Eigenkapitalkonto gebucht. Es wird ein Sammelkonto mit Namen „Gewinn- und Verlustkonto" (kurz: GuV-Konto) vorgeschaltet. Der Saldo dieses Erfolgskontos ist dann entweder ein Gewinn oder ein Verlust, der dann im Eigenkapitalkonto abgeschlossen wird.

GuV-Konto

Schematisch stellt sich der Gesamtzusammenhang wie folgt dar:

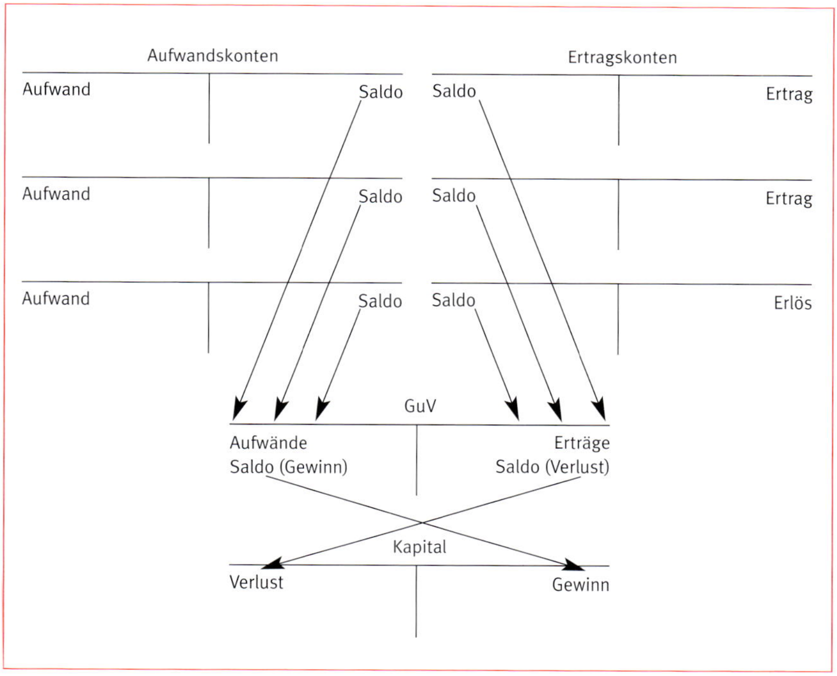

Aufwands- und Ertragskonto

Neben den Bestands- und Erfolgskonten gibt es gemischte Konten. Sie enthalten sowohl Bestands- als auch Erfolgselemente. Ein Beispiel dafür ist das Warenkonto. Hier können Wareneinkäufe als Bestände gebucht werden. Wenn Waren verkauft werden, dann erscheinen auch erfolgswirksame Vorgänge auf diesem Konto. Grundsätzlich wird versucht, gemischte Konten zu verhindern. In diesem Fall teilt man das Warenkonto in ein Bestandskonto „Wareneinkaufskonto" und ein Erfolgskonto „Warenverkaufskonto".

Gemischte Konten

Privatkonten

Neben den Erfolgskonten gibt es bei Einzel- und Personengesellschaften weitere Konten, die das Eigenkapital verändern. Einzelkaufleute und geschäftsführende Gesellschafter von Personengesellschaften müssen ihren Lebensunterhalt aus dem Gewinn bestreiten. Dies muss von den betrieblichen Vorgängen getrennt gehalten werden. Aus diesem Grund sind Privatentnahmen, aber auch Privateinlagen auf speziellen Konten zu buchen.

Nutzung betrieblicher Gegenstände

Privatentnahmen sind Entnahmen aus der Kasse und dem Waren- und Erzeugnislager sowie die Nutzung von betrieblichen Gegenständen (zum Beispiel betriebliche Kraftfahrzeuge) und betrieblichen Leistungen (zum Beispiel Arbeitskräfte) für private oder betriebsfremde Zwecke. Privateinlagen sind Finanz- oder Sachmittel, die der Gastwirt seinem Betrieb aus dem Privatbereich zuführt.

Entnahmen mindern das Eigenkapital und müssen im Soll gebucht werden, während Einlagen als Eigenkapitalmehrung im Haben zu buchen sind. Am Ende des Jahres müssen Privatkonten über das Eigenkapitalkonto abgeschlossen werden.

Bei der Ermittlung des betrieblichen Erfolges über den Vermögensvergleich (Betriebsvermögensvergleich als Grundlage der Besteuerung) ist der Unterschiedsbetrag um die Entnahmen zu erhöhen, und die Einlagen sind zu mindern.

Kontenabschluss über Schlussbilanzkonto

Abschluss von Gegenstands- und Erfolgskonten

Zum Geschäftsjahresschluss müssen die Bestands- und Erfolgskonten abgeschlossen werden. Dies erfolgt in sechs Schritten:

1 Die wertmäßig größere Seite des Kontos ist zu ermitteln.
2 Auf die wertmäßig kleinere Seite ist unter die letzte Buchung das Wort „Saldo“ zu schreiben.
3 Unter der letzten Eintragung ist ein Additionsstrich zu ziehen.
4 Die wertmäßig stärkere Seite ist aufzuaddieren und auf die andere Seite unter den Additionsstrich zu übertragen.
5 Auf der wertmäßig schwächeren Seite ist die Differenz zwischen den Buchungen und der übertragenen Summe zu bilden und unter „Saldo“ einzutragen.
6 Zum Abschluss des Kontos sind freie Zeilen durch eine „Buchhalternase“ zu entwerten, und das ganze Konto ist doppelt zu unterstreichen.

Diese Vorgehensweise soll an dem Konto „Kasse“ beispielhaft dargestellt werden. Die Zahlen [1] bis [6] im Rahmen bringen die Schritte zum Ausdruck.

Soll	Kasse		Haben
[1] Anfangsbestand	500,00	Tankrechnung	80,00
Tageseinnahmen	350,00	Blumenlieferung	120,00
[6]		Ersatzlampe	8,00
		Gemüselieferung	230,00
	[3]	Saldo [2]	[5] 412,00 [3]
	[4] 850,00	[6]	850,00 [4]

‹ *Kontoabschluss*

Nach Abschluss des Kontos ist keine Eintragung mehr möglich. Um neue Zahlungsein- und -ausgänge bezüglich der Kasse vornehmen zu können, muss das Kassenkonto neu eröffnet werden. Der Saldo wäre dann als Anfangsbestand vorzutragen. Er stellt den Endbestand einer Periode dar und ist damit gleichzeitig der Eröffnungsbestand der neuen Periode.

Im Normalfall wird der Saldo des Kassenkontos in das Schlussbilanzkonto gegengebucht. In dieser Art wird jedes Bestandskonto behandelt. Die Erfolgskonten werden über das GuV-Konto und dieses über das EK-Konto in das Schlussbilanzkonto abgeschlossen.
Den Gesamtvorgang verdeutlicht die Abbildung auf Seite 218.

Damit haben wir die Gesamtstruktur der Buchhaltung kennen gelernt. Alles weitere ergänzt und verfeinert das System der Buchführung.

Schlussbilanz- konto ›

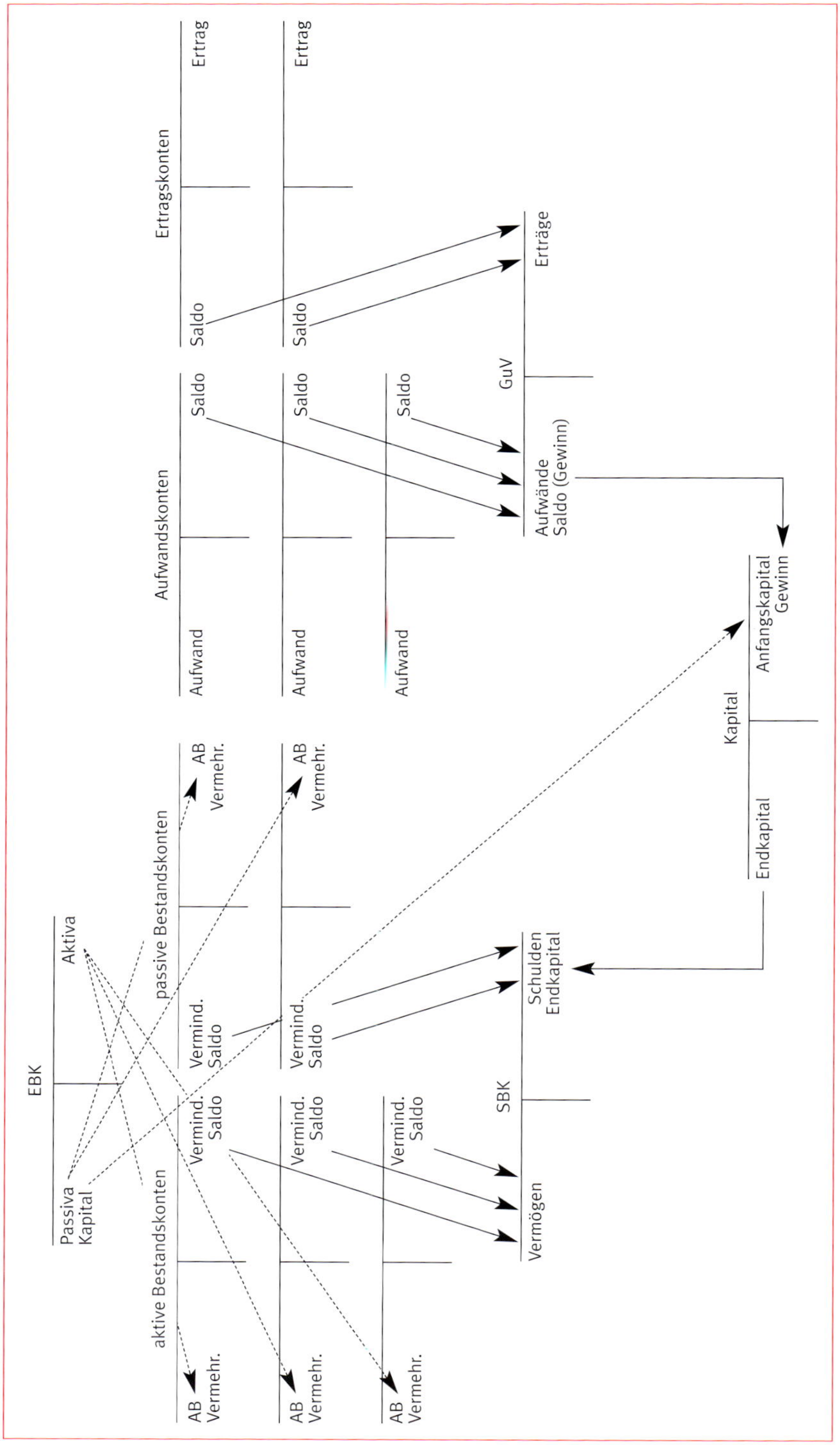

Gastgewerblicher Fachkontenrahmen nach DATEV: SKR70

Zur Vereinheitlichung, Vergleichbarkeit und Vereinfachung ist ein allgemeines Ordnungsschema für die Kontenbezeichnungen sinnvoll. Dafür gibt es bereits seit 1937 die so genannten Kontenrahmen. In der Praxis wurden daraus von Wirtschaftsverbänden für bestimmte Wirtschaftszweige Spezialkontenrahmen entwickelt. Die Kontenrahmen sind nach dem dekadischen (zehnteiligen) System in zehn Klassen (Kontenklasse 0 bis 9) gegliedert. Jede Kontenklasse ist dann wieder in zehn Kontengruppen unterteilt. Die Kontengruppen können dann entsprechend in zehn Kontenarten und diese wieder in zehn Kontenunterarten untergliedert werden. Ein Beispiel:

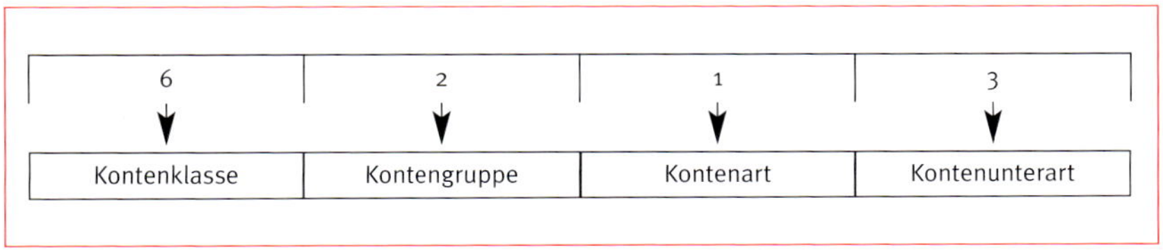

Ordnungsschema zur Kontenbezeichnung

Bei diesem Beispiel handelt es sich um die Kontenklasse 6: Betriebsbedingte Kosten. Die nächste Ziffer zeigt die Kontengruppe 62: Personalkosten. Die dritte Ziffer steht für die Kontenart, in diesem Fall Kontenart 621 Löhne und Gehälter. Die letzte Ziffer drückt die Kontenunterart aus, die Ziffer 3 steht für Löhne und Gehälter aus dem Bereich Restaurant/Bankett.

IKR, GKR und SKR70

Der in der Hotellerie und Gastronomie häufig verwendete Kontenrahmen ist nach dem Gliederungsprinzip des IKR (Industriekontenrahmens) erstellt. Im Gegensatz zum GKR (Gemeinschaftskontenrahmen), der nach dem betrieblichen Produktionsprozess gegliedert ist, ist der IKR abschlussorientiert, das heißt, die Einteilung der Konten erfolgt nach der Gliederung der Bilanz und der GuV-Rechnung. Die Kontenklasse des DATEV: SKR70 (DATEV e. G. ist die Datenverarbeitungsorganisation der steuerberatenden Berufe in Nürnberg) hat folgende Struktur:

Kontenklasse 0:	Anlagevermögen
Kontenklasse 1:	Umlaufvermögen
Kontenklasse 2:	Eigenkapital/Rücklagen
Kontenklasse 3:	Fremdkapital/Rückstellung
Kontenklasse 4:	frei
Kontenklasse 5:	Erträge
Kontenklasse 6:	betriebsbedingte Kosten
Kontenklasse 7:	anlagebedingte Kosten
Kontenklasse 8:	Eröffnung und Abschluss
Kontenklasse 9:	frei

Der Kontenrahmen hat in der Übersicht folgendes Aussehen (den Kontenrahmen finden Sie auch im Anhang auf Seite 272/273).

Kontenrahmen ›

Gastgewerblicher Fachkontenrahmen

Kontenklasse 0	Anlagevermögen
0001	Aufstehende Einlagen auf das gezeichnete Kapital
0095	Aufwendung für die Ingangsetzung u. Erweiterung des Geschäftsbetriebs
Immaterielle Vermögensgegenstände	
0100	Konzession, gewerbl. Schutzrechte, Lizenzen an solchen Rechten
0150	Geschäfts- oder Firmenwert
Sachanlagen	
0200	Grundstücke und grundstücksgleiche Rechte u. Bauten einschl. der Bauten auf fremden Grundstk.
0300	Wohnbauten
0400	Techn. Anlagen u. Maschinen
0500	Betriebs- u. Geschäftsausstattung
0550	Fuhrpark
0670	Geringwertige Wirtschaftsgüter bis 410,-
0680	Einbauten in fremde Grundstücke
0700	Geleistete Anzahlungen u. Anlagen im Bau
Finanzanlagen	
0800	Anteile an verbundenen Unternehmen
0810	Ausleihungen an verbundene Unternehmen
0820	Beteiligungen
0880	Ausleihungen an Unternehmen, mit denen ein Beteiligungsverhältnis besteht
0900	Wertpapiere des Anlagevermögens
0930	Sonstige Ausleihungen
0960	Ausleihungen an Gesellschafter

Kontenklasse 1	Umlaufvermögen
Vorräte	
1000	Roh-, Hilfs- u. Betriebsstoffe
1040	Hergestellte Halb- u. Fertigerzeugnisse
1100	Handelswaren
1120	Waren Beherbergung
1130	Getränke
1140	Sonstige Warenvorräte
1180	Geleistete Anzahlungen
Forderungen u. sonstige Vermögensgegenstände	
1200	Forderungen aus Lieferungen u. Leistungen
1230	Wechsel a. Lieferungen u. Leistungen
1240	Zweifehafte Forderungen
1246	Einzelwertberichtigungen auf Forderungen
1248	Pauschalwertberichtigungen auf Forderungen
1250	Forderung a. Lieferungen u. Leistungen gegen Gesellschafter
1260	Forderungen gegen verbundene Unternehmen
1280	Forderungen gegen Unternehmen, mit denen ein Beteiligungsverhältnis besteht
1300	**Sonstige Vermögensgegenstände**
1310	Forderungen gegen Vorstandsmitglieder u. Geschäftsführer
1330	Forderungen gegen Gesellschafter
1340	Forderungen gegen Personal
1400	**Abziehbare Vorsteuer**
1401	7 % Vst
1402	16 % Vst
1404	Abziehbare Vorsteuer aus innergemeinschaftlichem Erwerb
1420	Umsatzsteuerforderung
1433	Bezahlte Einführumsatzsteuer
1460	Geldtransit
Wertpapiere	
1500	Anteile an verbundenen Unternehmen
1510	Sonstige Wertpapiere
Schecks, Kassenbestand, Bankguthaben	
1550	Schecks
1600	Kasse
1800	Bank
Rechnungsabgrenzungsposten	
1900	ARA
1940	Damnum Disagio

Kontenklasse 2	Eigenkapital/Rücklagen
Kapital Vollhafter/Einzelunternehmer	
2000	Festkapital
2010	Variables Kapital
2020	Gesellschafter-Darlehen
Kapital Teilhafter	
2050	Kommandit-Kapital
2060	Verlustausgleichskonto
2070	Gesellschafter-Darlehen
Privat	
Teilhafter/Vollhafter/Einzelunternehmer	
2100	Privatentnahmen allgemein
2130	Eigenverbrauch
2150	Privatsteuern
2180	Privateinlagen
2200	Sonderausgaben
2250	Privatspenden
2280	Außergewöhnliche Belastungen
Gezeichnetes Kapital	
2900	Gezeichnetes Kapital
Rücklagen	
2920	Kapitalrücklage
2930	Gesetzliche Rücklage
2940	Rücklage für eigene Anteile
2950	Satzungsmäßige Rücklagen
2960	Andere Gewinnrücklagen
Gewinn-/Verlustvortrag	
2970	Gewinnvortrag vor Verwendung
2978	Verlustvortrag vor Verwendung
2979	Vorträge auf neue Rechnung
2980	**Sonderposten mit Rücklagenanteil**
2981	nach § 6b EStG
2982	nach Absch. 35 EstR
2983	nach § 7g EStG

Kontenklasse 3	Fremdkapital/Rückstellungen
3000	Pensionsrückstellunge
3020	Steuerrückstellungen
3070	Sonstige Rückstellungen
Verbindlichkeiten	
3150	Verbindlichkeiten gegenüber Kreditinstituten
3151	- Restlaufzeit bis 1 Jahr
3152	- Restlaufzeit 1-5 Jahre
3153	- Restlaufzeit größer 5 Jahre
3250	Erhaltene Anzahlungen auf Bestellungen
3300	Verbindlichkeiten aus Lieferungen und Leistungen
3301	- Restlaufzeit bis 1 Jahr
3302	- Restlaufzeit 1-5 Jahre
3303	- Restlaufzeit größer 5 Jahre
3350	Verbindlichkeiten aus der Annahme u. der Ausstellung eigener Wechsel
3400	Verbindlichkeiten gegenüber verbundenen Unternehmen
Unternehmen	
3450	Verbindlichkeiten gegenüber Unternehmen, mit denen ein Beteiligungsverhältnis besteht
3500	**Sonstige Verbindlichkeiten**
3510	Verbindlichkeiten gegenüber Gesellschaftern
3700	Verbindlichkeiten aus Betriebssteuern
3720	Verbindlichkeiten aus Lohn u. Gehalt
3730	Verbindlichkeiten aus Lohn- u. Kirchensteuern
3740	Verbindlichkeiten im Rahmen der sozialen Sicherheit
3760	Verbindlichkeiten aus Einbehaltungen
3800	**Umsatzsteuer**
3801	7 % USt
3806	16 % USt
3807	Umsatzsteuer aus innergemeinschaftlichem Erwerb
3820	Umsatzsteuervorauszahlung
3841	USt Vorjahre
Rechnungsabgrenzungsposten	
3900	PRA

Kontenklasse 4	
frei	

Kontenklasse 5	Erträge
5000	**Umsatzerlöse**
5010	Beherbergungsumsatz
5020	Speisenumsatz
5030	Getränkeumatz
5040	Sonstige Warenumsätze
5060	Sonstige Umsatzerlöse
5063	Erlöse aus Geldspiel-Automaten
5066	Erlöse aus sonstigen Automaten
5100	Skontoerträge
5130	Erhaltene Boni
5250	Andere aktivierte Eigenleistungen
5350	Erträge aus Wertpapieren u. Ausleihungen des Finanzanlagevermögens
5400	Zinsen u. ähnliche Erträge
5500	Erträge aus dem Abgang von Gegenständen des Anlagevermögens
5510	Zuschreibung von Gegenständen des Anlagevermögens
5600	Erträge aus der Herabsetzung der Pauschalwertberichtigung zu Forderungen
5700	Erträge aus der Auflösung von Rückstellungen
5800	Erträge aus der Auflösung von Sonderposten mit Rücklagenanteil
5850	Erträge aus Beteiligungen
5870	Sonstige Erträge
5880	Verrechnete Sachbezüge an Arbeitnehmer
5890	Außerordentliche Erträge
5900	Eigenverbrauch

Kontenklasse 6	Betriebsbedingte Kosten
6000	**Warenkosten**
6010	Waren Beherberhung
6020	Lebensmittel
6030	Getränke
6040	Sonstige Waren
6080	Fremdleistungen
6100	Skontoaufwendungen
6150	Erlösschmälerungen
6200	**Personalkosten**
6210	Löhne und Gehälter
6211	- Beherbergung
6212	- Küche
6213	- Restaurant/Bankett
6214	- Sonstiges
6215	Freiwillige soziale Aufwendungen
6216	Pauschalabgabe f. Aush.
6217	Personalwerbung
6218	Schulung/Fortbildung
6220	Gesetzliche soziale Aufwendungen
6221	Berufsgenossenschaft
6240	Aufwendungen für Altersvorsorge
6250	Sonstige Personalkosten
6400	**Energiekosten**
6410	Strom
6420	Gas
6430	Wasser, Abwasser
6440	Heizung, Klimatisierung
6500	**Steuern, Gebühren, Beiträge, Versicherungen**
6510	Nicht abziehbare Vorsteuer
6520	Getränke- u. Vergnügungssteuer
6530	Gewerbesteuervorauszahlung
6532	Gewerbesteuer
6540	Sonstige Steuern
6550	Gebühren, Beiträge
6560	Versicherungen
6600	**Sonstige Betriebs- u. Verwaltungskosten**
6610	Reinigung, Fremdreinigung
6611	Putzmittel
6612	Waschmittel, Wäschereinigung, Wäscheleasing
6613	Entsorgung
6620	KFZ-Kosten (Steuer, Vers., Reparatur)
6624	Fremdfahrzeuge
6650	Musik, Unterhaltung
6655	Dekoration
6660	Abschreibungen u. Wertminderungen auf das Umlaufvermögen
6664	Forderungsverluste
6673	Einstellung in die Pauschalwertberichtigung zu Forderungen
6690	Sonstige Betriebskosten

Fortsetzung Kontenklasse 6	
6710	Rechtsberatungskosten
6711	Steuerberatungskosten
6715	Betriebsberatung
6720	Bürobedarf
6730	Porto
6731	Telefon, Telefax
6740	Werbung
6750	Geschenke bis 40,00
6755	Geschenke über 40,00
6760	Repräsentationskosten
6765	Bewirtungskosten
6770	Nicht abzugsfähige Betriebsausgaben
6775	Kreditkartenprovision
6776	Vermittlungsprovision
6780	Reisekosten
6790	Sonstige Verwaltungskosten
6791	Spenden
6792	Zinsen und ähnliche Aufwendungen
6795	Außerordentliche Aufwendungen

Kontenklasse 7	Anlagebedingte Kosten
7000	Miete u. Pacht
7100	Leasing
7200	Instandhaltung
7300	**AfA**
7350	Geringwertige Wirtschaftsgüter
7360	Abschreibungen auf immaterielle Vermögensgegenstände
7370	Abschreibungen auf den Firmen- u. Geschäftswert
7380	Abschreibungen für Aufwendungen der Ingangsetzung u. Erweiterung des Geschäftsbetriebs
7400	Sonstige Abschreibungen u. Wertminderungen des Anlagevermögens
7410	Außerplanmäßige Abschreibungen auf immat. Vermögensgegenstände
7420	Abschreibungen auf Sachanlagen
7421	- auf Grundstücke u. Bauten
7422	- auf Technische Anlagen u. Maschinen
7423	- auf Betriebs- u. Geschäftsausstattung
7424	- auf Fuhrpark
7430	Außerplanmäßige Abschreibungen auf Sachanlagen
7440	Abschreibungen auf Finanzanlagen
7450	Verluste aus Anlagenababgängen

Fortsetzung Kontenklasse 7	
7500	Zinsen u. ähnliche Aufwendungen
7600	Sonstige anlagebedingte Kosten
7900	Körperschaftssteuer
7950	Vermögenssteuer
7990	Sonstige Aufwendungen
7995	Außerordentliche Aufwendungen

Kontenklasse 8	Eröffnung und Abschluss
8000	Saldovortrag, Sachkonten (Eröffnungsbilanzkonto)
8100	GuV-Konto
8200	Gewinnvortrag nach Verwendung
8250	Verlustvortrag nach Verwendung
8270	Entnahme aus Kapitalrücklagen
Entnahme aus Gewinnrücklagen	
8300	Entnahmen aus der gesetzlichen Rücklagen
8400	Entnahmen aus satzungsmäßigen Rücklagen
8450	Entnahmen aus anderen Gewinnrücklagen
8460	Erträge aus Kapitalherabsetzung
8470	Einstellungen in der Kapitalrücklage
Einstellungen in die Gewinnrücklagen	
8500	Einstellungen in die gesetzliche Rücklage
8600	Einstellungen in satzungsmäßigen Rücklagen
8650	Einstellungen in anderen Gewinnrücklagen
8670	Ausschüttung
8900	Schlußbilanzkonto

Der vorliegende Kontenrahmen wurde vom Verfasser für Schul- und Ausbildungszwecke leicht verändert. Dieser Kontenrahmen beinhaltet ein ausführliches Kontensystem. Ein Hotel oder Restaurant benötigt in der Regel nicht alle Konten bzw. will bestimmte Kontengruppen weiter unterteilen. Daher leitet ein konkretes Unternehmen aus dem Kontenrahmen einen Kontenplan ab. Dabei muss es sich unbedingt an die ersten beiden Ziffern halten, also an die Kontenklassen und -gruppen. In der Regel wird das konkrete Hotel-Restaurant auch die andern Ziffern übernehmen, da es für den Abschluss mit einem Steuerberater zusammenarbeitet und im Hinblick auf die Abrechnung ein einheitliches System verwendet werden muss.

Kontenplan

In diesem Buch werden keine Kontennummern eingesetzt. Die Konten werden nur mit ihrem Inhalt bezeichnet. Dabei werden die Bezeichnungen des DATEV SKR70 verwendet.

Warenkonten und Umsatzsteuer

Im Mittelpunkt der Buchführung eines Hotels/Restaurants stehen die Warenkonten, weil der Einkauf und der Verkauf von Waren und Leistungen die Aufgabe eines solchen Betriebes ist. In mittleren und größeren gastgewerblichen Unternehmen gibt es eine organisatorische Trennung zwischen dem Einkauf und dem Verkauf. Während im Einkauf die Geschäftsbeziehungen zu den Lieferanten (Kreditoren) verwaltet werden, stehen im Verkauf die Gäste (Debitoren) im Mittelpunkt. Hinter den Kreditoren und Debitoren stehen zwei Systeme von Personenkonten. Diese beiden Bereiche münden in der Buchführung in den Konten Verbindlichkeiten und Forderungen aus Lieferungen und Leistungen. Die Gegenbuchung findet auf dem oder den Warenkonten statt.

Kreditoren und Debitoren

Es kann dabei ein einheitliches Warenkonto (gemischtes Konto) oder ein geteiltes Warenkonto verwendet werden. In der Praxis wird in der Regel das geteilte Warenkonto verwendet, weil Warenbuchung mit Einkaufs- und Verkaufspreisen zu einem unübersichtlichen Konto führen. Das Wareneinkaufskonto stellt das Gegenkonto zu den Verbindlichkeiten (Kreditoren) dar, und das Warenverkaufskonto ist das Gegenkonto zu den Forderungen (Debitoren).

Warenkonten

Wareneinkaufskonten	**Warenverkaufskonten**
1000 Roh, Hilfs- u. Betriebsstoffe	**5000 Umsatzerlöse**
1040 Hergestellte Halb- u. Fertigerzeugnisse	5010 Beherbergungsumsatz
1100 Handelswaren	5020 Speisenumsatz
1110 Waren Beherbergung	5030 Getränkeumsatz
1120 Lebensmittel	5040 Sonstige Warenumsätze
1130 Getränke	5060 Sonstige Umsatzerlöse
1140 Sonstige Warenvorräte	5063 Erlöse aus Geldspiel-Automaten
1180 Geleistete Anzahlungen	5066 Erlöse aus sonstigen Automaten

Wareneinkaufs- und Warenverkaufskonten

Die beiden Kontenarten haben dabei folgenden Aufbau:

S WEK	H	S WVK	H
Anfangsbestand	Rücksendungen Preisnachlässe Warenentnahmen	Rücksendung Preisnachlässe	Warenverkäufe
Wareneinkäufe	Endbestand lt. Inventur	Saldo = Verkaufserlöse	
	Saldo = Wareneinsatz		

Aufbau der Warenkonten

Buchungssätze Wareneinkauf

Das Wareneinkaufskonto (WEK) übernimmt im Soll den Anfangsbestand aus der Eröffnungsbilanz und ist damit ein Aktivkonto. Im Laufe des Geschäftsjahres werden die Einkäufe ebenfalls im Soll gebucht.
Der Buchungssatz hierfür lautet:

Wareneinkäufe an Verbindlichkeiten

Auf der Habenseite werden Rücksendungen an den Lieferanten, nachträgliche Preisnachlässe (Rabatte, Skonti und Boni) durch den Lieferanten und Warenentnahmen durch Privatverbrauch gebucht.
Der Buchungssatz für die Privatentnahme lautet:

Privatentnahme an Wareneinkäufe

Um das Konto abzuschließen, muss zunächst der Endbestand am Lager mit der Inventur ermittelt werden, dann lässt sich ein Saldo bilden, der die verkauften Waren zu Einstandspreisen zum Ausdruck bringt. Damit weist das Wareneinkaufskonto einen Bestands- und Erfolgsposten auf.
Die Buchungssätze lauten:

Schlussbilanzkonto an Wareneinkaufskonto (Endbestand)
GuV-Konto an Wareneinkaufskonto (Saldo)

Buchungssätze Warenverkehr

Beim Warenverkauf stehen auf der Habenseite die Warenverkäufe zu Verkaufspreisen (Umsätze ohne Umsatzsteuer). Im Soll werden Korrekturbuchungen, wie Rücksendung von Waren durch den Gast oder nachträgliche Preisnachlässe an den Gast, vermerkt. Der Saldo beinhaltet die tatsächlichen Verkaufserlöse. Das WVK hat nur Erfolgspositionen und ist damit ein Ertragskonto.
Der Buchungssatz lautet:

Warenverkaufskonto an GuV-Konto (Saldo)

Die Positionen auf dem Wareneinkaufskonto (WEK) werden zu Einkaufs- oder Einstandspreisen, die Positionen auf dem Warenverkaufskonto (WVK) zu Verkaufspreisen bewertet.

Bruttomethode

Diesen Kontenabschluss bezeichnen wir als Bruttomethode, die für mittelgroße und große Kapitalgesellschaft laut § 276 HGB vorgeschrieben ist. Für den externen Betrachter (zum Beispiel den Aktionär) ist dadurch die GuV aussagefähiger.

Bei der Nettomethode wird der Saldo aus dem WEK (Wareneinsatz) nicht auf das GuV-Konto, sondern auf das WEK gebucht. Der Buchungssatz lautet: *Nettomethode*

Warenverkaufskonto an Wareneinkaufskonto (Saldo)

Dadurch entsteht auf dem WVK ein neuer Saldo, der den Warenrohgewinn ausweist.

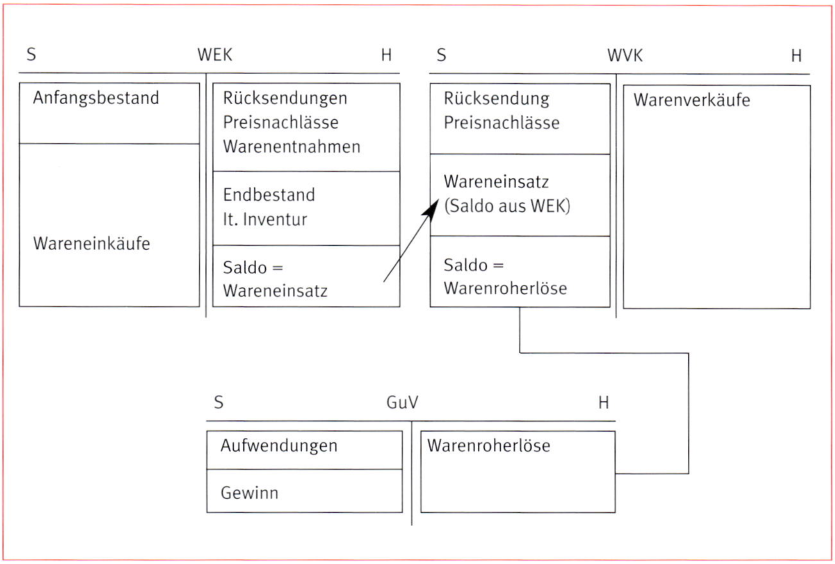

Warenrohgewinn

Der Warenrohgewinn wird dann über das GuV-Konto abgeschlossen.
Der Buchungssatz lautet:

Warenverkaufskonto an GuV-Konto (Saldo)

Bezugskostenkonto

Da der Bruttoabschluss klarer ist und die Entstehung des Warenrohgewinnes besser zeigt, hat sich diese Abschlussmethode in der Praxis durchgesetzt. Beim Wareneinkaufskonto wird der Wareneinsatz zu Einstandspreisen ermittelt. Zu diesen Einstandspreisen für die Waren gehören aber auch die Warenbezugskosten, wie Verpackung, Fracht, Rollgelder, Speditionsgebühren, Zölle und Verbrauchssteuern (zum Beispiel Tabaksteuer). Diese Beträge können separat auf einem Bezugskostenkonto erfasst oder direkt auf das WEK gebucht werden. Werden die Bezugskosten auf einem eigenen Konto erfasst, dann ist dies am Geschäftsjahresende auf das WEK abzuschließen. Die Bezugskosten gelten dabei als Nebenkosten des Erwerbs und erhöhen somit die Einstandspreise.

Im Gegenzug müssen natürlich nachträgliche Preisnachlässe als Minderung der Anschaffungskosten von Waren ebenfalls auf dem Wareneinkaufskonto gebucht werden. Preisnachlässe, die bei Rechnungsstellung berücksichtigt wurden, werden in dem Buchungssatz nicht speziell gebucht, sondern von dem Warenwert sofort abgezogen. Nachträglich gewährte Rabatte oder Boni (Treuebonus oder Mengenbonus), aber auch Skontobeträge, die als Zinsnachlass bei Zahlung innerhalb einer bestimmten Frist gewährt werden, sind nach § 255,1 HGB bei den Warenkosten abzusetzen. An Gäste gewährte Kundenskonti führen zu einer Korrektur der Umsatzerlöse.

Buchung von Rabatten, Boni und Skonti

Bei der Rückgabe von Waren, etwa bei Rücktritt eines Kaufvertrages aufgrund mangelhafter Lieferung, muss die ursprüngliche Buchung storniert werden. Der Buchungssatz muss umgekehrt werden. Bei Lieferantenretouren muss das WEK entlastet, bei Gästeretouren das WVK belastet werden.

Umsatzsteuerpflichtige Vorgänge

Im Zusammenhang mit den Umsätzen und damit den Warenkonten wird in der Bundesrepublik Deutschland die Umsatzsteuer erhoben.
Nach § 1 UStG unterliegen folgende Vorgänge der Umsatzsteuer:

- Lieferungen und sonstige Leistungen
- Einfuhren aus Drittlandsgebieten (Gebiete außerhalb der Europäischen Union)
- innergemeinschaftlicher Erwerb (zum Beispiel Warenerwerb im EU-Gebiet)
- Ergänzungstatbestände sind die Entnahme von Gegenständen, Sachzuwendungen an das Personal, andere unentgeltliche Zuwendungen wie zum Beispiel Geschenke über 40,00 Euro

Daneben gibt es zahlreiche Steuerbefreiungen, etwa bei Ausfuhrlieferungen, bei Umsätzen von Bauspar- und Versicherungsvertretern und Umsätzen von öffentlichen und privaten Schulen.
Für die Erfassung der Umsatzsteuer benötigen wir ein Vorsteuer- und ein Umsatzsteuerkonto. Das Gesamtsystem stellt sich buchhalterisch wie folgt dar:

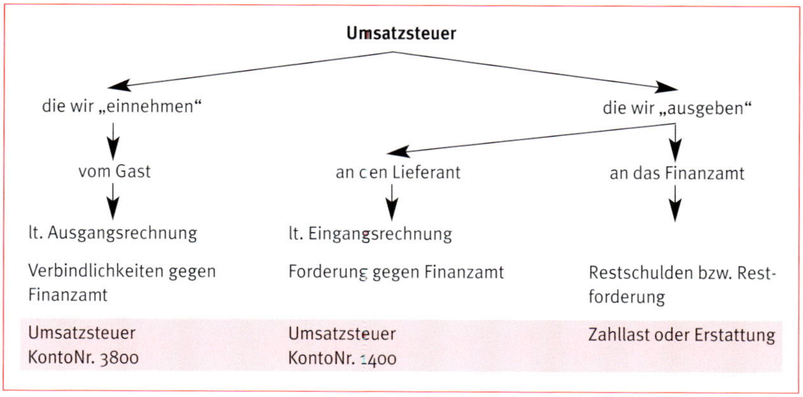

Umsatzsteuer ›

Angenommen, es liegt eine Ausgangsrechnung an einen Gast wegen einer Bankettveranstaltung vor, dann muss wie folgt gebucht werden:

Buchungssätze Umsatzsteuer

Forderungen a. L. u. L.	2320,00	an	Umsatzerlöse	2000,00
			Umsatzsteuer	320,00

Die vom Gast zu erwartende Umsatzsteuer von 320,00 Euro ist eine Verbindlichkeit gegenüber dem Finanzamt.
Um die gastronomische Leistung bezüglich der Bankettveranstaltung erbringen zu können, müssen im Vorfeld Waren von einem Großhändler auf Ziel eingekauft werden. Für die Eingangsrechnung lautet der Buchungssatz:

Roh-, Hilfs-, Betriebsstoffe	1000,00			
Vorsteuer	160,00	an	Verbindlichkeiten a. L. u.	1160,00

Wenn wir jetzt die Vorsteuer von der Umsatzsteuer anziehen, dann bleibt eine Zahllast von 160,00 Euro, die an das Finanzamt abgeführt werden muss. Wir haben also nur den Wertzuwachs von 1000,00 Euro der Steuer unterwerfen müssen. Deshalb wird die Umsatzsteuer auch Mehrwertsteuer genannt. Den Begriff gibt es allerdings im Gesetz nicht.
Es wird natürlich nicht jeder Vorgang eigens für sich abgeschlossen. Die Buchungen werden auf den Konten gesammelt. Neben den Warenbuchungen kommen noch alle anderen Vorgänge hinzu, die Umsatzsteuer enthalten, zum Beispiel der Kauf von Anlagegütern. Die Umsatzsteuer muss in der Regel monatlich abgerechnet werden. Dazu wird bis zum zehnten Tag nach Ablauf des Monats das Vorsteuerkonto in das Umsatzsteuerkonto abgeschlossen. Der Saldo im Umsatzsteuerkonto entspricht der Zahllast. Der Buchungssatz lautet:

Abschluss Umsatzsteuerkonto

Umsatzsteuer an Vorsteuer

Falls eine Erstattung vorliegt, wird der Vorgang umgekehrt gestaltet; der Buchungssatz lautet dann:

Vorsteuer an Umsatzsteuer

Das hier beschriebene Verfahren wird als Nettoverfahren bezeichnet, weil bei jeder Buchung sofort die Umsatzsteuer berücksichtigt wird. Es gibt aber auch das Bruttoverfahren, bei dem alle Beträge zuerst mit der Umsatzsteuer auf das Sachkonto gebucht werden und später beim Kontenabschluss die

Umsatzsteuer in einer Summe herausgebucht wird. Dieses Verfahren wird aber in der Praxis kaum angewendet.
Bei der Umsatzsteuer unterscheiden wir zwischen zwei Steuersätzen:

- allgemeiner Steuersatz (Regelsteuersatz) = 16 Prozent
- ermäßigter Steuersatz = 7 Prozent (siehe Anlage zu § 12,2 Nr. 1 UStG)

Für die gastronomischen Umsätze bedeutet dies Folgendes:
(Aufzählung unvollständig)

	Steuersatz 16 %	Steuersatz 7 %
• Lieferungen von Speisen zum Verzehr an Ort und Stelle (= Hotel-Restaurant)	✓	
• Lieferungen von Getränken zum Verzehr an Ort und Stelle (= Hotel-Restaurant)	✓	
• Einkauf von Käse, Butter, Gemüse, Kaffee, Tee (Lebensmittel), Kakaopulver ohne Zusatz von Zucker und sonst. Süßmitteln		✓
• Einkauf von Langusten, Weinbergschnecken, Krebsen, Austern, Kaviar, Hummern (Luxuslebensmitteln)	✓	
• Einkauf von Milch, Milchmixgetränken, Leitungswasser		✓
• Einkauf von Mineralwasser, Bier, Wein, Frucht- u. Gemüsesäften, Limonaden, Kaffee- u. Teegetränken	✓	
• Einkauf von Speiseeis		✓
• Vermietung von Hotelzimmern (kurzfristig bis 6 Monate)	✓	
• Mieteinnahmen aus Schwimmbädern, Saunen, Heilbädern		✓
• Vermietung von Tennisanlagen, Kegelbahnen, Campingplätzen, Autostellplätzen und sonst. Betriebseinrichtungen	✓	
• Eigenverbrauch von Lebensmitteln, Getränken, Luxuslebensmitteln	✓	
• Sachzuwendungen an Arbeitnehmer		
→ Beköstigung	✓	
→ Logis (Ausnahme)	✓	
• Einnahmen aus Garderobe und Toilette	✓	
• Trinkgeld für Wirt	✓	
• Beförderung von Personen im Schienenbahnverkehr	✓	
• Einnahmen aus Party-Service für Lebensmittel und Service	✓	
für Luxuslebensmittel	✓	
• Verzehreinnahmen aus Kiosk für Getränke	✓	
für Speisen		✓
• Druckerzeugnisse für Werbeprospekte	✓	
für Mitarbeiterzeitschriften		✓

Personalkosten

Lohn und Gehalt

Löhne und Gehälter sind die Gegenleistung für die Mitarbeiter im gastgewerblichen Betrieb. Die Unterscheidung in Löhne und Gehälter resultiert aus den Arbeitnehmergruppen Arbeiter und Angestellte. Diese Differenzierung ist heute besonders im Arbeitsrecht weitgehend aufgehoben, da die Arten der Tätigkeit (mehr körperliche oder mehr geistige) sich immer mehr annähern. Hier werden die Begriffe synonym verwendet.

Bruttolohn und Nettolohn

Die Arbeitnehmer erhalten grundsätzlich nicht das vertraglich vereinbarte Entgelt ausbezahlt, es sei denn, sie haben eine Nettolohnvereinbarung. In der Regel werden von ihrem Bruttolohn Abzüge einbehalten, und sie bekommen den Nettolohn ausbezahlt:

	Bruttoentgelt
–	Lohnsteuer
–	Solidaritätszuschlag
–	Kirchensteuer
–	Krankenversicherungsbeitrag (KV)
–	Pflegeversicherungsbeitrag (PV)
–	Rentenversicherungsbeitrag (RV)
–	Arbeitslosenversicherungsbeitrag AV)
=	Nettobetrag

Für den Arbeitgeber addieren sich zum Bruttolohn die Lohnnebenkosten Dabei geht es um Sonderzahlungen, zum Beispiel zu Weihnachten, den Arbeitgeberanteil zur Sozialversicherung, die Unfallversicherung und die freiwilligen sozialen Leistungen, zum Beispiel Fahrtkostenzuschüsse.
Grundlage für die Lohn- und Gehaltsberechnung sind folgende Daten:

Grundlagen der Lohnberechnung

1 Kalenderjahr
2 Abrechnungszeitraum
3 Lohnsteuertabelle
4 Altersentlastung
5 Kirchensteuer
6 Steuerklasse
7 Kinderfreibetrag
8 Bundesland
9 Krankenkasse

10 Beitragsbemessungsgrenzen der KV und PV
11 Beitragsbemessungsgrenzen der RV und AV
12 Währung

Für einen Abteilungskoch (Chef de partie) würde sich dann folgende Abrechnung ergeben:

Abrechnung Abteilungskoch

Steuern	Klasse 1	
Freibetrag	keinen	
Kinder	1.0	
Tabelle	allgemeine	
Bruttobezüge lt. TV		2 488,00
– Lohnsteuer		412,83
– Solidaritätszuschlag		22,70
– Kirchensteuer		33,02
– Krankenversicherung		174,16
– Pflegeversicherung		21,15
– Rentenversicherung		242,58
– Arbeitslosenversicherung		80,86
= Nettoverdienst (= Auszahlung)		1 500,70

Der Betrag für Lohnsteuer- und Solidaritätszuschlag (= 5,5 Prozent von der Lohnsteuer) ergibt sich aus einer Tabelle, die Kirchensteuer beträgt je nach Bundesland einen festen Prozentsatz von der Lohnsteuer, zum Beispiel in Baden-Württemberg 8 Prozent. Für die Krankenversicherung wurde ein Beitragssatz von 14 Prozent unterstellt, davon beträgt der Arbeitnehmeranteil 7 Prozent. Die Sozialversicherungsbeiträge setzen sich im Jahr 2005 wie folgt zusammen:

Sozialversicherungsbeiträge ›

Sozialversicherungen	Beitragssätze	Arbeitgeberanteil	Arbeitnehmeranteil	Beitragsbemessungsgrenzen im Monat (in Euro)
Krankenversicherung	14,0 %	7,00%	7,00%	3 525,00
Pflegeversicherung	1,7%	0,85%	0,85%	3 525,00
Rentenversicherung	19,5%	9,75%	9,75%	5 200,00
Arbeitslosenversicherung	6,5%	3,25%	3,25%	5 200,00

Beitragsbemessungsgrenze

Die Beitragsbemessungsgrenzen stellen eine Obergrenze bei der Berechnung der Sozialversicherungsbeiträge dar. Liegt der Bruttolohn über 3 525,00 Euro (KV, PV) bzw. über 5 200,00 Euro (RV, AV), entspricht der Beitragssatz dem der Beitragsbemessungsgrenze.

In dem konkreten Fall hat dann der Buchungssatz wie folgt auszusehen:

Buchungssätze Lohnabrechnung

Löhne und Gehälter Küche	2.488,00	an	Bank	1.500,70
			Verb. aus Lohn/ Kirchesteuer	486,55
			Verb. im Rahmen der sozialen Sicherheit	518,75

Der Arbeitergeber muss dann noch den gleichen Beitrag wie der Arbeitnehmer zur Sozialversicherung leisten. der Buchungssatz hierfür lautet:

Gesetzl. Soziale Aufwendungen	518,75	an	Verb. im Rahmen der sozialen Sicherheit	518,75

Neben dem Arbeitgeberbeitrag muss der Unternehmer die gesamte gesetzliche Unfallversicherung zahlen. Dafür lautet der Buchungssatz:

Berufsgenossenschaft	an	Verb. im Rahmen der sozialen Sicherheit

Der Beitragssatz wird nicht je Arbeitnehmer gerechnet, sondern von der Lohnsumme im Jahr und in Abhängigkeit von der Risikoeinstufung.

Sonderfälle

Dieser Grundfall der Lohnabrechnung kann durch folgende Ereignisse beeinflusst werden:

- Vorschüsse und Abschlagszahlung: Vorschüsse sind Forderungen gegenüber dem Arbeitnehmer für noch nicht erbrachte Leistungen und werden später mit dem Auszahlungsbetrag verrechnet. Abschläge sind dagegen Zahlungen für erbrachte Leistungen. Sie werden wie auf dem jeweiligen Lohnaufwandskonto gebucht und später sowohl beim Bruttolohn als auch beim Auszahlungsbetrag abgezogen.
- Vermögenswirksame Leistungen (vwL): Das sind Geldleistungen, die der Arbeitgeber für den Arbeitnehmer in eine Anlageform nach dem Vermögensbildungsgesetz einzahlt. Wenn der Arbeitgeber die gesamten vwL oder nur Zuschüsse zahlt, dann unterliegen diese der Lohnsteuer und der Sozialversicherung, das heißt, bei der Berechnung der Abzüge muss zunächst der Arbeitgeberzuschuss dem Bruttogeldlohn hinzugerechnet werden. Später wird er dann mit dem Anteil des Arbeitnehmers vom Auszahlungsbetrag einbehalten.

- Kost und Logis
  siehe „Kost und Logis“, Seite 232
- Lohnpfändung
  Bei Lohnpfändungen muss der per bestandskräftigem Urteil einzubehaltende Betrag vom Auszahlungsbetrag abgezogen werden und auf einem Verbindlichkeiten-Konto, zum Beispiel Verbindlichkeiten aus Einbehaltung, gebucht werden.

Geringfügige Beschäftigung

Eine geringfügige Beschäftigung liegt nach § 8,1 SGB IV vor, wenn

Arbeitsentgelte und Beschäftigungszeiten

1. das Arbeitsentgelt regelmäßig nicht mehr als 400,00 Euro im Monat beträgt. Eine Zeitgrenze (bisher: weniger als fünfzehn Stunden pro Woche) gibt es nicht mehr.
2. die Beschäftigung im Kalenderjahr auf zwei Monate oder fünfzig Arbeitstage begrenzt ist. Die Tätigkeit darf nicht berufsmäßig ausgeübt werden, und das Entgelt darf 400,00 Euro nicht übersteigen.

Liegen mehrere geringfügig entlohnte Beschäftigungen bei einem Arbeitnehmer vor, dann bleiben diese sozialversicherungsfrei, wenn das Arbeitsentgelt aus diesen Beschäftigungen insgesamt 400,00 Euro nicht überschreitet.

Sozialversicherungspflicht

Hat der Arbeitnehmer eine geringfügig entlohnte Beschäftigung und eine sozialversicherungspflichtige Hauptbeschäftigung, bleibt die erste geringfügige Beschäftigung sozialversicherungsfrei. Jede weitere geringfügige Beschäftigung wird dann allerdings der Hauptbeschäftigung hinzugerechnet und damit sozialversicherungspflichtig. Diese Regelung betrifft nur die Kranken-, Pflege- und Rentenversicherung. Bei der Arbeitslosenversicherung bleiben alle geringfügig entlohnten Beschäftigungen bis 400,00 Euro versicherungsfrei.

Pauschalsteuer

Für geringfügig entlohnte Beschäftigte hat der Arbeitgeber einen Pauschalbetrag von 25 Prozent (davon entfallen 11 Prozent auf die Krankenversicherung, 12 Prozent auf die Rentenversicherung und 2 Prozent auf die Pauschalsteuer) allein zu tragen. Mit der Pauschalsteuer sind die Lohnsteuer, der Solidaritätszuschlag und die Kirchensteuer abgegolten. Neben der Pauschale sind für die Lohnfortzahlung noch eine Umlage von 1,2 Prozent für Arbeiter und 0,1 Prozent für alle anderen geringfügig beschäftigten Arbeitnehmer abzuführen.

Für den Arbeitnehmer ist das Arbeitsentgelt aus einer geringfügig entlohnten Beschäftigung steuer- und sozialversicherungsfrei. Der Arbeitgeber trägt den Pauschalbetrag und die Umlage allein und entrichtet diese an die Bundesknappschaft. Der Arbeitgeber kann zwar auf die Pauschalierung verzichten, muss dann aber über die Lohnsteuerkarte abrechnen. Für geringfügig Beschäftige in Privathaushalten gibt es eine besondere Regelung, die aber nur gilt, wenn die Tätigkeit ausschließlich im Privathaushalt ausgeübt wird. Die monatlichen Buchungssätze für eine geringfügig entlohnte Beschäftigung lauten:

Buchungssätze für geringfügig entlohnte Beschäftigung

Sonstige Löhne und Gehälter	400,00	an	Kasse	400,00
Pauschalabgabe für Aushilfen	100,40	an	Verb. im Rahmen der sozialen Sicherheit	100,40

Für Arbeitsentgelte, die zwischen 400,01 Euro und 800,00 Euro liegen, gilt eine so genannte Gleitzone. Der Arbeitgeber hat den vollen Sozialversicherungsbeitrag zu tragen, während der Beitrag vom Arbeitnehmer langsam bis zum vollen Arbeitnehmeranteil bei 800,00 Euro ansteigt.
Der Gleitzonenbeitrag wird wie folgt berechnet:

Bruttolohn	**Allgem. Beitragssatz mit 14% KV**	**Arbeitgeber-Anteil**	**Bemessungs-Grundlage**	**Gesamtbeitrag**	**Arbeitnehmer-Anteil**
Berechnung	KV + PV + RV + AV	20,85 % vom Bruttoentgelt	239,8 + 1,4005 (Arbeitsentgelt - 400)	Bemessungsgrundlage x 41,7%	Gesamtbeitrag abzüglich Arbeitgeberanteil
500,00	41,7%	104,25	379,85	158,40	54,15
600,00	41,7%	125,10	519,90	216,80	91,70
700,00	41,7%	145,95	659,95	275,20	129,25

‹ *Gleitzonenbeitrag*

Lohnfortzahlung im Krankheitsfall

Seit 1. April 2003 ist die Bundesknappschaft für alle geringfügig Beschäftigten die zuständige Stelle zum Ausgleich der Lohnfortzahlungsansprüche im Krankheitsfall. Die Mittel für die Durchführung des Erstattungsverfahrens werden durch eine Arbeitgeberumlage aufgebracht. Der Umlagesatz beträgt bei der Bundesknappschaft seit dem 1. April 2003 für alle geringfügig Beschäftigten bundeseinheitlich 1,2 Prozent (U1 für Krankheit bzw. Kur) für alle Arbeiter und Auszubildenden und 0,1 Prozent (U2 für Aufwendungen nach dem Mutterschutzgesetz) von der jeweiligen Bruttolohnsumme.

Der Arbeitnehmer kann auf die Rentenversicherungsfreiheit verzichten und den Pauschalbetrag des Arbeitgebers (12 Prozent) aus eigenen Mitteln auf den „normalen“ Rentenversicherungsbeitrag aufstocken.

Rentenversicherung

Wenn also ein Arbeitnehmer insgesamt 600,00 Euro verdient und keine Lohn-, Kirchensteuer und Solidaritätszuschlag abführt, sieht der Buchungssatz wie folgt aus:

Sonstige Löhne und Gehälter	600,00	an	Kasse	508,30
			Verb. im Rahmen der sozialen Sicherheit	91,70
Gesetzl. soziale Aufwendungen	125,10	an	Verb. im Rahmen der sozialen Sicherheit	125,10

Kost und Logis

Erhält der Arbeitnehmer neben seinem Bruttogeldlohn noch Sachbezüge, die insgesamt 50,00 Euro im Kalendermonat übersteigen, dann gehören diese sonstigen Bezüge zum Bruttolohn (steuer- und sozialversicherungspflichtiger Lohn/Gehalt) und müssen der Lohnsteuer und Sozialversicherung unterworfen werden.

Geldwerter Vorteil

In der Hotellerie und Gastronomie kommt dies häufig vor und wird als „freie Kost und Logis“ bezeichnet. Die kostenlose oder vergünstigte Nutzung einer Wohnung/Unterkunft und/oder die kostenlose oder vergünstigte Einnahme von Essen ist ein so genannter „geldwerter Vorteil“, der dem Bruttogeldlohn hinzugerechnet werden muss.

Wohnung oder Unterkunft?

Als Grundlage für die Berechnung dieser geldwerten Vorteile gibt es eine amtliche Sachbezugstabelle. Hinsichtlich der Logis gilt diese aber nur für eine Unterkunft. Der Unterschied zwischen einer Wohnung und einer Unterkunft besteht darin, dass in einer Wohnung eine selbstständige Haushaltsführung möglich ist. Um eine Unterkunft handelt es sich, wenn es zum Beispiel in einem Personalhaus Gemeinschaftseinrichtungen (Dusche, Küche u. Ä.) vorhanden sind. Bei einer Wohnung darf nicht die Sachbezugstabelle angewendet, sondern es muss die Vergleichsmiete (ortsübliche Miete) herangezogen werden. Die Gewährung von freier oder verbilligter Logis unterliegt nicht der Umsatzsteuer, denn in der Regel liegt eine langfristige Vermietung vor.

Sachbezugswerte 2005:

Geltungsbereich alte Bundesländer

Sachbezugswerte Verpflegung				
	Vollverpflegung	Frühstück	Mittagessen	Abendessen
monatlich	200,30	43,80	78,25	78,25
	Freie Unterkunft			
monatlich	194,20			

Sachbezugswerte alte Bundesländer

Geltungsbereich neue Bundesländer

Sachbezugswerte Verpflegung				
	Vollverpflegung	Frühstück	Mittagessen	Abendessen
monatlich	200,30	43,80	78,25	78,25
	Freie Unterkunft			
monatlich	178,00			

Sachbezugswerte neue Bundesländer

Die Sachbezugswerte „Verpflegung" gelten auch für Jugendliche bis zum achtzehnten Lebensjahr, Auszubildende und andere Arbeitnehmer.
Für Jugendliche unter achtzehn Jahren wird auf den Sachbezugswert „Unterkunft" ein Abschlag von fünfzehn Prozent gerechnet.
In den Sachbezugswerten ist die Umsatzsteuer, falls sie zum Ansatz kommt, enthalten.

Die Lohnabrechnung für eine Küchen-Aushilfskraft (Steuerklasse I) könnte dann wie folgt aussehen:

	Bruttogeldlohn		587,50
+	Sachbezug für Unterkunft		178,00
+	Sachbezug für Kost, netto	172,67	
+	Umsatzsteuer	27,63	200,30
	Steuer- und sozialversicherungspflichtiges Gehalt		965,80
–	Lohnsteuer/Kirchsteuer/Solidaritätszuschlag		9,62
–	Sozialversicherungsbeitrag Arbeitnehmer		201,38
=	Nettolohn		754,80
–	Sachbezüge		378,30
=	Auszahlungsbetrag		376,50

Lohnabrechnung Küchenkraft

In diesem konkreten Fall ergibt sich folgender Buchungssatz:

Buchungssatz Küchenkraft

Löhne und Gehälter Küche	965,80	an	Bank	376,50
			Verb. im Rahmen der sozialen Sicherheit	201,38
			Verb. aus Lohn-, Kirchensteuer, Solizuschl.	9,62
			Verr. Sachbezüge an Arbeitnehmer	350,67
			Umsatzsteuer	27,63

Wenn der Arbeitnehmer keine freie Kost und Logis hat und die Leistung bezahlen muss, dann wird der Betrag nicht auf den Bruttolohn aufgeschlagen, sondern nur vom Nettolohn abgezogen.

Der Buchungssatz ist dann identisch, nur enthält er andere Beträge. Falls der Arbeitnehmer mehr für Kost bezahlt als in der Sachbezugstabelle vorgesehen, dann ist die Umsatzsteuer aus dem höheren Betrag zu rechnen.

Troncberechnung

Neben dem Monatslohn (Zeitlohn) kommen in der Gastronomie häufig Leistungslöhne zum Tragen. Wenn der Leistungslohn für eine Arbeitnehmergruppe (Brigade) anfällt und unter den Mitgliedern der Gruppe verteilt werden soll, wird von einem Troncsystem gesprochen.

Formen des Leistungslohnes ›

Grundlage für die Berechnung des Leistungslohnes ist eine Umsatzbeteiligung von 11,3 Prozent vom Nettoerlös, das sind 8,75 Prozent vom Inklusivpreis laut Tarifvertrag Baden-Württemberg.

Folgende Beispielrechnung zeigt den Zusammenhang:

Troncberechnung

		Tagessumme	
Nettopreis		1 250,00	
Bedienungsgeld	11,30 %	141,25	entspricht ca.
Nettoerlös		1 391,25	
Umsatzsteuer	16 %	222,60	
Inklusivpreis		1 613,85	davon 8,75 % ist 141,21

Soll eine Servicebrigade als Gruppe Leistungslohn bekommen, dann muss eine Verteilungsrechnung durchgeführt werden. Das trifft auch zu, wenn das Trinkgeld innerhalb einer Gruppe aufgeteilt werden soll.

Troncsystem

Arten

- Bedienungsgeldtronc
- Trinkgeldtronc

Verteilungsschlüssel

- Garantielöhne auf Eurobasis
- Garantielöhne auf Prozentbasis
- Punktsystem

Berechnung des Leistungslohnes

Tronc und Garantielöhne

Bei den Garantielöhnen auf Euro-Basis wird der Gesamttronc durch die Summe der Garantielöhne der Arbeitnehmergruppe dividiert. Die errechnete Schlüsselzahl wird auf zwei Stellen nach dem Komma abgerundet, um nicht mehr zu verteilen als vorhanden ist. Danach wird die Schüsselzahl mit dem Lohn der Mitarbeiter multipliziert. Das Ergebnis entspricht dem Bruttolohn, allerdings nur dann, wenn der Schlüssel größer als eins ist, sonst muss der Garantielohn bezahlt werden. Ausgehend von den Zahlen der Tabelle auf Seite 236 ergibt sich beispielhaft folgende Rechnung für den Oberkellner:

$$\text{Schlüsselzahl} = \frac{\text{Troncsumme}}{\text{Garantielohnsumme}} = \frac{13\,890}{11\,575} = 1{,}2$$

$$\text{Lohn Oberkellner} = \text{Garantielohn x Schlüsselzahl} = 2\,879 \times 1{,}2 = 3\,454{,}80\ €$$

Das nahezu gleiche Ergebnis wird erreicht, wenn der prozentuale Anteil der Einzelgarantielöhne an der Summe der Garantielöhne berechnet wird und der Prozentsatz auf die Troncsumme angewendet wird.
Das Punktsystem wird in der Praxis häufig verwendet, weil eine gerechtere Gewichtung innerhalb einer Brigade möglich ist. Gleiche Arbeitnehmer (zum Beispiel Commis) können unterschiedliche Punkte bei gleichen Garantielöhnen bekommen, um die Leistungsfähigkeit zu berücksichtigen.

Mitarbeiter	Position	Garantielohn	Punkte	Tonclöhne
Tobias Mehl	Oberkellner	2 879,00	5	3 754,05
Gerda Steil	Chef de rang	2 501,00	4	3 003,24
Helge Sand	Commis	2 065,00	3,5	2 627,84
Egon Hill	Commis	2 065,00	3	2 252,43
Franzis Korb	Commis	2 065,00	3	2 252,43
		11 575,00	18,5	13 889,99
	Troncsumme	**Summe Pkt.**	**Schlüssel**	**Resttronc**
	13 890,00	**18,5**	**750,81**	**0,01**

Punktsystem ›

Das Beispiel macht deutlich, dass der Commis Helge Sand wegen seiner Leistungsfähigkeit mehr erhält als seine gleichrangigen Kollegen. Die Garantielöhne müssen in jedem Fall eingehalten werden.

Für die Buchung der Verteilung müssten noch die Steuern und die Sozialversicherungsbeiträge berechnet werden. Die Struktur des Personalbuchungssatzes ändert sich dadurch nicht.

Für das Troncsystem lassen sich folgende Vor- und Nachteile nennen:

Vor- und Nachteile des Troncsystems ›

Vor- und Nachteile des Troncsystems

Vorteile

- schnellerer Service
- besseres Betriebsklima
- geschlosseneres Auftreten der Servicebrigade
- bessere Abwicklung von Großveranstaltungen

Nachteile

- besonders Tüchtige können sich nicht auszeichnen
- „Schleuderservice“
- „Drückeberger“ werden mit durchgezogen
- Verschieben der Verantwortung

Anschaffung und Abschreibung von Sachanlagen

Anschaffungs- und Herstellungskosten

Sachanlagen sind bewegliche oder unbewegliche körperliche Gegenstände, die zum Anlagevermögen gehören. Sachanlagegüter sind laut HGB unbebaute Grundstücke, bebaute Grundstücke, technische Anlagen (zum Beispiel ein Fahrstuhl oder ein Kühlhaus) und Maschinen (zum Beispiel eine Klimaanlage), Betriebs- und Geschäftsausstattung (zum Beispiel die Bestuhlung eines Restaurants) und Anlagen im Bau (zum Beispiel Anbau einer Fitness-Anlage).

Sachanlagegüter

Die Anschaffungskosten für Sachanlagen sind alle Aufwendungen, die geleistet werden, um den Vermögensgegenstand zu erwerben und ihn in einen betriebsbereiten Zustand zu versetzen. Allerdings müssen alle Aufwendungen einem Vermögensgegenstand auch einzeln zugerechnet werden können (§ 255,1 HGB).

Die Anschaffungskosten werden wie folgt berechnet:

Berechnung der Anschaffungskosten

Anschaffungspreis (Kaufpreis)
+ Anschaffungsnebenkosten
– Anschaffungspreisminderungen
= Anschaffungskosten

Der Anschaffungspreis ist alles, was der Käufer aufwendet, um den Vermögensgegenstand zu erwerben, jedoch abzüglich der anrechenbaren Vorsteuer.

Anschaffungsnebenkosten

Zu den Anschaffungsnebenkosten bei Grundstücken gehören die Grunderwerbssteuer (3,5 Prozent des Kaufpreises), die Notar- und Maklergebühren ohne Vorsteuer, die Grundbuchgebühren und die Netto-Vermessungsgebühren. Bei anderen Vermögensgegenständen zählen die Netto-Eingangsfracht, die Anfuhr- und Abladekosten, die Transportversicherungen, die Netto-Montagekosten und eventuelle Zölle dazu.

Anschaffungspreisminderungen

Anschaffungspreisminderungen sind Skonti, Rabatte, Boni und sonstige Preisnachlässe.

Keine Anschaffungskosten hingegen sind alle Geldbeschaffungskosten wie Zinsen, Damnum, Wechseldiskont, die für die Finanzierung einer Anschaffung aufgewendet werden und die anrechenbare Vorsteuer. Die Anschaffung einer Sachanlage und die Finanzierung sind verschiedene Vorgänge und dürfen deshalb buchhalterisch nicht zusammengefasst werden. Ein Skonto dagegen muss als Anschaffungspreisminderung von den Anschaffungspreisen abgezogen werden.
Der Buchungssatz lautet:

Buchungssatz Anschaffungen

Maschinen	10 000,00			
Vorsteuer	1 600,00	an	Bank	11 600,00

Herstellungskosten von selbst erstellten Sachanlagen sind Aufwendungen, die durch den Verbrauch von Sachgütern und die Inanspruchnahme von

Diensten für die Herstellung eines Vermögensgegenstandes, seine Erweiterung oder für eine über den ursprünglichen Zustand hinausgehende wesentliche Verbesserung entstehen (§ 255, 2 HGB). So könnte die Handwerkerabteilung eines Hotels einen Einbauschrank in einem Gästezimmer oder ein Regal in einem Lagerraum erstellen.

Herstellungskosten

In diesen Fällen müssten folgende Kosten als Untergrenze herangezogen werden:

- Materialeinzelkosten
  Holz, Nägel, Schrauben
- Fertigungseinzelkosten
  Stundenlohn des Schreiners aus der Handwerksabteilung
- Sondereinzelkosten der Fertigung
  spezielle Fräswerkzeuge für das Anbringen der Beschläge

Steuerrechtlich müssten noch die Material- und Fertigungsgemeinkosten bei der Ermittlung der Herstellkosten herangezogen werden. Dazu gehören beispielsweise Lagerkosten, Versicherungen u. Ä.
Der Buchungssatz lautet:

Betriebs- und Geschäftsausstattung	an	Andere aktivierte Eigenleistungen

Der Verkauf von Sachanlagegütern ist umsatzsteuerpflichtig. Liegt der Nettoerlös über dem Buchwert, hat der Betrieb einen Buchgewinn, sonst einen Buchverlust.
Der Buchungssatz für einen Buchgewinn lautet:

Buchungssatz Buchgewinn

Bank	3 000,00	an	Betriebs- und Geschäftsausstattung	1 000,00
			Erträge aus dem Abgang von AV	2 000,00
			Umsatzsteuer	480,00

Der Buchungssatz für einen Buchverlust lautet:

Buchungssatz Buchverlust

Bank	500,00	an	Betriebs- und Geschäftsausstattung	1 000,00
Verluste aus Anlageabgängen	500,00			
			Umsatzsteuer	160,00

Da es sich bei den abnutzbaren Sachanlagen um Gebrauchsgegenstände handelt, müssen aus betriebswirtschaftlicher Sicht die Anschaffungs- oder Herstellungskosten (AHK) auf den Zeitraum der Nutzung verteilt werden. Dies ist auch in den Jahren der Anschaffung und Veräußerung der Fall. Diesen Vorgang nennen wir Abschreibungen; er wird im nächsten Abschnitt behandelt.

Abschreibungen

Nach handels- (§ 253,2 HGB) und steuerrechtlichen (§ 7,1 EStG) Vorschriften sind abnutzbare Wirtschaftsgüter, deren Verwendung oder Nutzung sich voraussichtlich auf mehr als ein Jahr erstreckt, um jährlich planmäßige Abschreibungen zu mindern.
Abschreibungsursachen sind:

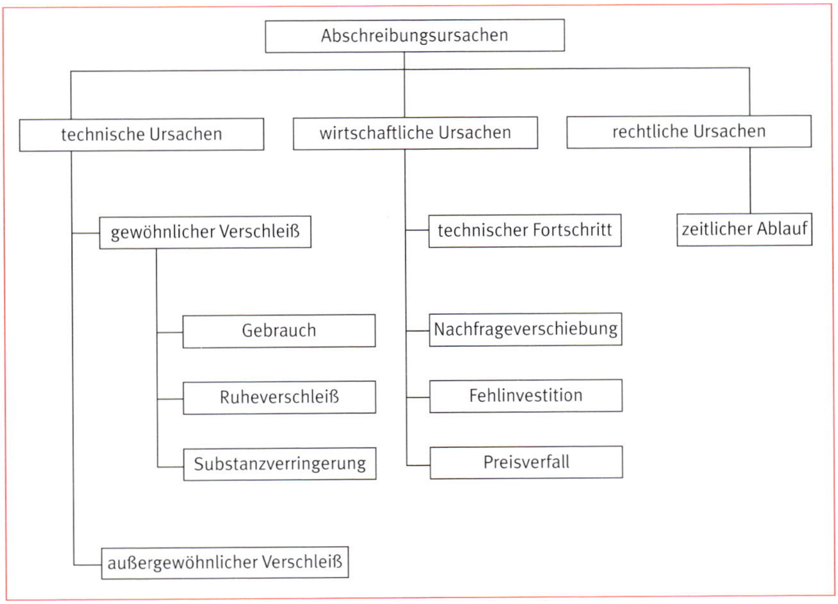

Abschreibungsursachen

Die üblichste Form der Abschreibung ist der gewöhnliche Verschleiß durch Gebrauch des Anlagegutes. Sachanlagegüter verlieren aber auch durch andere Ursachen an Wert, auch diese Ursachen müssen bei der Bewertung berücksichtigt werden.
Es handelt sich dabei in der Regel um außergewöhnliche Abschreibungen wie technische Veralterung, Fehlinvestition, außergewöhnlicher Verschleiß durch Feuer oder Unfall.

Damit sind auch die Abschreibungsarten angesprochen, die im Gesamtüberblick folgende Formen annehmen können:

nach dem Rechnungszweck	**nach dem Gegenstand**	**nach der Buchung**	**nach dem Anfall**	**nach der gesetzlichen Grundlage**	**nach dem Abschreibungsverfahren**
bilanzmäßige Abschreibung	Einzelabschreibung	direkte Abschreibung	planmäßige Abschreibung	handelsrechtl. Abschreibung	lineare Abschreibung
kalkulatorische Abschreibung	Gruppenabschreibung	indirekte Abschreibung	außerplanmäßige Abschreibung	steuerrechtl. Abschreibung (AfA)	degressive Abschreibung - geometrisch - arithmetisch (digital)
					progressive Abschreibung
					Leistungsabschreibung

Arten der Abschreibung

Die Unterscheidung nach dem Rechnungszweck hat etwas mit den Interessenten an der Abschreibung zu tun. Aus steuerlichen Gründen und wegen des Gläubigerschutzes ist es sinnvoll, bilanzmäßig so viel wie möglich abzuschreiben, während kalkulatorisch eine sachlich richtige Abschreibung geboten erscheint. Regelfall ist die Einzelabschreibung, das heißt, jeder Gegenstand des Sachanlagevermögens muss für sich abgeschrieben werden. Zur Erleichterung kann beim Umlaufvermögen auch gleichartiges Vorratsvermögen zusammengefasst und bewertet werden (Gruppenbewertung). Die direkte oder indirekte Abschreibung bezieht sich auf das Gegenkonto. Bei der direkten Abschreibung wird der Abschreibungsbetrag den jeweiligen Anlagekonten gutgeschrieben. Dagegen werden bei der indirekten Abschreibung die Anlagekonten belassen und passive Wertberichtigungskonten als Gegenkonto eingerichtet. Eine weitere Unterscheidung resultiert auf den gesetzlichen Grundlagen. Die wichtigste Abschreibungsart ist die nach dem Rechenverfahren.

Beispiele

Am folgenden Beispiel sollen vier der fünf Verfahren dargestellt werden. Es sei an dieser Stelle darauf hingewiesen, dass die aufgeführten Berechnungsverfahren nur für bewegliche, abnutzbare Wirtschaftsgüter des Anlagevermögens gelten.

Beispiel: Das Hotel-Restaurant Holzer kauft am 2. Januar einen Hotelbus für 42 000 Euro, die betriebsgewöhnliche Nutzungsdauer beträgt sechs Jahre und die gesamte Fahrleistung 200 000 Kilometer. Im Jahr der Anschaffung werden mit dem Bus 35 000 Kilometer gefahren.

Berechnung der linearen Abschreibung:

Linare Abschreibung

$$\text{lineare Abschreibung} = \frac{\text{AHK}}{\text{Nutzungsdauer}} = \frac{42\,000}{6} = 7\,000$$

Das heißt, in jedem vollen Kalenderjahr der Nutzung darf der Betrieb 7 000,00 Euro abschreiben. Der Abschreibungssatz (100 Prozent/6 Jahre) beträgt 16 Prozent pro Jahr.

Berechnung der degressiven Abschreibung:

Degressive Abschreibung

$$\text{degressive Abschreibung} = \frac{100}{\text{Nutzungsdauer}} \text{ x } 2\text{, höchstens } 20$$

$$= \frac{100}{6} \text{ x } 2 = 33\,{}^{1}/_{3}\text{, also } 20$$

Dies ist zunächst die Berechnung des Abschreibungsprozentsatzes. Dieser Prozentsatz wird im ersten Jahr auf die Anschaffungs- oder Herstellungskosten (AHK) und in den Folgejahren auf den jeweiligen Restwert angewendet. Steuerrechtlich ist der Prozentsatz auf das Zweifache des linearen Satzes, aber maximal zwanzig Prozent beschränkt.

Die Abschreibung vom Restbuchwert hat zur Folge, dass nach sechs Jahren das Wirtschaftsgut nicht in voller Höhe abgesetzt werden konnte. Deshalb ist ein Umstieg auf die lineare Abschreibung sinnvoll und steuerrechtlich auch zulässig.
Der Zeitpunkt des Übergangs wird dann wie folgt berechnet:

Übergang von linearer auf degressive Abschreibung

$$\text{degressiver Abschreibungsbetrag} < \text{Restbuchwert/Restnutzungsdauer}$$

In dem Jahr, in dem der degressive Abschreibungsbetrag kleiner ist als der lineare Abschreibungsbetrag, wird auf die lineare Abschreibung umgestiegen. Der lineare Abschreibungsbetrag wird für jedes Jahr mit dem Restbuchwert und der Restnutzungsdauer neu errechnet.

Eine Tabelle zeigt das Umstiegsjahr in diesem konkreten Fall:

ND	AHK	Restwert	Faktor	
6	42 000,00		1,20	
Periode	**Lineare Afa**	**Degressive Afa**	**Übergang**	**Buchwert**
1	7 000,00	8 400,00	8 400,00	33 600,00
2	7 000,00	6 720,00	6 720,00	26 880,00
3	7 000,00	5 376,00	6 720,00	20 160,00
4	7 000,00	4 300,80	6 720,00	13 440,00
5	7 000,00	3 440,64	6 720,00	6 720,00
6	7 000,00	2 752,51	6 720,00	00,00

Das Beispiel zeigt, dass im zweiten Jahr die degressive und die lineare Abschreibung gleich hoch sind. Erst ab dem dritten Jahr ist die lineare Abschreibung höher.

Berechnung der Leistungsabschreibung:

Leistungs-abschreibung

$$\text{Leistungsabschreibung} = \frac{[\text{AHK x Jahresleistung}]}{\text{Gesamtleistung}} = \frac{[42\,000 \text{ x } 35\,000]}{200\,000} = 7\,350$$

Bei einer Fahrleistung von 35 000 Kilometer im ersten Jahr müssten nach dieser Methode 7 350 Euro abgeschrieben werden. Dieses Verfahren ist auch nach Steuerrecht zulässig, wenn die Leistungsabschreibung wirtschaftlich begründet ist und wenn die in Anspruch genommen Leistung wie zum Beispiel beim Kraftfahrtzeug nachgewiesen werden kann.

Berechnung der digitalen Abschreibung:

Digitale Abschreibung

$$\text{digitale Abschreibung} = \frac{\text{AHK}}{[\text{Summe Nutzungsjahre}]} = \frac{42\,000}{[1+2+3+4+5+6]} = 2\,000$$

Das bedeutet, dass im ersten Nutzungsjahr der Betrag mit sechs zu multiplizieren ist. Der Abschreibungsbetrag beträgt demnach 6 x 2 000 Euro, also 12 000,00 Euro. Im zweiten Abschreibungsjahr sind 5 x 2 000 Euro, also 10 000,00 Euro anzusetzen usw.
Die geometrisch-degressive und die digitale (arithmetisch-degressive) Abschreibung ist durch fallende Abschreibungsbeträge gekennzeichnet. Durch

die anfänglich hohe Abschreibungen berücksichtigt sie die wirtschaftliche Entwicklung durch technischen Fortschritt, Nachfrageverschiebungen usw. Der Abschreibungsverlauf entspricht dem Prinzip der Vorsicht.

Progressive Abschreibung

Die progressive Abschreibung ist das Gegenteil zur degressiven und ist durch steigende Abschreibungsbeträge charakterisiert. Das Vorsichtsprinzip und insbesondere die Gefahr vorzeitiger technischer Überholung der Sachanlagen setzen der praktischen Anwendbarkeit der progressiven Abschreibungsmethode enge Grenzen. Das klassische Beispiel für diese Methode sind Obstplantagen: Da sie erst nach Jahren Früchte tragen, sollen die Abschreibungen auf diese Zeit verlagert werden.

Steuerliche Regelungen der Abschreibung

Afa-Tabellen

Mehrfach schon wurde auf die steuerrechtliche Seite der Abschreibungen hingewiesen. Die planmäßige Abschreibung im Handelsrecht entspricht der Absetzung für Abnutzung (AfA) im Steuerrecht. Die Steuerbilanz zielt darauf ab, Gewinnminderungen durch erhöhte Aufwendungen zu verhindern, um damit die Gewinnsteuereinnahmen (Ertragssteuer) zu sichern. Deshalb gibt es von der Finanzverwaltung AfA-Tabellen für die maximale betriebsgewöhnliche Nutzungsdauer von Anlagegütern und Einschränkungen im Steuerrecht.

Steuerrechtliche Abschreibungsarten

Das Steuerrecht kennt folgende Abschreibungsarten:

- Absetzung für Abnutzung (AfA): Hierfür sind die lineare, geometrisch-degressive Abschreibung und die Leistungsabschreibung zulässig.
- Absetzung für Substanzverringerung (AfS): Sie wird für Wirtschaftsgüter vorgenommen, die einen Verbrauch der Substanz mit sich bringen (§ 7,6 EStG). Der Substanzverzehr wird bei Bergbauunternehmen, Steinbrüchen, Ölfeldern usw. durch den Abbau der Rohstoffe (Bodenbestandteile) begründet.
- Absetzung wegen außergewöhnlicher technischer oder wirtschaftlicher Abnutzung (§ 7,1, S. 6 EStG): Sie ist bei ungewöhnlichen Vorgängen zulässig, zum Beispiel bei einem Kurzschluss in einem Computer, einer durch Hochwasser zerstörten Heizungsanlage oder bei Küchengerät, das durch eine Änderung der Gästenachfrage nicht mehr benötigt wird.
- Teilwertabschreibung (§ 6,1 Nr. 1 EStG): Sie ist dann erforderlich, wenn der Wertverlust beispielsweise im Wiederbeschaffungspreis begründet ist. Als Teilwert wird der Betrag angesetzt, den ein Erwerber des gesamten Unternehmens für das einzelne Wirtschaftsgut zahlen würde.

Steuerrechtliche Abschreibungsarten

- Sonderabschreibung (§ 7a EStG):
  Dies sind besondere Abschreibungen, die das Steuergesetz ausdrücklic zulässt. Dazu gehören zum Beispiel erhöhte Abschreibungen für Häuser und Wohnungen, für Wirtschaftsgüter, die dem Umweltschutz dienen, für Baudenkmäler und Sanierungsgebiete. Kleine und mittlere Unternehmen können in den ersten fünf Jahren zusätzlich zur planmäßigen AfA (linear oder degressiv) noch insgesamt zwanzig Prozent der AHK eines neuen Wirtschaftsgutes (§ 7g Abs. 1 u. 2 EStG) absetzen. Diese 20 Prozent können beliebig auf fünf Jahre verteilt werden. Nach dieser Zeit wird der Restwert auf die Restnutzungsdauer des Wirtschaftsgutes verteilt.
- Ansparabschreibung (§ 7g,3-6 EStG):
  Sie kann von kleinen und mittleren Unternehmen für die geplante Anschaffung eines Wirtschaftsgutes vorgenommen werden. In den beiden Jahren vor der Anschaffung können insgesamt vierzig Prozent der voraussichtlichen Anschaffungskosten (Höchstbetrag: 154 000,00 Euro) als Betriebsausgabe abgesetzt werden. Der AfA-Satz von vierzig Prozent ergibt sich aus der Summe der maximalen degressiven AfA und der Sonderabschreibung von jeweils zwanzig Prozent. Die Ansparabschreibung wird im Jahr der Anschaffung gewinnerhöhend aufgelöst.
- GWG-Abschreibung nach § 6 Abs. 2 EstG:
  Sie ist eine Sofort-Abschreibung der gesamten AHKs für geringwertige Wirtschaftsgüter (GWG). GWGs sind neue oder gebrauchte Gegenstände mit einem AHK von bis zu 410,00 Euro netto (das heißt ohne Umsatzsteuer). Auf die GWG-Abschreibung kann verzichtet werden. Typische GWGs sind im Gastgewerbe Besteck und Geschirr, Lampen, Gläser und Vorhänge.

Die Anspar- und Sonderabschreibungen haben einen wirtschaftspolitischen Hintergrund. Das HGB lässt in § 254 ausdrücklich zu, dass eine steuerliche Abschreibung auch in der Handelsbilanz angesetzt werden darf.

KOSTEN- UND LEISTUNGSRECHNUNG

Abgrenzung der Kosten- und Leistungsrechnung

Der Gesamterfolg eines Hotel- und Gaststättenbetriebes kann nicht nur mit Hilfe der Finanzbuchführung ermittelt werden. In den Aufwendungen und Erträgen können Beträge enthalten sein, die mit dem eigentlichen Zweck des Hotel- und Gaststättenbetriebes nicht direkt in Zusammenhang stehen. Deshalb lassen sich unmittelbar aus der GuV keine Aussagen zur Wirtschaftlichkeit und Produktivität einzelner Leistungsbereiche (Küche, Restaurant, Beherbergung) machen. Die BWA hat, wie bereits beschrieben, das neutrale Ergebnis herausgerechnet. Die Trennung von betrieblichen und neutralen Vorgängen ist aber für die Kontrolle und Steuerung des gastgewerblichen Unternehmens von entscheidender Bedeutung. Neben der Finanzbuchführung ist daher die Kosten- und Leistungsrechnung erforderlich.

Aufgaben

Die Aufgaben der Kosten- und Leistungsrechnung sind:
- Erfassung der Kosten nach Kostenarten
- Verteilung der Kosten auf die Kostenstellen
- Zurechnung der Kosten auf die Kostenträger
- Ermittlung der Wirtschaftlichkeit
- Kontrolle der Wirtschaftlichkeit
- Ermittlung und Kontrolle der Preise
- Kontrolle des leistungsbezogenen Erfolges
- Planung der Beschaffung, der Produktion und des Absatzes
- Erfolgsplanung

Gliederung

Hierfür wird die Kosten- und Leistungsrechnung in drei Teile gegliedert:
1 Objekte der Betrachtung
2 Volumen der Zurechnung
3 Art der Kostennummerierung

Objekte der Betrachtung sind die Kostenarten-, die Kostenstellen- und die Kostenträgerrechnung.

Das Volumen der Zurechnung unterscheidet die Voll- und die Teilkostenrechnung. Bei der Vollkostenrechnung werden alle anfallenden Kosten den einzelnen Kostenträgern zugerechnet. Dabei ergibt sich das Problem, dass die Gemeinkosten nur indirekt zurechenbar sind. Bei der Teilkostenrechnung hingegen wird nur der Teil der Kosten den Kostenträgern zugerechnet, der tatsächlich durch sie jeweils verursacht wurde.

Die Kostennummerierung fasst die Ist-, Normal- und Plankostenrechnung zusammen. Bei der Istkostenrechnung werden tatsächlich angefallene Mengen zu effektiven Preisen bewertet. Als Grundlage der Normalkostenrechnung dienen Durchschnittswerte, und bei der Plankostenrechnung wird mit geplanten Mengen und geplanten Preisen gerechnet.

Grundlagen der Kosten- und Leistungsrechnung

Der Begriff der „Kosten“ ist ein zentraler Begriff der Kosten- und Leistungsrechnung. Statt einer Definition werden hier vier Merkmale aufgeführt:

1 Güterverzehr
2 Leistungsbezogenheit
3 Bewertung des Güterverzehrs
4 Normalcharakter (Regelmäßigkeit)

Güterverzehr …

Das Merkmal Güterverzehr bezeichnet den mengenmäßigen Ge- bzw. Verbrauch von Sachgütern (zum Beispiel Verbrauch von Werkstoffen und Gebrauch von Betriebsmitteln) und Dienstleistungen (zum Beispiel Transportleistungen). Der Mengenverzehr betrifft die gesamten Produktionsfaktoren wie Werk-, Hilfs- und Betriebsstoffe, Betriebsmittel, Rechte, verzehrfähigen Boden, Arbeits- und Dienstleistungen, Unternehmerleistungen und Arbeitsleistungen.

Der Güterverzehr wird bei abnutzbaren Gebrauchsgütern über die Abschreibung anteilmäßig erfasst, während er bei Verbrauchsgütern aufgrund von Materialentnahmen und/oder Inventuren ermittelt wird. Dienstleistungen werden in der Regel nach der Zeit oder der Art des Gutes festgestellt. Der erzwungene Güterverzehr (zum Beispiel Diebstahl, Katastrophen) wird in den Wagniskosten erfasst.

… und gastgewerbliche Leistungen

Die Leistungsbezogenheit der Kosten ist nur dann gegeben, wenn der Güterverzehr im Zusammenhang mit dem Sachziel des gastgewerblichen Unternehmens steht, das heißt, wenn durch die Leistung des Unternehmens ein Beitrag zur Befriedigung menschlicher Bedürfnisse durch die Kombination von Produktionsfaktoren erbracht wird. Zu den Leistungen zählen aus gastgewerblicher Sicht:

- alle am Markt verkauften Sach- und Dienstleistungen, zum Beispiel der Verkauf von Getränke, Speisen und Zimmern
- innerbetriebliche Leistungen, zum Beispiel die Dekoration der Floristenabteilung

Für die Bewertung gibt es keine einheitliche Regel. Generell werden in der Kostenrechnung alle Arten von Werten bzw. Preisen angesetzt, wobei diese Werte (un-)mittelbar von den bestehenden Marktpreisen abgeleitet sein können, etwa Anschaffungspreise (zum Beispiel für Küchenmaschinen), Tagespreise (zum Beispiel für Frischgemüse), Wiederbeschaffungspreise (zum Beispiel für Hotelcomputer) usw.

Der Normalcharakter legt den Regelverbrauch zugrunde, der bei der betrieblichen Leistungserstellung im Durchschnitt eines längeren Zeitraumes und unter den üblichen Produktionsbedingungen entsteht. Das Kriterium hierfür heißt „betriebsnotwendig“. Abzugrenzen ist jener Güterverzehr, der nicht der betrieblichen Leistungserstellung dient, sowie alle einmaligen und zufälligen betrieblichen Vorgänge, selbst wenn sie betriebsbedingt sind.

Regelverbrauch

Die Kosten stehen auf der einen Seite mit den Rechnungsgrößen, Auszahlungen, Ausgaben und Aufwand und auf der anderen Seite mit den Begriffen Einzahlung, Einnahme, Ertrag und Leistung in enger Verbindung.

Auszahlung, Einzahlung	sind Zahlungsvorgänge, die liquide Mittel berühren (Bargeld, Sichtguthaben)
Ausgabe	Auszahlungen + Forderungsabgang + Schuldenzugang
Einnahme	Einzahlungen + Forderungszugang + Schuldenabgang
Aufwand	auf die Periode des Verbrauchs zugerechnete Ausgaben
Ertrag	der in Geld bewertete Wertzugang einer Periode
Kosten	Bewerteter und normaler Güterverzehr von betrieblichen Produktionsfaktoren zur Erstellung und zum Absatz von Sach- und/oder Dienstleistungen
Leistung	in Geld bewertete Güter und Dienste einer bestimmten Periode, die durch die Produktion entstehen

Zur Definition von Liquidität, Rentabilität, Wirtschaftlichkeit und Produktivität können die speziellen Kostenbegriffe verwendet werden. Dabei werden für die Berechnung der Liquidität die Wertgrößen Auszahlung/Ausgabe und Einzahlung/Einnahme herangezogen. Die Rentabilität wird mit Hilfe des Gewinns als Differenz zwischen Ertrag und Aufwand berechnet, zum Beispiel:

Liquidität, Rentabilität, Wirtschaftlichkeit, Produktivität

Eigenkapital – Rentabilität = (Gewinn x 100) : Eigenkapital

Die Wirtschaftlichkeit ergibt sich aus dem Verhältnis von Leistungen und Kosten. Die Produktivität dagegen ist die mengenmäßige Beziehung zwischen Input und Output.

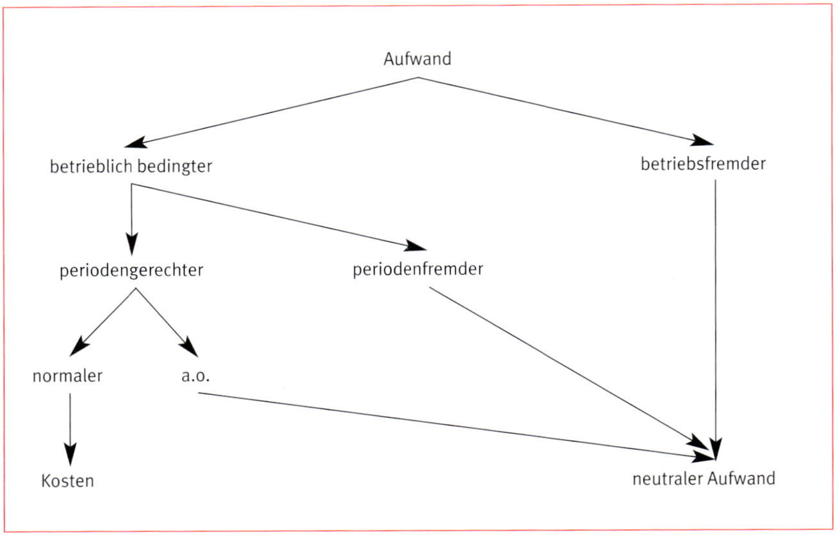

Zusammenhang von Aufwand und Kosten

Kostenartenrechnung (einschl. sachliche Abgrenzung)

Die Kostenartenrechnung klärt die Frage, welche Kosten angefallen sind. Alle anfallenden Kosten müssen ermittelt werden.
Grundsätzlich werden zwei Kostenarten unterschieden.

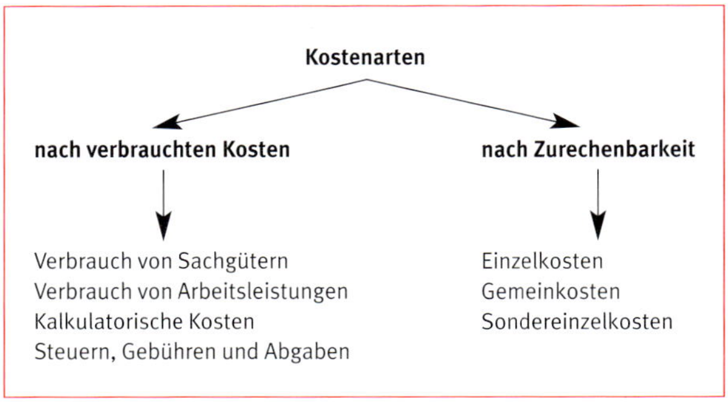

Kostenarten

Als „verbrauchte Kosten“ gelten unter anderem:

- Personalkosten
- Materialkosten
- Betriebsmittelkosten
- Kapitalkosten
- Fremdleistungskosten
- Wagniskosten
- Steuern

Zu den Personalkosten zählen außer Lohn und Gehalt unter anderem auch die Sozialabgaben, die betriebliche Altersvorsorge, die Jubiläumszahlungen und der kalkulatorische Unternehmerlohn. Der kalkulatorische Unternehmerlohn ist die Einbeziehung der Arbeitsleistung des Unternehmers in die Kosten- und Leistungsrechnung.

Personalkosten

Zur Bestimmung der Materialkosten wird zunächst der Preis ermittelt. Anschließend werden die Verbrauchsmengen über die Aufnahme des Warenbestandes an der Inventur festgestellt und die verbrauchten Mengen bewertet. Der Einstandspreis wird wie folgt ermittelt:

Materialkosten

	Angebots- oder Listenpreis
–	Rabatt
–	Bonus
+	Zuschläge
=	Ziel- oder Rechnungspreis
–	Skonti
=	Bareinkaufspreis
+	Verpackung, Fracht, Versicherung usw.
=	Einstandspreis

Betriebsmittelkosten schließen alle Kosten ein, die für langfristig an das Unternehmen gebundene Güter anfallen (Gebrauchsgüter). Darunter fallen unter anderem Gebäude und Maschinen. Bei der Bewertung dieser Kosten sind auch die Abschreibungen zu berechnen. Abschreibungen können linear, degressiv oder leistungsbezogen erfolgen. Weiterhin kann entweder auf die Anschaffungskosten oder auf den Wiederbeschaffungswert abgeschrieben werden.

Betriebsmittelkosten

Kapitalkosten bestehen aus kalkulatorischen Zinsen für das betriebsnotwendige Kapital. Das betriebsnotwendige Kapital wird aus der Summe von betriebsnotwendigem Anlagevermögen und betriebsnotwendigem Umlaufvermögen abzüglich des zinsfreien Fremdkapitals ermittelt. Zinsfreies Fremdkapital sind unter anderem Verbindlichkeiten oder Rückstellungen. Das Ergebnis des Produktes aus betriebsnotwendigem Kapital und landesüblichem Zinssatz ergibt die kalkulatorischen Zinsen.

Kapitalkosten

Kosten, die durch die Inanspruchnahme von Diensten Dritter entstehen, bezeichnet man als Fremdleistungskosten. Dies ist zum Beispiel der Betrag, den ein Fensterputzunternehmen für seine geleisteten Dienste verlangt.

Fremdleistungskosten

Wagniskosten

Wagniskosten drücken die Risiken betrieblicher Tätigkeit aus, die zu Schadensfällen und Verlusten führen können. Sie unterscheiden sich in die Kosten des allgemeinen Unternehmerwagnisses und die Kosten der Einzelwagnisse. Das allgemeine Unternehmenswagnis ist nicht kalkulierbar und wird über den Gewinn abgegolten. Die Kosten für Einzelwagnisse wie zum Beispiel Schwund und Verderb werden in der Kostenrechnung mit Durchschnittswerten angesetzt.

Wagnisse

<table>
<tr><td>Allgemeines Unternehmerwagnis</td><td colspan="5">Einzelwagnisse</td></tr>
<tr><td>· Gesamtwirtschaftliche Entwicklung
· Nachfrageänderung
· Geldentwertung
· Technischer Fortschritt
· Konkurrenzentwicklung</td><td>Bestände</td><td>Anlagen</td><td>Fertigung</td><td>Vertrieb</td><td>Gewährleistung</td></tr>
<tr><td>Gewinn</td><td>Fremdversicherung</td><td colspan="4">Eigenversicherung</td></tr>
</table>

Wagnisse ›

Steuern

Die Abgaben an die öffentliche Hand, die Steuern, werden ebenfalls in die Kostenrechnung aufgenommen. Die Wirkung der Steuern ist vom Zweck der Kostenrechnung abhängig. Für die Preiskalkulation ist die Gewerbeertragsteuer Kostenbestandteil, während die Einkommen- und Körperschaftsteuer aus dem Gewinn zu decken ist.

Einzelkosten und Gemeinkosten

Nach dem Kriterium der Zurechenbarkeit unterscheidet man Einzelkosten (EK) und Gemeinkosten (GK). Die EK sind Kosten, die direkt auf Kostenträger verrechnet werden können, zum Beispiel der Wareneinsatz in der Küche oder das Bedienungsgeld. Die GK sind Kosten, die sich nicht unmittelbar auf einen bestimmten Kostenträger verrechnen lassen, zum Beispiel die Gehälter des Küchenpersonals, der Strom, die Abschreibungen, die Heizung, die Reinigung oder die Versicherung.

Die Verteilung dieser Kosten erfolgt über die Schlüsselung im Rahmen des Betriebsabrechnungsbogens (BAB). Sondereinzelkosten sind Kosten, die für bestimmte Aufträge anfallen. Sie sind im Rahmen dieser Aufträge dem Produkt direkt zurechenbar, zum Beispiel die Dekoration für ein Hochzeitsbuffet oder die Transportkosten für einen Partyservice.

Kostenstellenrechnung

In der Hotellerie und Gastronomie (= Mehr-Produktunternehmen) können nur die Einzelkosten den einzelnen Leistungen direkt zugeordnet werden, deshalb besteht die Aufgabe der Kostenstellenrechnung in der verursachungsgerechten Verteilung der Gemeinkosten auf die Kostenstellen mithilfe eines Betriebsabrechnungsbogens (BAB).

Verteilung der Gemeinkosten

Dabei werden meist vier Arten von Kostenstellen unterschieden:
- Hauptkostenstellen rechnen die bei ihnen angefallenen Kosten direkt auf die Kostenträger ab.
- Hilfskostenstellen sind in der Regel Abteilungen, die der Hauptkostenstelle Hilfsdienste leisten. Diese werden über die Hauptkostenstellen abgerechnet.
- Allgemeine Kostenstellen üben Funktionen für den Gesamtbereich aus; sie werden über die Hilfskostenstellen abgerechnet.
- Nebenkostenstellen sind Unternehmensbereiche, die ergänzende aber eigenständig abrechenbare Leistungen erbringen, wie zum Beispiel ein Fitness-Bereich im Hotel.

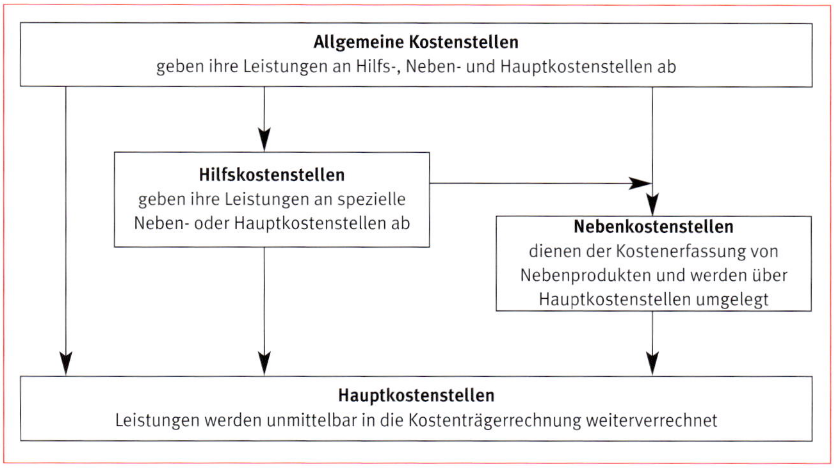

‹ *Kostenstellen*

Kostenstellen können nach verschiedenen Gesichtspunkten gebildet werden. Prinzipien der Kostenstellenbildung können sein:

Prinzipien der Kostenstellenbildung

- nach den Räumlichkeiten, zum Beispiel französisches Restaurant, Restaurant im Strandpavillon, Bauernstube
- nach der Funktion, zum Beispiel Einkauf, Lagerung, Produktion (Küche, Beherbergung), Verkauf (Rezeption, Sales-Abteilung)
- nach Verantwortungsbereichen, zum Beispiel Tagungs- und Bankettabteilung

Kostenstellen-bereiche

Kostenstellen können aus organisatorischer und abrechnungstechnischer Sicht zu Kostenstellenbereichen zusammengefasst oder in einzelne Kostenplätze weiter untergliedert werden.

Häufig werden die Kostenstellen nach Funktionsbereichen gegliedert. Das Gastgewerbe unterscheidet die Materialbereiche Küche, Getränke und Beherbergung, die Fertigungsbereiche Küche, Restaurant und Beherbergung und den Verwaltungsbereich.
Materialgemeinkosten sind Kosten, die bei der Annahme von Material entstehen, wie zum Beispiel beim Einkauf oder der Lagerung von Lebensmitteln und Weinen. Zu den Fertigungsgemeinkosten zählen zum Beispiel Abschreibungen auf Kücheneinrichtungen und Gehälter für die Restaurantleitung. Kosten der Geschäftsleitung, Büromaterial, Gehälter für kaufmännische Angestellte usw. fallen unter Verwaltungsgemeinkosten.

Grundsätze der Kostenstellenrechnung

Im Rahmen der Kostenstellenrechnung sind folgende Grundsätze zu beachten:

- Es ist ein direkter Zusammenhang zwischen Kosten und Leistungen einer Kostenstelle notwendig, damit Zuschlags- bzw. Verrechnungssätze im Rahmen der Kostenträgerrechnung gebildet werden können.
- Die Identität von Kostenstelle und Verantwortungsbereich ist wichtig für die Kostenkontrolle.
- Die einzelnen Kostenstellen müssen klar voneinander abgegrenzt sein, damit die eindeutige Zuordnung aller Gemeinkosten möglich ist.
- Der Kostenstellenplan muss übersichtlich und die Kontierung der Belege möglichst einfach sein, damit die Kostenstellenrechnung rationell durchgeführt und ausgewertet werden kann.

Die Kostenstellenrechnung kann kontenmäßig und statistisch-tabellarisch durchgeführt werden. Im ersten Fall werden die Kostenarten laut Kontenrahmenklassen 6 und 7 buchungsmäßig auf die Konten der Kostenstellen verteilt, die dann wieder den Kostenträgern zugerechnet werden. Für die statistisch-tabellarische Form wird der Betriebsabrechnungsbogen verwendet.

Betriebsabrechnungsbogen

Der Betriebsabrechnungsbogen (BAB) ist ein Hilfsmittel zur Durchführung der Kostenstellenrechnung, das heißt, er ist ein Hilfsmittel zur Verteilung der Gemeinkosten auf die Hauptkosten. Ziel ist die Zurechnung der Gemeinkosten auf die einzelnen Kostenträger. Die Kostenarten werden im BAB immer vertikal und die Kostenstellen immer horizontal dargestellt.

Es gibt drei unterschiedliche Betriebsabrechnungsbögen:

Unterschiedliche BABs

1 Einstufiger Betriebsabrechnungsbogen (BAB)
   Der einfache BAB enthält nur Hauptkostenstellen, zum Beispiel Materialstelle, Küchenfertigungsstelle, Restaurantfertigungsstelle, Beherbergungsfertigungsstelle und Verwaltungsstelle.
2 Erweiterter Betriebsabrechnungsbogen
   Er enthält nur Hauptkostenstellen, von denen mindestens eine weiter untergliedert ist. So kann die Kostenstelle Material unterteilt werden in Material Küche, Material Getränke und Material Beherbergung oder die Fertigungsstelle in Küchenfertigungsstelle, Restaurantfertigungsstelle und Beherbergungsfertigungsstelle.
3 Mehrstufiger Betriebsabrechnungsbogen
   Er enthält neben den Hauptkostenstellen mindestens eine Vorkostenstelle in Form von Allgemeinen (Hilfs-) Kostenstellen und (Besonderen) Hilfskostenstellen.

Ein BAB für ein Hotel/Restaurant könnte folgende Kostenstellen enthalten:

BAB für Hotel/ Restaurant

- Allgemeine Kostenstellen
- Materialstelle
- Küchenfertigungsstelle
- Topfspüle (Hilfskostenstelle)
- Geschirrspüle (Hilfskostenstelle)
- Restaurantfertigungsstelle
- Beherbergungsfertigungsstelle
- Wäscherei (Hilfskostenstelle)
- Gästetelefon (Hilfskostenstelle)
- Verwaltungsstelle

Die Verteilung der Gemeinkosten auf die Kostenstellen erfolgt über Schlüssel. Als Schlüssel zur Verrechnung von Kostenarten auf Kostenstellen und zur Verrechnung zwischen zwischen Kostenstellen werden häufig Mengen- (Nutzfläche) oder Wertschlüssel (Lohnsummen) verwendet.

Die Erstellung eines Betriebsabrechnungsbogens (BAB) erfolgt in drei aufeinander folgenden Schritten:

Erstellung einer BAB

1. Schritt
   Alle Gemeinkosten werden aus der Kostenartenrechnung aufgenommen und auf die verschiedenen Hilfs- und Hauptkostenstellen verteilt.
2. Schritt
   Die Kosten der Hilfskostenstellen werden vollständig auf die Hauptkostenstellen verteilt.

3. Schritt

Die je Hauptkostenstelle ermittelten Gemeinkosten werden auf die Kostenträger verteilt. Dazu wird je Funktionsbereich eine Bezugsgröße gewählt, die in Relation zu den Gemeinkosten gesetzt wird, zum Beispiel die Materialeinzelkosten für den Materialbereich.

Im Folgenden ist der Grundaufbau eines BAB graphisch dargestellt:

Betriebsabrechnungsbogen ›

Kostenstellen / Kostenarten	Zahlen der Buchhaltung	allgemeiner Bereich	Materialbereiche	Fertigungsbereiche					Verwaltungsbereich	Summe
				Topfspüle	Wäscherei	Küche	Restaurant	Beherbergung		
…										
Gemeinkosten										
…										
Umlage 1		↳								
Umlage 2				↳						
…					↳					

Die Allgemeinen Kostenstellen beinhalten zum Beispiel Energie (Strom, Wasser) oder Handwerker und werden über alle anderen Kostenstellen verteilt. Die Hilfskostenstellen Topfspüle und Wäschrei werden nur auf die Hauptkostenstellen verteilt, die davon Leistungen in Anspruch genommen haben. Der Materialbereich könnte noch weiter untergliedert werden. Die Gemeinkostenzuschlagssätze können erst nach Beendigung der innerbetrieblichen Leistungsverrechnung ermittelt werden. Das Beispiel erläutert die Berechnung:

Berechnung der Gemeinkostenzuschlagssätze

Ktn. Nr.	**Zahlen d. Buchhaltung**	**Schlüssel**	**Materialbereich**			**Fertigungsbereich**			**Verwaltung**
			Küche	**Getränke**	**Beher.**	**Küche**	**Rest.**	**Beher.**	
			Summe der einzelnen Materialgemeinkosten			Summen der einzelnen Fertigungsgemeinkosten			Gemeinkosten
Gemeinkosten (z.B.)			20 000	30 000	10 800	30 000	52 500	69 120	32 376
Zuschlagssätze			20 %	40 %	2,50 %	25 %	30 %	400 %	8 %
Bezugsgrundlagen (z.B.)			100 000	75 000	4 320	120 000	175 000	17 280	404 700
			Fertigungs materialien		tats. Auslastung	Material-einzel- und Gemeinkosten Küche	Material-einzelkosten Küche und Keller	Fertigungszeiten für alle Zimmer (je Zimmer 20 Min) x Std.-Lohn (z.B. 12 €)	Herstellkosten II

Dabei werden die Zuschlagssätze wie folgt berechnet:

Berechnung von Zuschlagssätzen

Materialgemeinkostenzuschlag Küche
= Materialgemeinkosten x 100 / Fertigungsmaterial
= 20 000 x 100 / 100 000
= 20 %

Fertigungsgemeinkostenzuschlag Küche
= Fertigungsgemeinkosten x 100 / Materialkosten Küche
= 30 000 x 100 / 120 000
= 25%

Verwaltungsgemeinkostenzuschlag
= Verwaltungsgemeinkosten x 100 / Herstellkosten
= 32 376 x 100 / 404 700
= 8 %

Die anderen Zuschlagssätze lassen sich aus der Tabelle direkt ablesen.

Kostenträgerrechnung

Definition Kostenträger

Kostenträger sind Leistungen des Unternehmens, deren Erstellung die Kosten verursacht haben. Es lassen sich unter Anlegung verschiedener Kriterien beispielsweise folgende Kostenträger nennen:

- nach der Bestimmung der Güter
  - > Leistungen, die für den Verkauf bestimmt sind: Speisen, Getränke und Zimmer
  - > Lagerleistungen, zum Beispiel vorproduzierte Leistungen eines Fertiggerichteherstellers oder einer Produktionsküche
  - > innerbetriebliche Leistungen, bei denen Innenaufträge vorliegen; sie können sich auf zu aktivierende Leistungen beziehen, die nicht auf dem Markt abgesetzt werden, zum Beispiel selbst hergestellte Einrichtungsgegenstände oder Schaustücke, die über einen längeren Zeitraum zu Dekorationszwecken genutzt werden. Beachten Sie, dass jeweils zwischen Herstellungs- und Erhaltungsaufwand zu unterscheiden ist.
- nach der Art der Güter
  - > materielle Güter, die im Hotel und Restaurant Gegenstand des Leis-

Definition Kostenträger

tungsprozesses sind, zum Beispiel Speisen wie Schnitzel mit Pommes frites, italienischer Salat usw.
  - > immaterielle Güter, die im Hotel und Restaurant als Dienstleistungen erbracht werden, zum Beispiel die Bereitstellung des Hotelzimmers, der Kegelbahn, der Sauna, des Schwimmbades, aber auch der „Service" und die Leistungen der Rezeption
- nach der Fertigungsstufe der Güter
  - > Halbfertigerzeugnisse, die eine bestimmte Fertigungsstufe erreicht haben, aber noch nicht absatzreif sind, zum Beispiel Grundsoßen, Fleisch-, Geflügel- und Wildbrühe, Mark- und Leberklößchen
  - > Fertigerzeugnisse, die absatzreif sind, wie die Produkte der Speise- und Getränkekarte
- nach der Verbundenheit der Güter
  - > unverbundene Erzeugnisse, die fertigungstechnisch in keinem zwangsweisen Zusammenhang stehen, zum Beispiel ein Frühstücksei
  - > Kuppelerzeugnisse, die sich aus einem Fertigungsprozess zwangsweise als Haupt-, Neben- oder Abfallprodukte ergeben, zum Beispiel Melonenkugeln und das restliche Fruchtfleisch für Obstsalat, Kartoffeln oder Fleisch

Verfahren der Kostenträgerrechnung ›

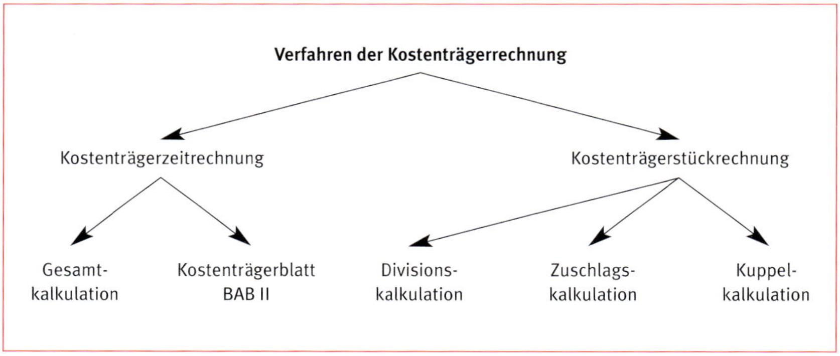

Mit der Kostenträgerrechnung können die Gesamtkosten für jeden Kostenträger (zum Beispiel die Gerichte im Restaurant oder die Getränke) und für eine bestimmte Abrechnungsperiode berechnet werden. Das Erstere wird als Kostenträgerzeitrechnung und das Letztere als Kostenträgerstückrechnung bezeichnet.

Kostenträgerzeitrechnung

Mit Hilfe der Kostenträgerzeitrechnung soll der Erfolg des gesamten Hotels/Restaurants (Gesamtkalkulation) oder der einzelnen Kostenträger oder Kostenträgergruppen (Kostenträgerblatt) für eine bestimmte Abrechnungsperiode (monatlich oder vierteljährlich) ermittelt werden. Sie ist eine nach allen bzw. einzelnen Kostenträgern bzw. Kostenträgergruppen gegliederte kurzfristige Erfolgsrechnung in tabellarischer Form.

Kostenträgerstückrechnung

Die Aufgabe der Kostenträgerstückrechnung, kurz Kalkulation genannt, ist die Verrechnung der Kosten, die bei der Erstellung bzw. dem Vertrieb von absatzfähigen oder innerbetrieblichen Leistungen entstanden sind, auf die einzelnen Leistungseinheiten. Außerdem kann anhand der Kostenträgerstückrechnung der Angebotspreis bestimmt und die Preisuntergrenze ermittelt werden.

Um die Preisuntergrenze zu berechnen, können folgende verschiedene Kalkulationen angewendet werden:

1 Vorkalkulation
2 Zwischenkalkulation
3 Nachkalkulation

Die Vorkalkulation wird, wie der Name schon sagt, vor der Leistungserstellung durchgeführt. Sie dient als Entscheidungshilfe über die Annahme oder Ablehnung von Aufträgen.
Die Zwischenkalkulation wird bei länger andauernden Leistungserstellungen, zum Beispiel bei Großveranstaltungen, angewendet und dient der Kostenüberwachung.
Die Nachkalkulation erfolgt nach der Leistungserstellung. Sie dient dem Vergleich zwischen kalkulierten und tatsächlich angefallenen Kosten. Ziel ist die Gewinnung von Erfahrungswerten und eine genauere Kalkulation bei zukünftig hergestellten Produkten.

Kalkulation des Verkaufspreises

Der Verkaufspreis kann auf mehrere Arten kalkuliert werden:

- Vorwärtskalkulation
- Differenzkalkulation
- Rückwärtskalkulation

Die Vorwärtskalkulation wird angewendet, wenn das Unternehmen einen Angebotspreis auf dem Markt ansetzen kann, der sowohl alle Kosten deckt als auch einen angemessenen Gewinn beinhaltet. Das erfordert eine starke Stellung des Unternehmens am Markt.

Bei der Differenzkalkulation sind sowohl Bezugs- (Materialeinzelkosten, Einstandspreis) und Inklusivpreis fest vorgegeben. Es ist dann die Frage zu beantworten, ob die Differenz zwischen Selbstkosten und Nettoverkaufspreis ausreicht, um die Gewinnerwartungen des Unternehmers zu erfüllen. Angenommen, bei einer Verhandlung über eine Bankettveranstaltung wird bei gegebenem Materialeinsatz ein Menüpreis von 85 Euro ermittelt, der potenzielle Gast hingegen ist nur bereit, 75 Euro zu zahlen, dann muss der Gastwirt prüfen, ob er auch unter diesen Bedingungen zu diesem Geschäft bereit ist.

Bei der Rückwärtskalkulation geht das Unternehmen von einem bestehenden Marktpreis oder einem geplanten Verkaufspreis aus. Dann werden, ausgehend vom Inklusivpreis (also rückwärts) Wareneinsatz, Materialeinzelkosten oder Bezugspreis ermittelt. Der Unternehmer muss sich abschließend fragen, ob er mit den ermittelten Kosten die Produktion durchführen kann.

Kalkulationsverfahren

Nach dem Kalkulationsverfahren unterscheiden wir

1 Divisionskalkulation
2 Zuschlagskalkulation
3 Kuppelkalkulation

Bei der Divisionskalkulation werden die Gesamtkosten einer Periode durch die Zahl der erstellten Leistungseinheiten dividiert, zum Beispiel in einem Hotel mit gleichen Zimmern oder in einem gastronomischen Betrieb mit wenigen und gleichartigen Produkten (zum Beispiel McDonald´s).

Die Zuschlagskalkulation ist ein Kalkulationsverfahren, bei dem die Kostenträgereinzelkosten (zum Beispiel der Wareneinsatz) direkt auf die erstellte Leistung, die Gemeinkosten dagegen nach einem Schlüssel verteilt und mit Zuschlagssätzen zugerechnet werden. Bei der globalen Zuschlagsrechnung werden die Gemeinkosten über einen globalen Zuschlagssatz (typisch für Handel und Getränkeverkauf) und bei der differenzierten Zuschlagsrechnung über verschiedene Zuschlagssätze (zum Beispiel Fertigungsgemeinkostensatz, Restaurantgemeinkostensatz) zugerechnet.

Kalkulation bei Kuppelprodukten

Kuppelprodukte liegen vor, wenn durch einen Produktionsprozess zwangsläufig zwei oder mehr verschiedene Produkte entstehen, zum Beispiel aus einer Melone werden Melonenkugeln ausgestochen, dabei bleibt noch Fruchtfleisch übrig. In diesen Fällen können die Einzelmaterialien dem Kostenträger nicht direkt zugewiesen werden. Eine verursachungsgerechte Zurechnung ist nicht mehr möglich. Deshalb muss hier nach Zweckmäßigkeitsüberlegungen zugeordnet werden. Üblicherweise wird mit einer gewichteten Verteilungsrechnung gearbeitet. Die Gewichtung besteht in einer Wertzuweisung (Qualität) für das Hauptprodukt.

Im Hotel- und Gaststättengewerbe werden folgende Kalkulationsschemata angewendet:

Küchenkalkulation für das A-La-Carte-Geschäft		
	%	€
Materialeinzelkosten		
+ Materialgemeinkosten	v. H.	
= Materialkosten/Stoffkosten		
+ Fertigungsgemeinkosten Küche	v. H.	
= Herstellkosten I		
+ Fertigungsgemeinkosten Restaurant (von den Materialeinzelkosten)	v. H.	
= Herstellkosten II		
+ Verwaltungsgemeinkosten	v. H.	
= Selbstkosten		
+ Gewinn	v. H.	
= Nettoerlös		
+ Bedienungsgeld	v. H.	
= Nettoverkaufspreis		
+ Umsatzsteuer	v. H.	
= Inklusivpreis		

Kalkulationsschema A-La-Carte-Geschäft

Die Küchenkalkulation für A-La-Carte-Geschäfte ist dadurch gekennzeichnet, dass die Fertigungseinzelkosten in der Küche einem bestimmten Gericht nicht oder nur unter erheblichen Schwierigkeiten zuzurechen sind. Beispielhaft sei hier die Produktion eines Wiener Schnitzels angeführt:
Die Produktionszeit multipliziert sich nicht, wenn statt einer mehrere Portionen hergestellt werden. Deshalb wurden aus Vereinfachungsgründen die Fertigungslöhne den Gemeinkosten hinzugerechnet.

Küchenkalkulation für Produktionsküche und Bankett		
	%	€
Materialeinzelkosten		
+ Materialgemeinkosten	v. H.	
= Materialkosten/Stoffkosten (1)		
Fertigungseinzelkosten	v. H.	
+ Fertigungsgemeinkosten Küche		
=Fertigungskosten (2)		
= Herstellkosten I (1+2)		
+ Fertigungsgemeinkosten Restaurant (von den Materialeinzelkosten)	v. H.	
= Herstellkosten II		
+ Verwaltungsgemeinkosten	v. H.	
= Selbstkosten		
+ Gewinn	v. H.	
= Nettoerlös		
+ Bedienungsgeld	v. H.	
= Nettoverkaufspreis		
+ Umsatzsteuer	v. H.	
= Inklusivpreis		

Kalkulationsschema Produktionsküche/Bankett ›

Bei der Küchenkalkulation für die Produktionsküche und Bankettveranstaltungen können dagegen die Fertigungslöhne der Küche direkt dem Gericht oder zum Beispiel dem kalt-warmen Buffet zugerechnet werden. So lässt sich zum Beispiel bestimmen, dass fünf Köche jeweils vier Stunden an dem Büffet gearbeitet haben.

Getränkekalkulation **Globale Zuschlagsrechnung mit Einkaufskalkulation**		
	%	€
Listeneinkaufspreis o. USt.		
– Liefererrabatt	v. H.	
= Zieleinkaufspreis		
– Liefererskonto	v. H.	
= Bareinkaufspreis		
+ Bezugskosten		
= Bezugspreis/Einstandspreis		
+ Handlungskostenzuschlag	v. H.	
= Selbstkosten		
+ Gewinn	v. H.	
= Nettoerlös		
+ Bedienungsgeld	v. H.	
= Nettoverkaufspreis		
+ Umsatzsteuer	v. H.	
= Inklusivpreis		

Getränkekalkulation – Globale Zuschlagsrechnung

Die Getränkekalkulation als globale Zuschlagsrechnung ist mit einer Einkaufskalkulation versehen. Als Zuschlagssatz wird wie im Handel üblich ein umfassender Prozentsatz verwendet. Diese Kalkulation ist wohl nur bei Schankwirtschaften anzuwenden.

Getränkekalkulation **Differenzierte Zuschlagsrechnung mit Einkaufskalkulation**		
	%	€
Listeneinkaufspreis o. USt.		
– Liefererrabatt	v. H.	
= Zieleinkaufspreis		
– Liefererskonto	v. H.	
= Bareinkaufspreis		
+ Bezugskosten		
= Bezugspreis/Einstandspreis/ Materialeinzelkosten		
+ Materialgemeinkosten	v. H.	
= Materialkosten/Stoffkosten		
+ Fertigungsgemeinkosten Restaurant (von den Materialeinzelkosten)	v. H.	
= Herstellkosten		
+ Verwaltungsgemeinkosten	v. H.	
= Selbstkosten		
+ Gewinn	v. H.	
= Nettoerlös		
+ Bedienungsgeld	v. H.	
= Nettoverkaufspreis		
+ Umsatzsteuer	v. H.	
= Inklusivpreis		

Getränkekalkulation – differenzierte Zuschlagsrechnung

Die Getränkekalkulation mit einer differenzierten Zuschlagsrechnung und Einkaufskalkulation basiert auf den Zuschlagssätzen, die im BAB ermittelt wurden.

Zimmerkalkulation/Differenzierte Zuschlagsrechnung		
	%	€
Materialgemeinkostenbetrag pro Zi/Üb (1)		
Fertigungseinzelkosten Beherbergung		
Formel: Fertigungszeit x Stundenlohnsatz		
+ Fertigungsgemeinkostenzuschlag Beherb.	v. H.	
Fertigungskosten (2)		
= Herstellkosten (1 + 2)		
+ Verwaltungsgemeinkosten	v. H.	
= Selbstkosten		
+ Gewinn	v. H.	
= Nettoerlös		
+ (Bedienungsgeld)	v. H.	
= Nettoverkaufspreis		
+ Umsatzsteuer	v. H.	
= Inklusivpreis		

‹ *Zimmerkalkulation*

Die Zimmerkalkulation als differenzierte Zuschlagsrechnung gilt nur für Hotelbetriebe. Da die Materialgemeinkosten in diesem Dienstleistungsbereich gering sind, wird mehr Wert auf die Fertigungsgemeinkosten gelegt. Dabei handelt es sich in erster Linie um Löhne für die Reinigung der Zimmer.

„von Hundert"

Die Bezeichnung v. H. bedeutet „von Hundert"; sie wird in den Kalkulationsschemata verwendet und folgendermaßen berechnet:

= Listenpreis	127,53 Euro (= 100 %)
– Kundenrabatt 10% (v. H.)	12,75 Euro (= 10 %)
= Zieleinkaufspreis	114,78 Euro (= 90 %)

„im Hundert"

Die Bezeichnung i. H. bedeutet „im Hundert", das heißt, bei der Berechnung wird der Listenpreis als 100 Prozent betrachtet und demnach der Zielverkaufspreis als 100 Prozent minus Prozentzahl Kundenrabatt.
Im folgenden Beispiel wird dies deutlich:

= Zieleinkaufspreis	127,53 Euro (= 90 %)
+ Kundenrabatt 10% (i.H.)	14,17 Euro (= 10 %)
= Listenpreis	141,70 Euro (= 100 %)

Diese Rechnung entspricht der Kalkulation des Lieferanten, da er seine Preise so gestalten will, dass durch einfache Berechnung (v. H.) der Rabatt für den Kunden ausrechenbar ist.

„auf Hundert“

Die Bezeichnung a. H. bedeutet „auf Hundert“, das heißt, bei der Berechnung wird der Inklusivpreis als 116 Prozent betrachtet und demnach der Nettoverkaufspreis als 100 Prozent plus Prozentzahl der Umsatzsteuer.
Im folgenden Beispiel wird dies deutlich:

= Inklusivpreis	150,00 Euro (= 116 %)
– Umsatzsteuer 16 % (a.H.)	20,69 Euro (= 16 %)
= Nettoverkaufspreis	129,31 Euro (= 100 %)

Diese drei Rechenarten sind für die Kalkulation unerlässlich.

Bei der Kalkulation muss einmal die ausführliche Form durchgeführt werden. Danach kann durch den Kalkulationszuschlag (KZ); den Kalkulationsfaktor (KF) und die Handelsspanne (HSp) abgekürzt werden.

Kalkulationszuschlag

Der Kalkulationszuschlag ist die Differenz zwischen Bezugspreis (EP) und Inklusivpreis (IP) in Prozent des Bezugspreises (EP).

$$KZ = \frac{[IP - EP]}{EP} \times 100$$

Kalkulationsfaktor

Der Kalkulationsfaktor (KF) ist der Multiplikator, mit dem der Einstandspreis (EP) vervielfacht wird, um den Inklusivpreis (IP) zu berechnen.

$$EP \times KF = IP$$

$$KF = \frac{IP}{EP}$$

Handelsspanne

Die Handelsspanne (HSp) ist die Differenz zwischen Inklusivpreis (IP) und Einstandspreis (EP) in Prozent des Inklusivpreises (IP).

$$HSp = \frac{[IP - EP]}{IP} \times 100$$

Als Problembereiche der Kalkulationsverfahren gelten:

- die richtige Erfassung der verursachten Kosten
- die richtige Zurechnung der Kosten auf die sie verursachenden betrieblichen Leistungen, die Kostenträger
- der Umlagefehler, der mit zunehmendem Anteil der Gemeinkosten wächst.

Kosten und Beschäftigungsgrad

Kapazität bezeichnet das Leistungsvermögen eines Betriebes, das heißt die höchstmögliche Erzeugung innerhalb einer bestimmten Zeit. Das, was tatsächlich geleistet wird, das heißt die tatsächlich genutzte Kapazität, ist dann der Beschäftigungsgrad.
Er errechnet sich wie folgt:

Berechnung des Beschäftigungsgrades

$$\text{Beschäftigungsgrad (BG) in \%} = \frac{\text{genutzte Kapazität x 100}}{\text{Kapazität}}$$

Die Gesamtkosten K setzen sich aus fixen und variablen Kosten zusammen. Sie werden wie folgt berechnet:

Berechnung der Gesamtkosten

$$K = Kf + Kv$$

$$K = Kf + kv \times x$$

Graphisch stellen sich die Kostenverläufe folgendermaßen dar:

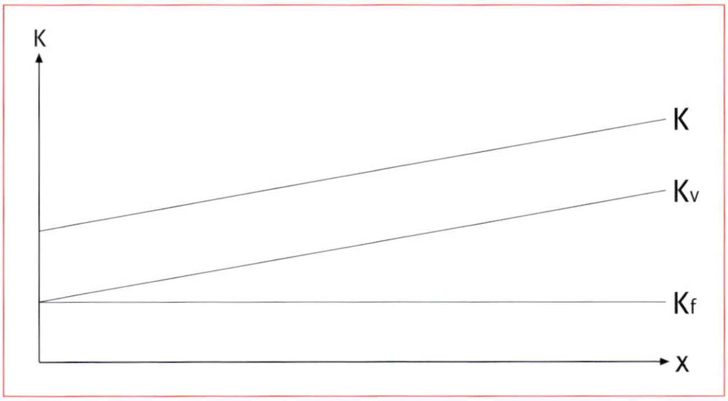

Kostenverläufe

Kritischer und optimaler Kostenpunkt

Nutzenschwelle (Break-even-point)

Die Nutzenschwelle bzw. der Break-even-point stellt den Punkt dar, an dem weder Gewinn noch Verlust erzielt wird. Er wird folgendermaßen berechnet:

$$x = \frac{K_f}{p - k_v}$$

p = Preis pro Stück

Mengen bei einem bestimmten Gewinn bzw. Verlust

Die Mengen für einen bestimmten Gewinn ergeben sich aus der folgenden Formel:

$$x = \frac{K_f + \text{Gewinn}}{p - k_v}$$

Die Mengen für einen bestimmten Verlust berechnet sich hingegen wie folgt:

$$x = \frac{K_f - \text{Verlust}}{p - k_v}$$

Betriebsoptimum

Das Betriebsoptimum, der optimale Kostenpunkt, wird in dem Punkt erreicht, in dem die Stückkosten am geringsten ausfallen. Bei einem linearen Stückkostenverlauf ist dies der Fall, wenn die Kapazitätsgrenze erreicht ist.

K bzw. k = min!

Gewinnmaximum

Das Gewinnmaximum, der maximale Nutzenpunkt, wird erreicht, wenn die Differenz aus Erlösen (E) und Kosten maximal ist. Verlaufen die Umsatzerlöse und die Gesamtkosten linear, befindet sich das Gewinnmaximum ebenfalls an der Kapazitätsgrenze und fällt mit dem Betriebsoptimum zusammen.

$$E - K \text{ bzw. } p - k = \max!$$

Fixe Kosten

Fixe Kosten stellen beschäftigungsunabhängige und zeitabhängige Kosten dar, das heißt, unabhängig von der produzierten Stückzahl bleiben die fixen Kosten als Gesamtkosten für eine Periode konstant bestehen. Fixe Kosten K_f können zum Beispiel Mietaufwendungen oder Gehälter der Verwaltung sein. In Hotels etwa ist der Anteil der fixen Kosten durch die Gebäude inklusive Zimmer und Einrichtungen sehr hoch.

Fallen die fixen Kosten, auf eine Einheit bezogen, wenn die Beschäftigung steigt, so wird dies Fixkostendegression genannt.

Variable Kosten

Variable Kosten hingegen sind beschäftigungsabhängige Kosten. Ihre Höhe richtet sich nach der Anzahl der produzierten Waren. Die variablen Stückkosten k_v ergeben multipliziert mit der produzierten Menge x die variablen Gesamtkosten K_v. Beispiele für variable Stückkosten sind Stücklöhne, Fertigungsmaterial und Sonderkosten der Fertigung. Restaurants haben in der Regel einen hohen Anteil an variablen Kosten (wegen der vielen unterschiedlichen Lebensmittel).

Deckungsbeitrag

Bei der Vollkostenrechnung werden alle Kosten (Einzel und Gesamtkosten, das heißt die Selbstkosten K) den Kostenträgern zugerechnet. Bei der Teilkostenrechnung hingegen wird nur ein Teil der Kosten (in der Regel die variablen Kosten K_v) den Kostenträgern zugerechnet.

Vollkostenrechnung

Die Vollkostenrechnung hat die Aufgabe, alle Kosten vollständig und periodengerecht zu erfassen und den Produkten verursachungsgerecht zuzurechnen. Die Vollkostenrechnung ist die Grundlage jeder Kalkulation, die die Herstell- oder Selbstkosten und darüber hinaus auch den Inklusivpreis der Erzeugnisse und Leistungen ermittelt.

Die Vollkostenrechnung ist ungeeignet für unternehmerische Entscheidungen, wie

- kurzfristige Planung der Produktion (zum Beispiel Küchenproduktion)
- Annahme oder Ablehnung von Aufträgen zu Konditionen unterhalb der kalkulierten Preise
- kurzfristige Absatzplanung
- Bestimmung von Preisuntergrenzen
- Eigenproduktion oder Zukauf

Die Mängel der Vollkostenrechnung liegen vor allem in der Proportionalisierung der fixen Kosten und in der Schlüsselung der Gemeinkosten.

Deckungsbeitragsrechnung

Die Deckungsbeitragsrechnung kehrt deshalb die Denkrichtung um und orientiert sich am erzielbaren Marktpreis, denn dem Gastronomen und Hotelier geht es letztlich darum, sich den Bedingungen des Marktes hinsichtlich Preis, Absatzmenge und Leistungspalette anzupassen. Dabei wird er in Zeiten der Rezession oder zunehmender Konkurrenz mit fallenden Marktpreisen entscheiden müssen, ob zu einem Preis hergestellt und angeboten werden soll, der nicht dem kalkulierten Preis entspricht und unter Umständen noch nicht einmal kostendeckend ist.

Die Deckungsbeitragsrechnung ordnet den Kostenträgern (= Produkten) nur die Kosten zu, die direkt durch die Leistungserstellung verursacht werden. Die Fixkosten bleiben zunächst außer Betracht.

Bei der Deckungsbeitragsrechnung werden zunächst die variablen Kosten vom Umsatz abgezogen. Die Differenz ergibt den Deckungsbeitrag. Der Deckungsbeitrag ist somit der Beitrag zur Deckung der fixen Kosten. Er sollte möglichst hoch sein.

Die Deckungsbeitragsrechnung gehört zur Teilkostenrechnung und besitzt folgende Vorteile:

1. Die (variablen) Kosten werden verursachungsgerecht auf die Kostenträger verteilt.
2. Die Deckungsbeitragsrechnung orientiert sich am Absatz und am Wettbewerb.

Die Teilkostenrechnung trägt auch zur Bestimmung der Preisuntergrenzen bei. Man unterscheidet langfristige und kurzfristige Preisuntergrenzen:

Teilkostenrechnung

- langfristige Preisuntergrenze
  - > p = k, das heißt
    - Der Verkaufspreis deckt die gesamten Stückkosten.
    - Das Unternehmen kann langfristig existieren, denn der Preis dekkt auch die kalkulatorischen Kosten ab.
- kurzfristige Preisuntergrenze (sie wird für die Einführung neuer Produkte genutzt)
  - > p = kv, das heißt
    - Es entsteht ein Verlust in Höhe der fixen Kosten.
    - Bei einem weiteren Absinken des Preises wird das Produkt aus dem Sortiment entfernt; im Einproduktunternehmen wird die Produktion stillgelegt.

Die hohe Aussagefähigkeit insbesondere der Grenzkostenrechnung in bestimmten Entscheidungssituationen darf nicht über deren Mängel hinwegtäuschen.

Grenzkostenrechnung

Zunächst einmal ist die auf Erzielung eines positiven Deckungsbeitrages ausgerichtete Grenzkostenrechnung nur für kurzfristige Betrachtungen geeignet; sie führt sonst leicht zu einer Unterschätzung der Bedeutung einer vollständigen Fixkostendeckung auf lange Sicht und kann damit Liquiditätsprobleme schaffen.

Die Verwendung der variablen Kosten als Preisuntergrenze ist aus einem weiteren Grund problematisch. Werden nämlich in Zeiten schlechter Beschäftigung Leistungen auf diesem Preisniveau angeboten, so wird es schwer sein, später wieder Gewinn bringende Preise durchzusetzen.

Ein weiterer Nachteil Teilkostenrechnung liegt in der Ermittlung der Herstellungskosten für die Handels- und Steuerbilanz. Der Versuch, mit einem Verfahren alle Informationen zu erlangen, muss scheitern und führt zur Aufblähung des rechnungstechnischen Instrumentariums. Deshalb ist auch ein modernes Kostenrechnungsverfahren weder ein Garant für den betrieblichen Erfolg und noch ein Ersatz für das rationale Handeln des Hoteliers oder Gastronomen.

Sowohl die alleinige Anwendung der Vollkosten- als auch der Teilkostenrechnung kann ein Unternehmen in Schwierigkeiten bringen. Aus diesem Grund kann die Teilkostenrechnung durch eine Überprüfung der Vollkostendeckung ergänzt werden.

Kostenträger	01	02	03	04	Gesamt
Erlöse in Tausend Euro	2 050	4 050	7 550	14 700	28 350
variable Kosten	1 800	2 900	5 200	11 100	21 000
Deckungsbeitrag	250	1 150	2 350	3 600	7 350
DB in % von Kv	13,9 %	39,7 %	45,2 %	32,4 %	35,0 %
Fixkosten					6 300
Fixkosten-Zuschlag					30,0 %
Betriebsergebnis					1 050

Die Tabelle zeigt, dass bei 30 Prozent Deckungsbeitrag die Vollkostendeckung erreicht ist. Der Kostenträger 01 erreicht die Vollkostendeckung nicht. Die Fixkosten sind zeit-, nicht leistungsabhängig. Sie fallen somit auch bei geringerer Beschäftigung an. Falls, wie in diesem Beispiel unterstellt, keine kostenträgerspezifischen Fixkosten vorhanden sind, erwirtschaftet das Unternehmen bei Aufgabe des Kostenträgers „01“ insgesamt 250 000 Euro weniger Deckungsbeitrag pro Jahr. Falls kein lukrativeres Substitutionsprodukt vorhanden ist, würde man unter diesen Umständen das Produkt nicht aus dem Programm nehmen.

Die Auswirkungen bei einem Wegfall des Kostenträgers „01“ auf das Betriebsergebnis lassen sich wie folgt errechnen:

	Deckungsbeitrag aller Kostenträger	7 350 000,00
–	Deckungsbeitrag von Kostenträger 01	250 000,00
=	Deckungsbeitrag nach Ausgliederung	7 100 000,00
–	Fixkosten	6 300 000,00
	neues Betriebsergebnis	800 000,00
	– bisheriges Betriebsergebnis	1 050 000,00
	Fehlbetrag durch Ausgliederung	250 000,00

Durch eine weitere Aufgliederung der Fixkosten in verschiedene Stufen lässt sich die Aussagefähigkeit bei dieser Vorgehensweise erhöhen.

FACHKONTENRAHMEN NACH DATEV SKR70

Kontenklasse 0 Anlagevermögen

0001 Aufstehende Einlagen auf das gezeichnete Kapital
0095 Aufwendung für die Ingangsetzung u. Erweiterung des Geschäftsbetriebs

Immaterielle Vermögensgegenstände

0100 Konzession, gewerbl. Schutzrechte, Lizenzen an solchen Rechten
0150 Geschäfts- oder Firmenwert

Sachanlagen

0200 Grundstücke und grundstücksgleiche Rechte u. Bauten einschl. der Bauten auf fremden Grundstk.
0300 Wohnbauten
0400 Techn. Anlagen u. Maschinen
0500 Betriebs- u. Geschäftsausstattung
0550 Fuhrpark
0670 Geringwertige Wirtschaftsgüter bis 410,-
0680 Einbauten in fremde Grundstücke
0700 Geleistete Anzahlungen u. Anlagen im Bau

Finanzanlagen

0800 Anteile an verbundenen Unternehmen
0810 Ausleihungen an verbundene Unternehmen
0820 Beteiligungen
0880 Ausleihungen an Unternehmen, mit denen ein Beteiligungsverhältnis besteht
0900 Wertpapiere des Anlagevermögens
0930 Sonstige Ausleihungen
0960 Ausleihungen an Gesellschafter

Kontenklasse 1 Umlaufvermögen

Vorräte

1000 Roh-, Hilfs- u. Betriebsstoffe
1040 Hergestellte Halb- u. Fertigerzeugnisse
1100 Handelswaren
1120 Waren Beherbergung
1130 Getränke
1140 Sonstige Warenvorräte
1180 Geleistete Anzahlungen

Forderungen u. sonstige Vermögensgegenstände

1200 Forderungen aus Lieferungen u. Leistungen
1230 Wechsel a. Lieferungen u. Leistungen
1240 Zweifehafte Forderungen
1246 Einzelwertberichtigungen auf Forderungen
1248 Pauschalwertberichtigungen auf Forderungen
1250 Forderung a. Lieferungen u. Leistungen gegen Gesellschafter
1260 Forderungen gegen verbundene Unternehmen
1280 Forderungen gegen Unternehmen, mit denen ein Beteiligungsverhältnis besteht
1300 Sonstige Vermögensgegenstände
1310 Forderungen gegen Vorstandsmitglieder u. Geschäftsführer
1330 Forderungen gegen Gesellschafter
1340 Forderungen gegen Personal
1400 Abziehbare Vorsteuer
1401 7 % Vst
1402 16 % Vst
1404 Abziehbare Vorsteuer aus innergemeinschaftlichem Erwerb
1420 Umsatzsteuerforderung
1433 Bezahlte Einführumsatzsteuer
1460 Geldtransit

Wertpapiere

1500 Anteile an verbundenen Unternehmen
1510 Sonstige Wertpapiere

Schecks, Kassenbestand, Bankguthaben

1550 Schecks
1600 Kasse
1800 Bank

Rechnungsabgrenzungsposten

1900 ARA
1940 Damnum Disagic

Kontenklasse 2 Eigenkapital/Rücklagen

Kapital Vollhafter/Einzelunternehmer

2000 Festkapital
2010 Variables Kapital
2020 Gesellschafter-Darlehen

Kapital Teilhafter

2050 Kommandit-Kapital
2060 Verlustausgleichskonto
2070 Gesellschafter-Darlehen

Privat

Teilhafter/Vollhafter/Einzelunternehmer

2100 Privatentnahmen allgemein
2130 Eigenverbrauch
2150 Privatsteuern
2180 Privateinlagen
2200 Sonderausgaben
2250 Privatspenden
2280 Außergewöhnliche Belastungen

Gezeichnetes Kapital

2900 Gezeichnetes Kapital

Rücklagen

2920 Kapitalrücklage
2930 Gesetzliche Rücklage
2940 Rücklage für eigene Anteile
2950 Satzungsmäßige Rücklagen
2960 Andere Gewinnrücklagen

Gewinn-/Verlustvortrag

2970 Gewinnvortrag vor Verwendung
2978 Verlustvortrag vor Verwendung
2979 Vorträge auf neue Rechnung
2980 Sonderposten mit Rücklagenanteil
2981 nach § 6b EStG
2982 nach Absch. 35 EstR
2983 nach § 7g EStG

Kontenklasse 3 Fremdkapital/ Rückstellungen

3000 Pensionsrückstellunge
3020 Steuerrückstellungen
3070 Sonstige Rückstellungen

Verbindlichkeiten

3150 Verbindlichkeiten gegenüber Kreditinstituten
3151 - Restlaufzeit bis 1 Jahr
3152 - Restlaufzeit 1-5 Jahre
3153 - Restlaufzeit größer 5 Jahre
3250 Erhaltene Anzahlungen auf Bestellungen
3300 Verbindlichkeiten aus Lieferungen und Leistungen
3301 - Restlaufzeit bis 1 Jahr
3302 - Restlaufzeit 1-5 Jahre
3303 - Restlaufzeit größer 5 Jahre
3350 Verbindlichkeiten aus der Annahme u. der Ausstellung eigener Wechsel
3400 Verbindlichkeiten gegenüber verbundenen Unternehmen

Unternehmen

3450 Verbindlichkeiten gegenüber Unternehmen, mit denen ein Beteiligungsverhältnis besteht
3500 Sonstige Verbindlichkeiten
3510 Verbindlichkeiten gegenüber Gesellschaftern
3700 Verbindlichkeiten aus Betriebssteuern
3720 Verbindlichkeiten aus Lohn u. Gehalt
3730 Verbindlichkeiten aus Lohn- u. Kirchensteuern
3740 Verbindlichkeiten im Rahmen der sozialen Sicherheit
3760 Verbindlichkeiten aus Einbehaltungen
3800 Umsatzsteuer
3801 7 % USt
3806 16 % USt
3807 Umsatzsteuer aus innergemeinschaftlichem Erwerb
3820 Umsatzsteuervorauszahlung
3841 USt Vorjahre

Rechnungsabgrenzungsposten

3900 PRA

Kontenklasse 4

frei

Kontenklasse 5 Erträge

5000 Umsatzerlöse
5010 Beherbergungsumsatz
5020 Speisenumsatz
5030 Getränkeumatz
5040 Sonstige Warenumsätze
5060 Sonstige Umsatzerlöse
5063 Erlöse aus Geldspiel-Automaten
5066 Erlöse aus sonstigen Automaten
5100 Skontoerträge
5130 Erhaltene Boni
5250 Andere aktivierte Eigenleistungen
5350 Erträge aus Wertpapieren u. Ausleihungen des Finanzanlagevermögens
5400 Zinsen u. ähnliche Erträge
5500 Erträge aus dem Abgang von Gegenständen des Anlagevermögens
5510 Zuschreibung von Gegenständen des Anlagevermögens
5600 Erträge aus der Herabsetzung der Pauschalwertberichtigung zu Forderungen
5700 Erträge aus der Auflösung von Rückstellungen
5800 Erträge aus der Auflösung von Sonderposten mit Rücklagenanteil
5850 Erträge aus Beteiligungen
5870 Sonstige Erträge
5880 Verrechnete Sachbezüge an Arbeitnehmer
5890 Außerordentliche Erträge
5900 Eigenverbrauch

Kontenklasse 6 Betriebsbedingte Kosten

6000 Warenkosten
6010 Waren Beherberhung
6020 Lebensmittel
6030 Getränke
6040 Sonstige Waren
6080 Fremdleistungen
6100 Skontoaufwendungen
6150 Erlösschmälerungen
6200 Personalkosten
6210 Löhne und Gehälter
6211 - Beherbergung
6212 - Küche
6213 - Restaurant/Bankett
6214 - Sonstiges
6215 Freiwillige soziale Aufwendungen
6216 Pauschalabgabe f. Aush.
6217 Personalwerbung
6218 Schulung/Fortbildung
6220 Gesetzliche soziale Aufwendungen
6221 Berufsgenossenschaft
6240 Aufwendungen für Altersvorsorge
6250 Sonstige Personalkosten
6400 Energiekosten
6410 Strom
6420 Gas
6430 Wasser, Abwasser
6440 Heizung, Klimatisierung
6500 Steuern, Gebühren, Beiträge, Versicherungen
6510 Nicht abziehbare Vorsteuer
6520 Getränke- u. Vergnügungssteuer
6530 Gewerbesteuervorauszahlung
6532 Gewerbesteuer
6540 Sonstige Steuern
6550 Gebühren, Beiträge
6560 Versicherungen
6600 Sonstige Betriebs- u. Verwaltungskosten
6610 Reinigung, Fremdreinigung
6611 Putzmittel
6612 Waschmittel, Wäschereinigung, Wäscheleasing
6613 Entsorgung
6620 KFZ-Kosten (Steuer, Vers., Reparatur)
6624 Fremdfahrzeuge
6650 Musik, Unterhaltung
6655 Dekoration
6660 Abschreibungen u. Wertminderungen auf das Umlaufvermögen
6664 Forderungsverluste
6673 Einstellung in die Pauschalwertberichtigung zu Forderungen
6690 Sonstige Betriebskosten

Fortsetzung Kontenklasse 6

6710 Rechtsberatungskosten
6711 Steuerberatungskosten
6715 Betriebsberatung
6720 Bürobedarf
6730 Porto
6731 Telefon, Telefax
6740 Werbung
6750 Geschenke bis 40,00
6755 Geschenke über 40,00
6760 Repräsentationskosten
6765 Bewirtungskosten
6770 Nicht abzugsfähige Betriebsausgaben
6775 Kreditkartenprovision
6776 Vermittlungsprovision
6780 Reisekosten
6790 Sonstige Verwaltungskosten
6791 Spenden
6792 Zinsen und ähnliche Aufwendungen
6795 Außerordentliche Aufwendungen

Kontenklasse 7 Anlagebedingte Kosten

7000 Miete u. Pacht
7100 Leasing
7200 Instandhaltung
7300 AfA
7350 Geringwertige Wirtschaftsgüter
7360 Abschreibungen auf immaterielle Vermögensgegenstände
7370 Abschreibungen auf den Firmen- u. Geschäftswert
7380 Abschreibungen für Aufwendungen der Ingangsetzung u. Erweiterung des Geschäftsbetriebs
7400 Sonstige Abschreibungen u. Wertminderungen des Anlagevermögens
7410 Außerplanmäßige Abschreibungen auf immat. Vermögensgegenstände
7420 Abschreibungen auf Sachanlagen
7421 - auf Grundstücke u. Bauten
7422 - auf Technische Anlagen u. Maschinen
7423 - auf Betriebs- u. Geschäftsausstattung
7424 - auf Fuhrpark
7430 Außerplanmäßige Abschreibungen auf Sachanlagen
7440 Abschreibungen auf Finanzanlagen
7450 Verluste aus Anlagenababgängen

Fortsetzung Kontenklasse 7

7500 Zinsen u. ähnliche Aufwendungen
7600 Sonstige anlagebedingte Kosten
7900 Körperschaftssteuer
7950 Vermögenssteuer
7990 Sonstige Aufwendungen
7995 Außerordentliche Aufwendungen

Kontenklasse 8 Eröffnung und Abschluss

8000 Saldovortrag, Sachkonten (Eröffnungsbilanzkonto)
8100 GuV-Konto
8200 Gewinnvortrag nach Verwendung
8250 Verlustvortrag nach Verwendung
8270 Entnahme aus Kapitalrücklagen

Entnahme aus Gewinnrücklagen
8300 Entnahmen aus der gesetzlichen Rücklagen
8400 Entnahmen aus satzungsmäßigen Rücklagen
8450 Entnahmen aus anderen Gewinnrücklagen
8460 Erträge aus Kapitalherabsetzung
8470 Einstellungen in der Kapitalrücklage

Einstellungen in die Gewinnrücklagen
8500 Einstellungen in die gesetzliche Rücklage
8600 Einstellungen in satzungsmäßigen Rücklagen
8650 Einstellungen in anderen Gewinnrücklagen
8670 Ausschüttung
8900 Schlußbilanzkonto

REGISTER

C

D

E

F

G

L

M

N

U

V

W

Z

DER AUTOR

Kurt Wolf, Diplomhandelslehrer und Diplombetriebswirt (FH), studierte an der Universität Mannheim und der Fachhochschule Ludwigshafen mit den Schwerpunkten Marketing, Wirtschaftspolitik, betriebliches Rechnungswesen und Informatik. Er arbeitete am Forschungsinstitut für angewandte Betriebswirtschaft an der Fachhochschule des Landes Rheinland-Pfalz Abteilung Ludwigshafen-Worms in den Aufgabenbereichen Projektbearbeitung, Seminarbetreuung, Organisation und Vorbereitung von Veranstaltungen, Vorträge, und Einsatz von Fallstudien im mittelständischen Betrieben. Er hatte Lehraufträge an der Fachhochschule Ludwigshafen zu den Themen Rechnungswesen, Arbeitsmethodik, Studienstrategie und Berufszielfindung.

Heute ist Kurt Wolf Abteilungsleiter an den Fachschulen für Gastronomie und Sommeliers an der Heidelberger Hotelfachschule. Neben seiner Lehrtätigkeit in den Bereichen Marketing, Rechnungswesen, Datenverarbeitung und Wirtschaftsrecht vermittelt er sein umfangreiches Fachwissen in Seminaren, Unternehmensberatungen und in einer Vielzahl von Veröffentlichungen in Form von Monographien, Beiträgen in Sammel- und Nachschlagewerken, Artikeln in Zeitungen und Zeitschriften.

Den Leser der Allgemeinen Hotel- und Gaststätten-Zeitung (AHGZ) ist Kurt Wolf durch zahlreiche Fachbeiträge und besonders durch seine Artikelserien zum Thema „Profi in Sachen Bankett“ und „Hotelkommunikation mit HOTCOM/SIHOT“ bekannt.

Seit 1982 ist Kurt Wolf Mitglied im Prüfungsausschuss „Meister im Gastgewerbe“ der Industrie- und Handelskammer Rhein-Neckar und bildet die angehenden Meister in Rechtsfragen und Informatik aus.
Er ist Initiator und Mitherausgeber des „Heidelberger Handbuchs für Hotellerie und Gastronomie“.